Bajo el Baniano

Bajo el Baniano
Uchina Damashi: La fuerza oculta del Karate y
Kobudo de Okinawa
por Nathan Batson
Traducido por Marta Laura Arias

Guardian Arts Press, Murchison, TX

Publicado por Guardian Arts Press Tyler, Texas

ISBN: 979-8-9924113-5-5

Library of Congress Call Number: 2025920441

Impreso en los Estados Unidos de América

Guardian Arts Press

Dedicado a mis estudiantes, cuyas preguntas transformaron notas en ensayos, y ensayos en esta obra. Su curiosidad convirtió mi propia búsqueda de entendimiento en los estudios reunidos aquí.

Prefacio

Este libro está dedicado a mis estudiantes, cuya curiosidad inspiró su creación. Mi propia investigación comenzó como notas dispersas; un intento de comprender mejor las tradiciones marciales de Okinawa y sus orígenes. Sin embargo, al discutir estos temas con mis estudiantes, fue su curiosidad la que me impulsó a refinar esas notas en ensayos para ellos, y finalmente en la colección que ahora tienen en sus manos. Su deseo de comprensión no solo reflejaba el mío; me desafió a mirar con mayor profundidad, a articular mis pensamientos con más claridad y a preservar la herencia del karate y el kobudo con mayor cuidado. Sin su persistencia, esta colecci¾n habría permanecido solo como un cuaderno privado en lugar de la obra en que se ha convertido.

Los capítulos que siguen no están concebidos como un manual de entrenamiento ni como una guía práctica de técnicas. Más bien, sirven como un registro de indagación, una serie de estudios que exploran la historia, la filosofía y el contexto cultural de las artes marciales de Okinawa. Algunos capítulos examinan las raíces de katas específicos, rastreando cómo estas formas evolucionaron a lo largo de generaciones de maestros. Otros investigan la influencia de los enviados chinos, el impacto de la ocupación de Satsuma o el simbolismo perdurable de las armas y tradiciones de Okinawa. Algunos capítulos, con un tono más personal, reflexionan sobre cómo los valores okinawenses de humildad, perseverancia y espíritu (*Uchinj damashę*) continúan dando forma a la práctica hoy en día.

Esta colección está dirigida a dos públicos. Primero, al practicante dedicado que desea profundizar en la comprensión del arte más allá de su práctica física, reconociendo los ecos de la historia y la cultura en sus posiciones y movimientos. Segundo, al historiador o cualquier lector interesado que quizás nunca haya estado descalzo sobre el piso de un dojo, pero que busca comprender las tradiciones marciales de Okinawa dentro de la narrativa más amplia del Reino de Ryu kyu y su pueblo.

Cada capítulo puede leerse de manera independiente, pero juntos tejen una narrativa que traza los cimientos de las artes de mano vacía de Okinawa, explora las a menudo pasadas por alto armas del kobudo y examina el paisaje cultural más amplio en el que estas artes fueron forjadas. Aunque cada estudio está fundamentado en fuentes históricas creíbles, también se incluyen tradiciones orales y relatos disputados, pues forman parte del patrimonio vivo de las artes marciales de Okinawa.

Mi esperanza es que este libro sirva no solo como referencia, sino también como una invitación a cuestionar, comparar y seguir buscando. Así como las preguntas de mis estudiantes dieron forma a esta obra, que sus propias curiosidades ayuden a llevar adelante las tradiciones de Okinawa, asegurando que permanezcan invisibles pero firmes, ocultas pero vivas, bajo el gran árbol de banyán.

Agradecimientos

Estoy profundamente agradecido a mis maestros, Kise Isao Hanshi y John Shipes Hanshi. Su guía ha sido una fuente constante de dirección, recordándome que la verdadera esencia del karate y el kobudo no reside solo en la práctica física, sino también en la humildad, la perseverancia y en la transmisión del conocimiento de una generación a otra.

También quisiera reconocer a la *Okinawa Shorin-Ryu Matsumura Orthodox Karate and Kobudo Federation (OSMKKF)*. Esta federación me ha brindado un sentido de pertenencia dentro de una tradición viva, cimentando mi investigación y práctica en autenticidad y respeto.

Gran parte de lo que he escrito aquí ha sido influenciado más por discusiones que por estudios solitarios. Las horas escuchando y dialogando con maestros como Kise Isao, su padre Kise Fusei, John Shipes, Patrick McCarthy y Hokama Tetsuhiro me ofrecieron perspectivas que ningún archivo podría proporcionar. En esos momentos informales, a menudo en la propia Okinawa, la historia cobraba vida a través de las voces de quienes han dedicado su vida a preservarla.

Por último, debo agradecer a mis estudiantes en la *Tyler Karate Academy*. Muchos revisaron los primeros borradores de estos ensayos y ofrecieron comentarios que afinaron mis argumentos y mejoraron la claridad de mi escritura. Más importante aún, sus preguntas y curiosidad me inspiran continuamente a explorar más. Lo que comenzó como un viaje personal hacia la comprensión se ha convertido en este libro porque mis estudiantes buscaron más, y por ello les estoy profundamente agradecido.

Introducción

Las tradiciones marciales de Okinawa son a la vez locales y globales. Originadas en una pequeña cadena de islas en la encrucijada de Asia Oriental y Sudeste Asiático, estas prácticas encarnan siglos de intercambio cultural, lucha política y la resiliencia de un pueblo que ha preservado su identidad a lo largo de las cambiantes mareas históricas. Lo que hoy reconocemos como karate y kobudo no es simplemente un conjunto de técnicas de combate; es un depósito del espíritu ryukyuan, conocido como *Uchinj Damashi*, forjado en tiempos de dificultad y mantenido mediante una práctica dedicada.

Este volumen reúne una serie de estudios desarrollados a lo largo de muchos años, inicialmente como notas de investigación personal y más tarde como exploraciones formales compartidas con mis estudiantes. Sus preguntas a menudo me impulsaron a indagar más a fondo, instándome a rastrear los orígenes de técnicas específicas o a explorar cómo el nombre de un kata refleja su contexto cultural. Con el tiempo, lo que comenzó como una búsqueda de claridad para mi propia curiosidad se convirtió en un esfuerzo más amplio: entrelazar historia, práctica e interpretación de una manera accesible tanto para académicos como para artistas marciales.

Los ensayos en este libro no solo investigan los *kata*, los patrones formales de la práctica marcial okinawense, sino también sus orígenes culturales e impactos. Algunos capítulos se centran en el origen de katas específicos, desentrañando las conexiones entre tradición oral, leyenda y documentación histórica. Otros examinan temas más amplios de clase, política e identidad cultural, discutiendo cómo la condición de Okinawa como reino tributario, vasallo de Satsuma y posteriormente prefectura de Japón influyó en la evolución de sus tradiciones marciales. Además, ciertos capítulos consideran las herramientas del kobudo, como el *bo, sai, tonfa* y *kama*, tanto como armas como símbolos de resiliencia okinawense.

Esta obra no pretende ser un manual técnico. Aunque se discuten aplicaciones y mecánicas cuando es relevante, el objetivo no es instruir en métodos de combate, sino arrojar luz sobre la historia, la significancia y la evolución de estas prácticas. Los capítulos se nutren tanto de la erudición japonesa y occidental como de materiales de archivo y conversaciones directas con maestros e historiadores en Okinawa y Estados Unidos. En ocasiones, las interpretaciones pueden diferir; este libro abraza esas contradicciones, invitando al lector a los debates que mantienen vivo este campo de estudio.

El lector también encontrará materiales de apoyo diseñados para realizar la utilidad del texto como referencia. Un glosario aclara la terminología, mientras que los esbozos biográficos presentan a muchas figuras influyentes en estas tradiciones. Secciones complementarias ofrecen perspectivas culturales y temáticas que conectan la práctica del kata con el tapiz más amplio de la historia de Okinawa.

Este libro sirve tanto como invitación como registro: una invitación a percibir el kata como más que mero movimiento, y un registro de cómo la práctica marcial encarna la esencia de un pueblo. Ya sea que se acerque a estas páginas como practicante, historiador o simplemente alguien intrigado por la fuerza oculta de Okinawa, mi esperanza es que alcance una comprensión más profunda del espíritu que continúa fluyendo bajo el árbol de Banyán.

Tabla de Contiendo

La Pluma y el Puño
Guerreros-Eruditos del Reino de Ryukyu

Mente y Fuerza en el Reino de Ryukyu

En los anales de la historia, las figuras del erudito y el guerrero a menudo se presentan como arquetipos distintos, incluso opuestos; el intelectual empuñando la pluma, y el combatiente dominando la espada. Sin embargo, la narrativa única del Reino de Ryukyu revela una síntesis convincente de estos roles en los guerreros-eruditos de los Yukatchu. Este artículo explora el intrigante concepto de funcionarios de alto rango que no solo estaban profundamente versados en erudición clásica y administración civil intrincada, sino que también se esperaba que poseyeran una habilidad marcial formidable. Esto desafía la división usual entre mente y cuerpo, revelando un modelo más unificado de liderazgo y poder en la sociedad de Asia Oriental.

Este estudio se centrará específicamente en las clases Yukatchu, los ministros de estado y funcionarios-eruditos que formaron la columna vertebral del gobierno ryukyuense. Exploraremos su jerarquía social intrincada y las responsabilidades multifacéticas que unían el agudeza intelectual con la capacidad física. Este análisis entrelazará sus contribuciones históricas documentadas con el rico tapiz de folclore que a menudo rodea a tales figuras, proporcionando una visión holística de sus vidas e influencia.

Demostraremos que estos guerreros-eruditos fueron fundamentales para la estabilidad perdurable y el desarrollo cultural distintivo del Reino de Ryukyu. Sirvieron como guardianes indispensables tanto de su intelecto como de su defensa, navegando un paisaje geopolítico complejo a través de la diplomacia y la fuerza sutil. Al hacerlo, moldearon profundamente el carácter y la evolución de las tradiciones marciales okinawenses, dejando un legado donde "La Pluma y el Puño" se convirtió en un símbolo de poder integrado. Para entender cómo los Yukatchu pudieron cumplir con tales roles duales, primero debemos examinar la estructura única de la sociedad ryukyuense y las restricciones geopolíticas que la moldearon.

Sociedad, Soberanía y Armas Simbólicas

El Reino de Ryukyu, una nación archipiélago que floreció entre los siglos XV y XIX, ocupaba una posición geopolítica notablemente única en Asia Oriental. Estratégicamente situada entre los dos gigantes culturales y políticos poderosos, China y Japón, Ryukyu navegó magistralmente un estatus tributario dual, enviando representantes regulares tanto a Beijing como a Edo (más tarde Tokio). Esta danza diplomática intrincada moldeó casi todos los aspectos de la política interna del reino, fomentando un entorno de neutralidad calculada y, quizás contra-intuitivamente para un estado soberano, un énfasis omnipresente en la administración civil sobre el militarismo existente.

Esencialmente, la posición única de Ryukyu no fue meramente tolerada sino estratégicamente utilizada por Japón, particularmente durante el período Tokugawa (1603-1867). Durante esta era, Japón implementó su estricta política exterior conocida como Sakoku[1] (鎖国, literalmente "país cerrado"), que restringía severamente la influencia y el comercio extranjeros. Sin embargo, el acuerdo tributario con el Reino de Ryukyu proporcionaba una excepción vital, permitiendo el flujo controlado de bienes, cultura e información chinos hacia Japón, haciendo efectivamente a Ryukyu un conducto comercial crucial, aunque indirecto. Una consecuencia significativa de este delicado equilibrio y la estrategia general fue una prohibición general sobre la posesión de armas por parte de la población común. Aunque una prohibición total de armas es una simplificación excesiva, reglas estrictas determinaban quién podía poseer o exhibir armas.

La naturaleza de esta prohibición, particularmente después de la invasión de Satsuma en 1609, se dirigía principalmente a armas de guerra, como el katana (espada larga), yari (lanzas), arcos y armas de fuego, que podrían usarse para levantar o equipar una fuerza militar y desafiar la autoridad de Satsuma; el objetivo era prevenir la resistencia organizada. Sin embargo, ciertos funcionarios ryukyuenses de alto rango, incluyendo los Ueekata y los estratos superiores de la clase Pechin (que formaban la columna vertebral administrativa y judicial del reino bajo Satsuma), a menudo se les permitía llevar un wakizashi[1] o una espada corta similar publicamente. Esto no se trataba de prepararlos para la batalla, sino de simbolizar su autoridad y estatus; el wakizashi servía como una insignia de su oficina y estatus, distinguiéndolos de los plebeyos y reforzando su rol en el mantenimiento del orden. Era una concesión cuidadosamente controlada otorgada por Satsuma para mantener la estructura administrativa local.

Sin embargo, es crucial notar que esta permisividad no significaba que pudieran llevar el daisho[2] completo (el par de katana y wakizashi) como un samurái japonés tradicional; la katana permanecía en gran medida restringida. Las espadas y otros instrumentos marciales tradicionales estaban principalmente reservados para la clase élite de guerreros-eruditos, los mismos administradores encargados de mantener el delicado equilibrio del reino.

Dentro de esta estructura social distintiva, un sistema de clases definido gobernaba los estratos superiores del Reino de Ryukyu, cada nivel dotado de responsabilidades específicas que a menudo entrelazaban deberes civiles con una expectativa implícita de preparación marcial:

Ueekata (親方): Ocupando los estratos más altos del ministerio de estado, los Ueekata servían como los asesores y administradores más confiados del Rey. Ocupaban posiciones cruciales dentro del gobierno central, supervisando varios departamentos y formulando políticas. Dado su proximidad al poder y su rol en un paisaje geopolítico potencialmente volátil, la habilidad marcial no era meramente admirada entre los Ueekata; era una expectativa no declarada, pero crítica, para sus roles ejecutivos y asesores.

- **Peichin** (親雲上): Este título denotaba una clase amplia que formaba la columna vertebral del gobierno ryukyuense y el aparato de seguridad interna. Aunque a menudo agrupados bajo una sola designación, el rango Peichin comprendía una jerarquía interna escalonada, incluyendo:

  - **Satunushi Peichin** (里之子親雲上): Un rango de nivel senior conferido a aquellos que se habían distinguido en el servicio. Los Satunushi Peichin a menudo eran asesores de la corte, guardias élite o diplomáticos. Muchos de los figuras históricas más conocidas en las artes marciales okinawenses, como Sakugawa Kanga, ostentaban esta designación. Encarnaban el pico de la elite de guerrero-erudito dentro de la clase administrativa. Este rango también tenía una contraparte de nivel de paje junior (jige), una especie de aprendizaje que funcionaba como un peldaño hacia el estatus completo.

  - **Chikudun Peichin** (筑登之親雲上): Un título de rango medio a menudo asociado con eruditos-funcionarios consumados, magistrados locales, guardias senior del palacio o instructores. Se esperaba que los Chikudun Peichin demostraran tanto competencia administrativa como habilidad marcial, y muchos eran responsables de gestionar dominios específicos o supervisar el entrenamiento militar. Al igual que con el rango Satunushi, existía un rango de paje (jige) correspondiente debajo de Chikudun Peichin, destinado como una escalón de entrenamiento para el ascenso futuro.

- ○ **Pekumi** (o Pekumi Peichin): El rango de nivel de entrada, a menudo encargado de deberes administrativos básicos, servicio en el palacio o responsabilidades regionales de nivel inferior. Los miembros de este rango típicamente estaban en entrenamiento para mayor responsabilidad, y algunos servían como asistentes junior o ayudantes de funcionarios de alto rango.

Este marco administrativo sofisticado sustentaba el mandato para la destreza marcial entre estas clases. Aunque no había un mandato formal explícito que requiriera que todos los Pechin u otros funcionarios de alto rango estudiaran artes marciales de manera regulada, había una expectativa cultural abrumadora y una necesidad práctica ligada a sus roles administrativos y protectores. Su posición como la clase "guerrero erudito" significaba que el entrenamiento marcial era un componente implícito y esencial de su crecimiento y competencia profesional, típicamente transmitido a través de instrucción privada y tradición. En una sociedad donde la posesión de armas estaba restringida y las exhibiciones militares en público se minimizaban para evitar alarmar a vecinos poderosos, el cultivo de la habilidad marcial personal se convirtió en un rasgo esperado, incluso obligatorio, para la élite gobernante y administrativa.

Servía no para la conquista, sino para la defensa personal, la seguridad interna y, quizás lo más crucial, como un testimonio silencioso de la resiliencia y la fuerza subyacente de un reino que elegía la diplomacia y el intelecto como su escudo principal. Así, la búsqueda de la excelencia marcial no estaba desvinculada del servicio civil, sino inherentemente integrada en la identidad misma de las clases gobernantes y administrativas de Ryukyu. Mientras que la estructura externa de rango y responsabilidad definía su lugar, el mundo interno de educación y valores les daba a estos funcionarios su base moral e intelectual.

El Erudito Confuciano: Administración y Ética

Mientras que la sección anterior estableció la necesidad práctica de la destreza marcial para la élite de Ryukyu, es igualmente crucial entender las bases intelectuales y filosóficas profundas que moldearon su identidad. El "erudito" en el "guerrero-erudito" no era un mero adjunto, sino un componente central, profundamente influenciado por las corrientes intelectuales prevalecientes de la región.

Ideales Confucianos y Educación

La relación tributaria cercana y perdurable del Reino de Ryukyu con China tuvo una influencia profunda y duradera en su sistema educativo y filosofía gobernante, marcada por una presencia fuerte e innegable del Confucianismo chino[1]. Para las clases gobernantes y administrativas, la educación no se trataba meramente de adquirir conocimiento, sino de cultivar el carácter moral, la gobernanza ética y las habilidades prácticas necesarias para una administración efectiva. Los ideales confucianos, enfatizando la piedad filial, la lealtad, la rectitud, la propiedad y la sabiduría, permeaban el currículo. Las habilidades literarias y administrativas eran primordiales; el conocimiento de textos chinos clásicos, caligrafía y procedimientos burocráticos era un prerrequisito para el avance dentro del servicio civil intrincado del reino. Este entrenamiento intelectual riguroso inculcaba un profundo respeto por el orden, la jerarquía y las responsabilidades del liderazgo, moldeando la mentalidad misma de aquellos que gobernaban.

Deberes Administrativos

Una amplia gama de deberes administrativos esenciales para la estabilidad y el funcionamiento del reino consumían la vida diaria de estos funcionarios de alto rango. Los Ueekata, como ministros de estado superiores, estaban profundamente involucrados en la formulación de políticas, las relaciones diplomáticas y la supervisión de departamentos gubernamentales clave desde la capital. Debajo de ellos, la clase Pechin, incluyendo rangos como Chikudun Peichin, Satunushi Peichin y Pekumi, realizaban el trabajo granular del gobierno. Servían como guardias reales, asistentes del palacio, magistrados locales, administradores de impuestos e incluso diplomáticos en misiones en el extranjero. Sus roles demandaban no solo perspicacia intelectual y habilidad literaria, sino también una comprensión aguda de la naturaleza humana, la ley y las prácticas de mantener el orden social a través de las diversas islas y comunidades del reino.

Bases Filosóficas

Este trasfondo erudito moldeaba profundamente su visión de las artes marciales, no solo como una habilidad física, sino como una disciplina mental y ética. El énfasis en bunbu ryodo[1] (文武両道, "artes literarias y marciales en armonía") no era solo un eslogan, sino un ideal vívido. Para estas élites, el entrenamiento marcial se veía como un camino complementario al desarrollo intelectual, fomentando la disciplina, la fortaleza mental y la conducta ética. Su comprensión de la estrategia, derivada de textos clásicos sobre guerra y gobierno, habría informado su pensamiento táctico en escenarios combativos. Además, el énfasis confuciano en la rectitud y la propiedad probablemente inculcaba un sentido de responsabilidad respecto al uso de la fuerza, viendo la habilidad marcial como una herramienta para la justicia y la protección en lugar de la agresión.

Esta fusión de la pluma y el puño creó una tradición marcial única donde la habilidad física era inseparable del rigor intelectual y la integridad moral, reflejando la esencia misma del gobierno del Reino de Ryukyu. Sin embargo, el dominio de textos y gobierno era solo parte de su identidad; estos funcionarios también estaban entrenados para el combate, no en guerra de campo de batalla, sino en una disciplina marcial discreta y precisa adecuada a sus roles civiles.

La Espada Oculta: Entrenando el Cuerpo para el Servicio

Habiendo explorado las facetas intelectuales y administrativas del guerrero-erudito ryukyuense, ahora nos volvemos a la disciplina física que completaba su identidad única. En un reino donde el militarismo público estaba suprimido y la posesión de armas estrictamente controlada, el cultivo del combate desarmado, conocido como "Te,"[1] se convirtió no meramente en un pasatiempo, sino en un componente vital de su competencia práctica.

El Cultivo de "Te"

Las circunstancias únicas del Reino de Ryukyu, particularmente las regulaciones matizadas sobre armas impuestas después de la invasión de Satsuma y el énfasis omnipresente en la administración civil moldearon profundamente el desarrollo y énfasis del combate desarmado dentro de las clases gobernantes y administrativas. Para los Yukatchu, que estaban encargados de mantener el orden interno, ejecutar arrestos y proteger a la familia real y funcionarios clave, las exhibiciones pública de fuerza armada a menudo eran contraproducentes o prohibidas. Esto necesitó el refinamiento de técnicas efectivas de mano vacía. Su destreza marcial no era para grandes enfrentamientos en campos de batalla, sino para defensa personal de lugares cerrados y la ejecución sutil de autoridad en una sociedad que valoraba la paz y la diplomacia por encima de todo. Así, el "Te" nativo evolucionó para satisfacer estas necesidades específicas y prácticas, convirtiéndose en una habilidad indispensable para aquellos que gobernaban sin la presencia constante de armamento tradicional en público.

Metodologías de Entrenamiento

Aunque los registros históricos detallados sobre las metodologías de entrenamiento precisas de estos guerreros-eruditos tempranos son escasos, podemos inferir los métodos probables empleados para desarrollar los atributos físicos formidables vitales para sus roles combativos. El desarrollo práctico de habilidades de combate habría necesitado diversas formas de ejercicios con pareja, sirviendo como el fundamento para la aplicación en tiempo real y la sensibilidad táctil. Estos probablemente incluían ejercicios de contacto continuo como Kakidi[1] (掛け手, manos enganchadas) y formatos de sparring más libres y continuos como Kakedameshi[2] (掛け試し, probando manos). Estos métodos interactivos eran cruciales para desarrollar la sensibilidad táctil, el timing y la capacidad de adaptarse a un oponente real y no guionizado.

De estos ejercicios dinámicos con pareja y la aplicación práctica de principios combativos, las kata (formas pre-arregladas) probablemente se desarrollaron como un medio sofisticado de codificar y preservar técnicas para la práctica individual. Sirviendo como un compendio de movimientos, principios y acondicionamiento corporal, las kata permitían a los practicantes afinar su habilidad individual e internalizar secuencias combativas complejas en privado, manteniendo sus mentes y cuerpos afilados incluso sin una pareja. Esta evolución pedagógica resalta las kata no como danzas abstractas, sino como planos vivos de combate efectivo. Además, el acondicionamiento corporal riguroso habría sido integral, utilizando herramientas y métodos simples y disponibles para fortalecer el físico, construir <u>resi</u>liencia y desarrollar el cuerpo poderoso y conectado necesario para golpes, agarres y control efectivos. Este entrenamiento privado, a menudo intenso, aseguraba que sus habilidades marciales fueran prácticas y profundamente arraigadas.

Conexión con Principios Centrales

Las necesidades prácticas de los guerreros eruditos fomentaron directamente el desarrollo e internalización de principios combativos centrales que definieron las artes marciales ryukyuenses. Las demandas de control de espacios cerrados, ya sea en un incidente diplomático o un escenario de aplicación de la ley, habrían necesitado el cultivo de Muchimi[1] (むちみ, contacto corporal/poder envolvente), una calidad corporal omnipresente que permite el enraizamiento, la absorción de fuerza y el poder conectado. Esto, a su vez, llevaría al refinamiento de Kakei[2] (かけい, conexión continua/sensibilidad táctil), permitiéndoles "leer" las intenciones de un oponente a través de contacto sutil y mantener el control. Estos principios no eran conceptos abstractos, sino necesidades prácticas para el enfrentamiento efectivo a corta distancia. Este entrenamiento naturalmente llevaba al dominio de técnicas de agarre (Tegumi[3]) y bloqueo de articulaciones (Tuidi[4]). Estas no eran disciplinas separadas, sino extensiones naturales de su combate de mano vacía, permitiéndoles neutralizar amenazas efectivamente sin depender de golpes evidentes o armas. Así, sus roles sociales únicos moldearon directamente una disciplina marcial profundamente arraigada en principios prácticos e integrados, formando la esencia misma de la destreza combativa del guerrero-erudito ryukyuense. Estos principios y prácticas de entrenamiento no eran abstractos; eran encarnados por individuos reales cuyas vidas y legados continúan moldeando la identidad marcial de Okinawa.

Ecos Históricos: Figuras de la Pluma y el Puño

Los ideales abstractos de los Yukatchu ryukyuenses como guerreroseruditos no eran meramente construcciones teóricas; eran encarnados por un linaje de individuos notables cuyas vidas y legados moldearon el tejido mismo de las artes marciales okinawenses. Estas figuras, a menudo funcionarios de alto rango e intelectuales, navegaban el paisaje sociopolítico complejo del Reino de Ryukyu, su destreza marcial convirtiéndose en una extensión de sus deberes administrativos y filosóficos. Sus historias, una mezcla de historia verificable y folklore convincente, ofrecen perspectivas invaluables sobre la aplicación práctica de "la pluma y el puño".

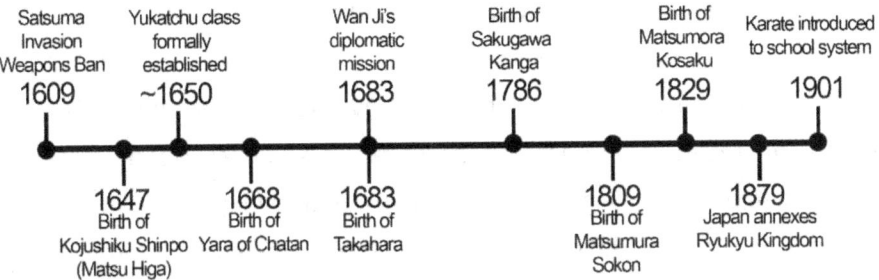

Kojushiku Shinpo / Matsu Higa (c. 1647–1721)

Conocido en la tradición oral como Matsu Higa o por su nombre formal Kojushiku Shinpo, esta figura marcial ryukyuense temprana es una presencia fundacional en el linaje semi-legendario de Okinawan bojutsu y tradiciones basadas en armas. Aunque la documentación verificable es escasa, su nombre perdura a través de kata como Matsuhiga no Kon, Matsuhiga no Tonfa y Matsuhiga no Sai, practicados en múltiples sistemas Ryukyu Kobudo de hoy. Estas formas sugieren su rol como un proto codificador de principios del Kobudo.

El desarrollo marcial de Matsu Higa se dice que fue profundamente moldeado por la interacción con emisarios chinos, particularmente Wang Ji (Wanshu), quien lideró una misión bien documentada a Ryukyu en 1683. Los relatos orales mantienen que Wang Ji reconoció la habilidad de Higa y le transmitió técnicas avanzadas de Chuan Fa que influyeron en el Te okinawense temprano. Su habilidad con el bo es central en los relatos, incluyendo una leyenda ampliamente circulada de un duelo dramático de horas con un maestro chino armado con una vara de hierro, que, aunque no verificable, simboliza la fusión cultural a través del arte marcial.

Chatan Yara (1668-1756)

Chatan Yara, un funcionario local que ostentaba el rango de Ueekata, es celebrado en las artes marciales okinawenses por su destreza marcial excepcional, particularmente con armas. Acreditántandole como el que expandió el "Te" a lo largo de Okinawa, Yara era un maestro de Kobudo renombrado, mostrando habilidad extraordinaria con el bo, tonfa y especialmente el sai. Cuentos famosos de su fuerza y efectividad en combate, a menudo involucrando su hábil uso de armas, destacan la integración práctica de técnicas de desarme e inmovilización dentro de la tradición marcial ryukyuense, un tema explorado en mayor detalle en "Beyond the Surface: Reframing Karate as an Extension of Kobudo". Su estatus legendario refuerza la idea de que el dominio marcial verdadero abarca tanto habilidades de mano vacía como con armas.

Takahara Peichin (1683-1766)

Entre las figuras más tempranas envueltas en las nieblas de la historia marcial okinawense está Takahara Peichin. Aunque la documentación histórica concreta de su era es escasa, la tradición oral lo recuerda como un erudito y una figura fundacional de artes marciales, probablemente ostentando el rango de Peichin. Su contribución más perdurable radica en la articulación de los "principios de Do", que enfatizaban la compasión (ijo), la dedicación (katsu) y una comprensión profunda de las técnicas (fo). Estos principios, a menudo vistos como guías éticas para la práctica marcial, combinan bellamente la filosofía erudita con la eficacia combativa, ilustrando una manifestación temprana de bunbu ryodo donde el cultivo moral del erudito era inseparable de la disciplina del guerrero.

Sakugawa Kanga (1786-1867)

Una figura central en el linaje que lleva al Karate moderno, Sakugawa Kanga, a menudo referido como Tode Sakugawa ("Mano China Sakugawa"), ostentaba la posición oficial de alto rango de Satunushi Peichin. Su entrenamiento marcial extenso incluía estudio bajo maestros chinos, notablemente el enviado militar Kusanku[1], de quien heredó conocimiento profundo de Quanfa. Las contribuciones de Sakugawa fueron fundamentales en sintetizar el kenpo chino con el te okinawense nativo, y algunos postulan que incluso incorporó elementos de kenjutsu japonés. Cuentos de su formidable destreza y su rol en transmitir técnicas y conceptos específicos a generaciones subsiguientes, más notablemente Matsumura Sokon, subrayan su rol como un puente entre tradiciones marciales diversas y una verdadera encarnación del ideal integrado de guerrero-erudito.

Matsumura Sokon (1809-1899)

Matsumura Sokon, una figura de inmensa importancia histórica ostentaba la posición prestigiosa de guardaespaldas real de los últimos tres reyes del Reino de Ryukyu. En virtud de su rol crucial y su habilidad marcial excepcional, era ampliamente reconocido como un Bushi (武士), un término que significa un guerrero u hombre militar que encarnaba los estándares más altos de conducta marcial y ética. Aunque no era un título formal, "Bushi" era un descriptor reconocido de su profundo compromiso con el servicio y su maestría dentro de la clase de élite del reino. Su imagen de erudito era tan profunda como su habilidad marcial, evidenciado por su dominio de textos chinos clásicos y caligrafía. Numerosos cuentos de su invencibilidad y habilidad inigualable abundan, cimentando su estatus legendario.

Más allá del folklore, la contribución real de Matsumura radica en su rol para sistematizar Shuri-te, sentando gran parte de la base para lo que se convertiría en Shorin-ryu moderno. Su "Consejo a Su Último Estudiante Formal" se erige como un testamento de sus valores de guerrero-erudito, enfatizando no solo la técnica física sino también el carácter moral, el pensamiento estratégico y las profundas responsabilidades que acompañaban el dominio marcial.

Matsumora Kosaku (1829–1898)

Kosaku Matsumora, un Chikudun Peichin (un rango de nobleza que indica su estatus como erudito-funcionario), fue una figura clave en el linaje Tomari-te, conocido por sus técnicas poderosas y por influir en maestros posteriores como Chotoku Kyan. Encarnaba el espíritu de lucha práctico característico de la región de Tomari. Una leyenda ampliamente relatada atribuye a Matsumora Kosaku un encuentro con un samurái de Satsuma irrespetuoso en una playa (o escenario público similar). En este cuento, Matsumora, a menudo representado como desarmado o usando solo un objeto cotidiano (como una toalla húmeda, que usó famosamente para desarmar a un samurái en una variación de la leyenda, supuestamente perdiendo un pulgar en el proceso), derrotó o humilló rápida y decisivamente al samurái armado. Esta historia, aunque posiblemente embellecida, sirve para destacar la superioridad y practicidad percibida del Te okinawense incluso contra la temida esgrima japonesa, solidificando el estatus de Matsumora Kosaku como un héroe folclórico y un testamento de la efectividad del combate sin armas dentro de la clase de guerreros-eruditos.

Estas figuras, a través de sus roles históricos y el tradición perdurable que las rodea, ilustran colectivamente la fusión profunda y práctica de la búsqueda intelectual y marcial que definieron a los guerreros-eruditos del Reino de Ryukyu. Juntas, estas figuras históricas ilustran cómo la ética de los Yukatchu se convirtió en la base para lo que evolucionaría en el Karate okinawense moderno.

Legado: La Influencia de los Yukatchu en el Karate Okinawense

El impacto profundo de la nobleza ryukyuense se extendió mucho más allá de sus logros individuales; su ética colectiva y prácticas moldearon fundamentalmente las artes marciales okinawenses en surgimiento, dejando una marca indeleble en sus formas, principios y espíritu mismo. Su estatus social único, deberes prácticos y búsqueda intelectuales convergieron para definir el carácter del Te primitivo (en sus orígenes).

Moldeando el "Te" primitivo

El estatus social de los Yukatchu como élite gobernante, junto con sus deberes administrativos y protectores específicos, influyeron directamente en la evolución del Te primitivo. A diferencia de las artes marciales desarrolladas aisladamente para combate de campo de batalla o defensa campesina, el Te cultivado por esta clase fue refinado para aplicación de espacios cerrados, a menudo discreta, dentro de un contexto civil. Esto llevó a un énfasis en el control, la precisión y la neutralización eficiente de amenazas sin necesariamente recurrir a fuerza letal, reflejando su rol en mantener el orden civil.

Del mismo modo, sus búsquedas intelectuales, impregnadas de filosofía confuciana, nutrieron el arte con una fuerte dimensión ética, enfatizando la disciplina, el respeto y el uso responsable del poder. Esta base filosófica alentaba a ver el Te no meramente como un método de lucha, sino como un camino hacia el desrrollo personal y el refinamiento moral. Como resultado, el Te temprano combinaba necesidades prácticas, deber social e influencia erudita de una manera que lo hacía tanto efectivo como refinado.

Transmisión y Preservación

En una era que precedía a la instrucción pública formal, los Yukatchu jugaron un rol crítico en la transmisión y preservación del conocimiento marcial okinawense. Dado el carácter sensible de las habilidades combativas en una sociedad con restricciones de armas y bajo el ojo vigilante de Satsuma, las artes marciales típicamente se transmitían a través de canales altamente selectivos. El conocimiento a menudo se confinaba dentro de familias, de padre a hijo, o a través de relaciones íntimas maestro-discípulo que se asemejaban a lazos familiares. Esto creó lo que el historiador de artes marciales Patrick McCarthy se refiere como un "ritual hermético de secreto", asegurando que el entendimiento exhaustivo del Te, incluyendo sus técnicas de mano vacía, acondicionamiento corporal y matices filosóficos, permaneciera dentro de un círculo confiado. Este modo de transmisión clandestino, aunque limitando la diseminación amplia, fue instrumental en preservar la profundidad e integridad de los principios centrales del arte, permitiéndoles evolucionar y madurar a lo largo de generaciones antes de su eventual introducción al público más amplio.

La Transición a la Modernidad

La disolución del Reino de Ryukyu en 1879 y su integración subsiguiente en el estado nación japonés durante la era Meiji marcó un punto de inflexión profundo para la clase Yukatchu y sus tradiciones marciales. Despojados de sus títulos hereditarios y roles administrativos, los Ueekata y Peichin encontraron su forma de vida tradicional trastornada. Este conmoción social impactó directamente la transmisión del Te. Mientras que algunos maestros, como Itosu Anko[1] (un antiguo Peichin), buscaban activamente preservar el arte adaptándolo para la instrucción en escuelas públicas, esta transición a menudo necesitó simplificación y la reducción de elementos combativos considerados inadecuados para la instrucción masiva o los nuevos ideales nacionalistas.

El fin del reino así representaba tanto un desafío como una oportunidad: amenazaba el modo tradicional y privado de transmisión, pero finalmente allanó el camino para que el Te se transformara en Karate moderno, eventualmente extendiéndose globalmente, aunque con un carácter significativamente alterado de sus orígenes de guerrero-erudito. Incluso mientras la modernidad remodelaba la sociedad okinawense y la práctica de artes marciales, el espíritu del guerrero-erudito perduraba; llevado adelante por aquellos que buscaban preservar tanto el arte como su significado más profundo.

Reavivando el Ideal del Guerrero-Erudito

La narrativa de los Yukatchu del Reino de Ryukyu como guerreros-eruditos presenta un capítulo convincente y distinto en la historia marcial, desafiando nociones convencionales de poder y destreza. Nuestra investigación ha revelado que estos funcionarios de alto rango no eran meramente administradores que incursionaban en el combate, ni guerreros que ocasionalmente se involucraban en la erudición. En cambio, encarnaban una fusión profunda y deliberada de rigor intelectual y dominio marcial, una dualidad esencial para la estabilidad y el desarrollo cultural único de su nación insular.

Hemos visto cómo el delicado acto de equilibrio geopolítico de Ryukyu entre China y Japón, junto con regulaciones matizadas sobre armas, necesitó el cultivo de una élite social altamente adaptable. Dentro de este contexto, su educación confuciana inculcaba una base filosófica profunda, guiando sus deberes administrativos y moldeando su enfoque a las artes marciales con un énfasis en la conducta ética y el pensamiento estratégico. Este camino erudito se entrelazaba perfectamente con su disciplina de guerrero, llevando al refinamiento del Te a través de necesidades prácticas. Metodologías de entrenamiento, desde ejercicios dinámicos con pareja como Kakidi hasta la codificación de kata individual, fomentaban la internalización de principios centrales como Muchimi, Kakei, Tuidi y Tegumi. Las vidas de figuras notables como Takahara Peichin, Sakugawa Kanga, Matsumura Sokon, Chatan Yara y Kosaku Matsumora se erigen como testamentos de este ideal integrado, sus contribuciones históricas y folklore perdurable pintando una imagen vívida de individuos que eran simultáneamente guardianes del intelecto y la defensa.

El legado de estos guerreros-eruditos moldeó profundamente el carácter y desarrollo de las artes marciales okinawenses. Su estatus social, deberes prácticos y búsqueda intelectual infundieron el Te primitivo con su énfasis distintivo en control, precisión y aplicación ética. Además, su compromiso con la transmisión privada y selectiva, a menudo envuelta en un "ritual hermético de secreto", aseguró la preservación de los principios comprehensivos del arte para generaciones. Mientras que la disolución del Reino de Ryukyu y el advenimiento de la modernidad trajeron cambios significativos, llevando a la eventual diseminación pública y especialización del Karate, las contribuciones fundacionales de estos guerreros-eruditos permanecen profundamente incrustadas. Su enfoque único a las artes marciales, nacido de la necesidad de prosperar en un mundo complejo, continúa influyendo en el espíritu perdurable del arte. "La Pluma y el Puño" así se erige como un símbolo perdurable de su contribución única a la historia y la cultura marcial, un recordatorio poderoso de que la verdadera fuerza a menudo radica en la integración armoniosa de mente y poder.

Notas:

1.   Sakoku (鎖国): La política exterior aislacionista de Japón durante el período Tokugawa (1603–1868), bajo la cual la mayoría del contacto y comercio internacional estaban estrictamente prohibidos. La relación tributaria única de Ryukyu con China le permitía actuar como un conducto no oficial para la cultura y bienes chinos hacia Japón.

2.   Wakizashi (脇差): Una espada corta típicamente llevada como parte del daisho tradicional por samuráis japoneses. En Ryukyu, funcionarios de alto rango como Ueekata o Peichin senior se les permitía llevar el wakizashi como símbolo de estatus, aunque no para uso activo en combate.

3.   Daisho (大小): Literalmente significando "grande-pequeño," este término se refiere al par de espadas—katana y wakizashi—llevadas por samuráis en el Japón feudal. A los funcionarios ryukyuenses bajo Satsuma generalmente se les prohibía vestir el daisho completo, reflejando su estatus subordinado.

4.   Confucianismo: Un sistema filosófico arraigado en las enseñanzas de Confucio (Kong Fuzi), enfatizando la virtud moral, la piedad filial, la armonía social y el orden jerárquico. Su influencia moldeó profundamente la educación, ética y gobierno civil ryukyuenses.

5.   Bunbu Ryodo (文武両道): Un ideal filosófico clásico de Asia Oriental que significa "el camino dual de las artes literarias y marciales." Enfatiza la importancia de equilibrar el cultivo intelectual con la disciplina marcial, un concepto fundacional para la ética de guerrero-erudito ryukyuense.

6.   Te (手): Significando "mano" en japonés y okinawense, Te se refiere a las tradiciones nativas de combate sin armas de Okinawa. Sirvió como la práctica fundacional de la cual el Karate moderno se desarrolló posteriormente.

7.   Kakidi (掛け手): Un ejercicio tradicional okinawense de sensibilidad de dos personas a menudo traducido como "manos enganchadas." Usado para desarrollar sensibilidad táctil, timing y control combativo a corta distancia. Es un ejercicio fundamental en muchas escuelas clásicas de Karate y Tuidi.

8.   Kakedameshi (掛け試し): Un método de sparring traducido como "probando manos." Evolucionó de Kakidi e involucra intercambio continuo y adaptativo de técnicas en un formato semi-libre, enfatizando control fluido, contraataques y toma de decisiones tácticas en tiempo real.

9.   Muchimi (むちみ): Un término que significa cuerpo "pegajoso" o "pesado". Describe una calidad de movimiento que es enraizado, conectado y viscoso, permitiendo a los practicantes absorber, redirigir y generar fuerza a través de integración de todo el cuerpo.

10.　　　Kakei (かけい): Un principio de conexión táctil continua entre dos practicantes. Permite sentir, seguir y responder a las intenciones de un oponente a través de contacto físico sutil—esencial en control y flujo de rango cercano.

11.　　　Tegumi (手組): Un arte tradicional okinawense de agarre y lucha. Practicado especialmente entre jóvenes en Naha y Tomari, enfatizaba lanzamientos, manipulación de articulaciones y combate de espacios cerrados, y puede representar una de las prácticas combativas más antiguas en las Islas Ryukyu.

12.　　　Tuidi (取手): Traducido como "mano que agarra" o "mano que toma," Tuidi se refiere a un sistema de técnicas de bloqueo de articulaciones, control y sumisión dentro de las artes marciales okinawenses tradicionales. A menudo comparado con el Chin Na chino o el Aiki-jutsu japonés.

13.　　　Kusanku (公相君): Un funcionario militar chino y experto en artes marciales que visitó Okinawa como parte de una misión diplomática a mediados del siglo XVIII. Se le acredita ampliamente la introducción de técnicas de Quanfa chinas que fueron preservadas posteriormente en kata como Kusanku o Kuusankuu.

14.　　　Itosu Anko (糸洲安恒): Un antiguo Peichin y una de las figuras más influyentes en la historia del Karate moderno. Adaptó el Te tradicional para su inclusión en las escuelas públicas okinawenses a principios del siglo XX, introduciendo kata como Pinan y formalizando el Karate como una disciplina de educación física.

Bajo la Sombra de Satsuma
Cómo la Ocupación Moldeó las Artes Marciales Okinawenses

Un Reino Bajo Presión

El Reino de Ryukyu, una vibrante nación insular enclavada estratégicamente entre los poderosos imperios de China y Japón, una vez mantuvo un delicado equilibrio de independencia diplomática y comercio floreciente. Este equilibrio, sin embargo, fue irrevocablemente destrozado en 1609 con la invasión rápida y decisiva por parte del Dominio de Satsuma de Japón. Este evento marcó el comienzo de más de dos siglos y medio de profunda ocupación japonesa, un período que remodelaría fundamentalmente cada faceta de la sociedad okinawense. Aunque a menudo se entiende que esta era trajo restricciones sobre el armamento, la narrativa verdadera de esta larga ocupación revela una historia mucho más intrincada y convincente de cómo las realidades políticas, económicas y sociales influyeron directa e indirectamente en la evolución única de las artes marciales okinawenses.

Para entender verdaderamente las tradiciones marciales distintivas de Okinawa, uno debe adentrarse en la era del dominio prolongado de Satsuma. Esta exploración histórica descubre cómo el control omnipresente ejercido por los ocupadores fomentó inadvertidamente una cultura marcial distinta, pragmática y a menudo clandestina.

Comenzamos estableciendo el escenario con las secuelas inmediatas de la invasión de 1609, detallando la subyugación política y los controles económicos astutos que drenaron sistemáticamente los recursos del reino. Desde allí, nos adentramos en la noción popular de una "prohibición universal de armas", revelando su realidad más matizada y el paisaje psicológico que creó, lo que a su vez forzó una innovación profunda en el entrenamiento marcial. La narrativa luego se desplaza al desarrollo clandestino de Te (combate de mano vacía), destacando su énfasis en la practicidad, el acondicionamiento corporal intenso y el uso ingenioso de kata como una forma de conocimiento codificado. Fundamentalmente, también exploramos el surgimiento de Kobudo, el arte de armamento improvisado, nacido de la necesidad de transformar herramientas cotidianas en instrumentos efectivos de defensa. Finalmente, consideramos las ramificaciones sociales y culturales más amplias, demostrando cómo estas artes marciales se convirtieron en una afirmación discreta de la identidad okinawense y reforzaron el ideal único de erudito-guerrero.

Este viaje revela en última instancia que la sombra de Satsuma, en lugar de extinguir las tradiciones marciales okinawenses, paradójicamente forjó un arte que priorizaba la supervivencia y la fuerza discreta, dejando una huella indeleble en el paisaje global de las artes marciales.

Ocupación y Supervisión: Realidades Políticas y Económicas

El año 1609[1] marcó un punto de inflexión irreversible para el Reino de Ryukyu. Una subyugación militar rápida y decisiva por parte del Dominio japonés de Satsuma estableció una nueva y dura realidad de supervisión extranjera, alterando fundamentalmente su paisaje político y marcando el comienzo de más de dos siglos y medio de ocupación. Esto no fue un mero cambio en lealtad diplomática; fue una imposición profunda de control externo que ondularía a través de cada aspecto de la vida ryukyuense.

La Invasión y sus Secuelas

Antes de la invasión, el Reino de Ryukyu disfrutaba de un período de independencia diplomática relativa y prosperidad, navegando hábilmente su posición entre los estados poderosos de China y Japón. Sin embargo, este delicado equilibrio fue cada vez más desafiado por las ambiciones de los unificadores emergentes de Japón. El pretexto para la invasión de Satsuma provenía del incumplimiento repetido de Ryukyu con las demandas del clan Shimazu y Toyotomi Hideyoshi, incluyendo la negativa del reino a apoyar completamente las invasiones planeadas de Hideyoshi a Corea en la década de 1590. El Rey Sho Nei no solo se había negado a cooperar, sino que había llegado al extremo de informar a la Corte Ming de las intenciones de Hideyoshi[2]. Más tarde, el reino desafió demandas del nuevo shogunato Tokugawa[3] para reconocer formalmente su autoridad y servir como intermediario para restablecer relaciones formales con los Ming. Citando estos incidentes y una narrativa más amplia de falta de respeto ryukyuense, la casa Shimazu finalmente aseguró permiso formal de Tokugawa Ieyasu en 1606 para lanzar una misión punitiva[4].

La invasión en sí, emprendida en 1609, fue una subyugación militar rápida. Después de unas pocas batallas en islas periféricas menores, las fuerzas samurái capturaron el Castillo de Shuri, el corazón del reino.

El Rey Sho Nei, junto con varios de sus funcionarios principales, fueron capturados y llevados a la fuerza a Japón. Allí, fueron obligados a reunirse con Tokugawa Ieyasu y su hijo, el Shogun reinante Tokugawa Hidetada, y fueron forzados a someterse a una serie de demandas y condiciones humillantes. Esto estableció una nueva realidad innegable de supervisión japonesa. Aunque el rey fue restaurado condicionalmente a su castillo y reino en 1611, esto significaba una reducción inmediata y severa de la autonomía de Ryukyu. La invasión trajo no solo subyugación política, sino también impacto humano inmediato y disrupción en la vida diaria, ya que la población lidiaba con la presencia de una fuerza ocupante y el cambio abrupto en el destino de su reino.

Vasallaje Dual y Control Económico

Siguiendo la invasión, el Reino de Ryukyu se convirtió formalmente en un estado vasallo directo bajo el clan Shimazu, inmediatamente sujeto a tributo regular y misiones obligatorias a Kagoshima, la capital de Satsuma. Un estudio de tierras[5] realizado en 1610–1611 determinó la productividad de tierras del reino en 89,086 koku, sin embargo, a Ryukyu se le permitió retener solo 50,000 koku. El impuesto anual del 35%[6], conocido como shinobose mai, que inicialmente se pagaba en commodities, fue rápidamente cambiado a plata y luego a arroz para 1620, drenando sistemáticamente la riqueza agrícola del reino.

Crucialmente, Satsuma empleó una estrategia astuta y compleja al mantener la relación tributaria existente de Ryukyu con China. Este vasallaje dual permitía a Japón eludir su propia política estricta de Sakoku (país cerrado), que restringía severamente el comercio extranjero[7]. A través de Ryukyu, Japón ganaba inmensos beneficios de bienes chinos lucrativos e inteligencia invaluable sobre asuntos chinos que no podían obtenerse en otro lugar. Para preservar meticulosamente esta charada diplomática para Beijing, se impusieron medidas estrictas a los ryukyuenses: se les prohibía hablar japonés, vestirse a la moda japonesa o revelar de otra manera la influencia japonesa al interactuar con emisarios chinos o si naufragaban en China. Se hicieron grandes esfuerzos para ocultar cualquier signo de presencia japonesa, manteniendo una ficción de que cualquier influencia japonesa remanente se debía al comercio con islas cercanas, en lugar de Japón continental.

Mientras que Ryukyu se convirtió en una fuente vital de azúcar y bienes de lujo chinos para Japón, por el contrario, creció fuertemente dependiente de Satsuma para commodities esenciales como plata, cobre y estaño, a menudo usando su producción de azúcar como garantía para préstamos, agotando así aún más los recursos del reino y solidificando su subyugación económica.

Subyugación Política y Vigilancia

El regreso del Rey Sho Nei al Castillo de Shuri en 1611 no marcó una restauración de soberanía verdadera. En cambio, Ryukyu entró en una nueva fase de control indirecto, caracterizada por subordinación simbólica y vigilancia estratégica. A pesar de la restauración del rey, la soberanía ryukyuense permanecía severamente limitada. El reino era considerado por Japón no como takoku ("otras tierras" dentro del orden feudal de Japón) sino como ikoku[8] ("tierras extranjeras"), un estatus compartido con China, Corea y naciones europeas, subrayando su posición no integrada dentro de la esfera japonesa. Mientras que Satsuma inicialmente impuso una interferencia más sustancial y directa en el gobierno de Ryukyu, para la década de 1620, comenzó a disminuir su intervención directa, concediendo a Ryukyu más autonomía[9] en la gestión de sus asuntos internos.

Esta autonomía limitada se ejemplifica por las reformas significativas instituidas por funcionarios como Sho Shoken (Sessei de 1666 a 1673) y Sai On (regente real en la década de 1750), quienes racionalizaron gastos, suprimieron elementos culturales percibidos como "atrasados" y reformaron la economía doméstica. Sin embargo, esta flexibilidad operaba estrictamente dentro de un marco controlado, con Satsuma manteniendo la autoridad última. La visita anual del príncipe heredero ryukyuense a Kagoshima para rituales formales de subordinación cimentaba aún más esta subyugación política, sirviendo como un recordatorio constante del estatus vasallo de Ryukyu.

El Matiz de la "Prohibición de Armas" y Su Impacto Verdadero

La narrativa popular de una "prohibición de armas" completa y absoluta en Ryukyu, a menudo representada como Satsuma confiscando todas las armas de cada ciudadano, requiere un examen más matizado. Aunque las restricciones de armas eran de hecho un aspecto significativo de la ocupación, su naturaleza era más estratégica y menos universalmente aplicada de lo comúnmente entendido.

Reanalizando la Prohibición

La preocupación principal de Satsuma era prevenir la resistencia armada, no eliminar todas las herramientas de autodefensa. El dominio apuntaba a armamento de campo de batalla como katana, lanzas, arcos y especialmente armas de fuego, que podrían habilitar rebelión organizada. Estas estaban restringidas del uso y manufactura públicos. Sin embargo, hallazgos arqueológicos y documentos históricos sugieren que las armas ya en posesión de familias élite, particularmente aquellas de la clase Yukatchu, a menudo se les permitía permanecer en manos privadas bajo supervisión estricta. Algunas incluso eran transportadas a Kagoshima para mantenimiento con permiso oficial, subrayando que la aplicación era más táctica que absoluta[10].

Privilegios y Excepciones

Ciertos funcionarios ryukyuenses de alto rango pueden haber retenido el derecho a llevar wakizashi u otras dagas, posiblemente como una marca de estatus en lugar de para combate. Aunque no hay documentación firme que lo pruebe concluyentemente, la afirmación aparece en un número de tradiciones orales y registros familiares[11]. Ya sea simbólico o funcional, estas excepciones apuntan a una estrategia calculada de control: permitiendo la apariencia de estatus mientras minimizaba la amenaza real.

Un Clima de Cautela

Independientemente de las tecnicidades, el peligro percibido de portar armas o incluso entrenar públicamente en técnicas marciales creó una atmósfera omnipresente de cautela. La vigilancia estaba siempre presente. Incluso un rumor de deslealtad podría traer consecuencias serias. Como resultado, el entrenamiento en artes marciales, el desarrollo de armas y la instrucción de autodefensa pasaron a la clandestinidad. El impacto psicológico de vivir bajo sospecha y amenaza necesitó un nuevo enfoque a la autoprotección; uno que favorecía el secreto, la precisión y la resiliencia discreta.

Este entorno sentó las bases para una forma pragmática e internalizada de práctica marcial. Las técnicas se volvieron más pequeñas, más eficientes y más difíciles de detectar. La improvisación y el ocultamiento se volvieron tan importantes como la fuerza o la velocidad. En respuesta a las realidades matizadas de la "prohibición", la cultura marcial okinawense evolucionó, no a través de la eliminación, sino a través de la innovación.

Entrenamiento Clandestino y la Preservación de Te

El carácter clandestino de la práctica de artes marciales durante la ocupación de Satsuma influyó profundamente en el desarrollo, preservación y transmisión de las tradiciones combativas okinawenses. Con la instrucción pública suprimida, los practicantes fueron obligados a adoptar métodos discretos, a menudo secretos, de entrenamiento, resultando en una cultura de transmisión selectiva y conocimiento oculto.

Instrucción Privada y Ubicaciones Secretas

El entrenamiento marcial se movió detrás de puertas cerradas, a hogares privados, patios y ubicaciones remotas al aire libre, a menudo bajo la cobertura de la noche. La instrucción típicamente se restringía a estudiantes de confianza, a veces dentro de la misma familia o círculos sociales estrechos. Este modelo aseguraba no solo la seguridad física de los practicantes, sino también la preservación de sus técnicas y filosofías contra la malinterpretación o el mal uso.

Este secreto no era solamente sobre evitar detección; se convirtió en una característica definitoria del arte mismo. Mucho de lo que hoy se considera karate okinawense tradicional fue moldeado durante este tiempo: un sistema depurado y eficiente de combate que priorizaba el desarrollo interno, el control y la efectividad sobre el espectáculo o el ritual.

Kata como Vehículo para la Preservación

Una de las innovaciones más significativas de este período fue la creciente dependencia del kata, no solo como un método de entrenamiento, sino también como un dispositivo mnemotécnico y un registro codificado de conocimiento combativo. A través de kata, los practicantes codificaban principios de timing, distancia, manipulación de articulaciones, ataque a puntos vitales y apalancamiento en un formato que podía enseñarse de manera segura sin exhibir abiertamente violencia o resistencia.

Mientras que la forma externa de un kata podría parecer simple o como una danza, su bunkai permanecía secreto y se transmitía oralmente o a través de instrucción práctica. Esto aseguraba que solo aquellos con el contexto adecuado pudieran entender su intento más profundo. De esta manera, kata se convirtió en una herramienta de resistencia; un medio para preservar y transmitir conocimiento marcial abiertamente.

Énfasis en la Aplicación Práctica

El entrenamiento durante la ocupación enfatizaba la eficiencia y el realismo. Había poco espacio para ceremonia o floritura impráctica. Los métodos que sobrevivieron eran aquellos en los que se podía confiar en confrontación real: control de espacios cerrados, golpes a blancos vulnerables, desequilibrios y derribos, y opciones contra agarres o ataques sorpresa.

El acondicionamiento físico también se volvió esencial, con énfasis en endurecer el cuerpo, mejorar los reflejos y desarrollar atributos internos como control de la respiración, postura enraizada y movimiento explosivo. Esta mezcla de entrenamiento físico e interno hizo que las artes okinawenses fueran distintas de sistemas tanto chinos como japoneses, que a menudo enfatizaban la formalidad o el desempeño estético.

En resumen, la ocupación no meramente suprimió las tradiciones marciales ryukyuenses; las transformó y refinó. La necesidad de secreto dio lugar a una disciplina que era pragmática, simbólica y profundamente ligada a la identidad okinawense. Mientras continuamos nuestra exploración, nos volvemos ahora al nacimiento y evolución de Kobudo, el arte complementario de armas que surgió del mismo crisol de restricción y creatividad.

La Evolución de Kobudo: Defensa Redefinida

Mientras que la imagen popular de las artes marciales okinawenses a menudo se centra en técnicas de mano vacía, como Karate, la realidad histórica revela una tradición paralela e igualmente rica de combate basado en armas, conocida como Kobudo. Lejos de ser un mero pensamiento posterior o improvisación campesina, Kobudo representa una evolución adaptativa en estrategia marcial, forjada bajo las restricciones de ocupación y vigilancia. Nacido de la necesidad de defender sin acceso a armas convencionales, elevó herramientas agrícolas, implementos domésticos y objetos utilitarios en instrumentos precisos y mortales.

De Herramienta a Arma: Improvisación y Necesidad

Enfrentados a restricciones en espadas, lanzas y otros implementos militares estándar, los artistas marciales ryukyuenses comenzaron a refinar y formalizar el uso de lo que previamente habían sido herramientas ordinarias. El bo, sai, tonfa, kama, eku y nunchaku cada uno encontró nuevo propósito como armas funcionales[12]. Contrario a la idea romantizada de que los agricultores espontáneamente armaron herramientas en una rebelión secreta, la realidad es que la mayoría de los practicantes de Kobudo provenían de la clase educada Yukatchu[13]. Eran funcionarios, guardias e instructores que tanto necesitaban como tenían el entrenamiento para sistematizar aplicaciones combativas prácticas.

La transformación de estas herramientas en armas no fue casual. Con el tiempo, se desarrollaron técnicas específicas, ejercicios y kata para codificar su uso. Estas formas retenían los principios de mecánica corporal, distancia, apalancamiento y timing encontrados en técnicas de mano vacía, pero las adaptaban al peso, forma y momentum de cada arma.

Diversidad Estilística y Linajes Regionales

A medida que Kobudo evolucionaba, se ramificaba en estilos distintivos basados en región, familia e innovación individual. Algunas tradiciones se arraigaron en villas específicas, como la Isla de Tsuken; otras estaban estrechamente asociadas con maestros individuales o linajes familiares. Por ejemplo, Tsuken Shitahaku es recordado por sus contribuciones a técnicas de bo de la isla de Tsuken. Al mismo tiempo, leyendas en torno a Matsu Higa atribuyen la formación de métodos tempranos de sai y tonfa a su legado. Kata como Shushi no kon, Chikin no sai y Hamahiga no tonfa ilustran no solo ingenio marcial sino también identidades regionales y linajes familiares[14].

Los linajes Kobudo a menudo eran estrechamente guardados. La instrucción típicamente se transmitía privadamente, a menudo de maestro a discípulo a través de tradición oral. La retención de nombres regionales dentro de kata sugiere orgullo en el origen así como el deseo de honrar a los individuos que los preservaron y refinaron.

Interacción con Influencia China y japonesa

El desarrollo de Kobudo también refleja la posición única de Okinawa como una encrucijada cultural. Las artes de armas chinas influyeron tanto en la práctica de mano vacía como en armas. Técnicas para uso de bastón y garrote muestran similitudes con métodos chinos gunshu y tiechi, posiblemente introducidos a través de embajadas chinas o mercaderes15. Por el contrario, la prohibición inicial de Satsuma sobre espadas significaba que la influencia japonesa en técnica de armas era más indirecta. Sin embargo, paralelos conceptuales, como maai (distancia combativa) y ciertas posturas, aún pueden identificarse.

Pragmatismo sobre Espectáculo

Al igual que su contraparte de mano vacía, el Kobud¶ hacía hincapié en la función por encima de la ostentación. Los kata eran concisos y eficientes. Los movimientos estaban estructurados para lograr el máximo efecto con una mínima exposición. Los ataques eran directos, los bloqueos funcionaban también como contraataques, y el juego de pies enfatizaba la estabilidad y la potencia explosiva. La simplicidad encubría la sofisticación; cada movimiento contenía una intención en capas, a menudo oculta mediante la ambigüedad deliberada en la forma.

Simbolismo e Identidad Cultural

Practicar Kobudo se convirtió en más que solo un medio de autodefensa; se convirtió en una forma de vida. Era una declaración cultural. Al transformar herramientas de pesca y equipo agrícola en símbolos de resistencia y refinamiento, los practicantes okinawenses reclamaron el control en una sociedad donde las exhibiciones marciales en público eran peligrosas. Kobudo así servía no solo como un método de defensa sino también como una afirmación discreta de la ingeniosidad okinawense, identidad y continuidad.

Oposición discreta e Identidad Cultural

Las artes marciales okinawenses, forjadas en la sombra de la ocupación, evolucionaron no solo como sistemas de autodefensa sino también como instrumentos sutiles de preservación cultural e identidad. Bajo el dominio de Satsuma, la rebelión pública no era viable ni sobrevivible. Sin embargo, dentro de los movimientos silenciosos de kata, la disciplina codificada de Tuidi y la transmisión cuidadosa de formas de Kobudo, los okinawenses encontraron una manera de resistir, no a través de confrontación, sino a través de la continuidad.

Artes Marciales como Expresión Cultural

La práctica marcial se convirtió en un lenguaje codificado. Era una forma para los okinawenses de recordar quiénes eran y de dónde venían en una época en la que gran parte de su patrimonio visible se veía amenazado por la conformación o la desaparición. Las técnicas que llevaban el nombre de pueblos (p. ej., Chatan Yara no sai, Tsuken no kon), figuras (p. ej., Matsumura no Passai) o eventos servían como marcadores mnemotécnicos de linaje y legado. Esta preservación de la identidad a través de la forma marcial es especialmente evidente en la forma en que se transmitían los katas: no simplemente como rutinas físicas, sino como custodio de la memoria colectiva, a menudo resguardado en el seno de familias o círculos sociales de confianza.

El ideal del erudito-guerrero

La clase Yukatchu de Okinawa encarnaba un ideal único que armonizaba la responsabilidad civil confuciana con la capacidad marcial. Mientras que sus pares en China seguían la senda del gobierno mediante el aprendizaje, y la clase samurái japonesa enfatizaba la destreza marcial, los Yukatchu combinaban ambas. Para ellos, el Bunbu Ryodo [16], el doble camino de la pluma y la espada, era más que una construcción filosófica; era una necesidad vital. Bajo el dominio de Satsuma, eran los funcionarios, guardias, diplomáticos y educadores encargados de mantener el orden y transmitir valores. Su competencia marcial, aunque a menudo oculta, era inseparable de su deber público.

Esta mentalidad dio origen a figuras como Sakugawa Kanga, Matsumura Sokon y Chomo Hanashiro, quienes no solo fueron artistas marciales, sino también eruditos, maestros y gestores culturales. En ellos, encontramos la expresión más clara de la tradición marcial de Okinawa, no como un culto a la violencia, sino como una filosofía de administración, disciplina y fuerza discreta.

Ritual, disciplina y resiliencia psicológica

Las formas estrictas, la repetición silenciosa y la reverencia en las artes marciales de Okinawa eran más que simples métodos de entrenamiento. Cultivaban la resiliencia psicológica. En una sociedad vigilada, gravada y subyugada, la disciplina marcial se convirtió en un santuario; un lugar donde se podía practicar el control, desarrollar la fuerza y preservar el legado. Los katas practicados en patios privados, las armas ocultas a la vista de todos y las lecciones transmitidas en voz baja eran actos de preservación bajo presión.

Además, estas prácticas inculcaron una resistencia internalizada; una mentalidad que valoraba el autodominio, la preparación y la lealtad a la familia y la cultura por encima de la rebelión ostentosa. No es casualidad que, incluso hoy en día, las artes marciales de Okinawa enfaticen la humildad, el control y la moderación. Estas fueron características de supervivencia durante la ocupación, pero han perdurado porque resuena con una verdad más profunda sobre la cultura marcial: que el verdadero poder suele ser silencioso.

Ecos en el presente

El legado de la ocupación de Satsuma aún se percibe en la estructura, el tono y la transmisión de las artes marciales okinawenses actuales.

Las tradiciones que surgieron durante esos siglos, introspectivas, codificadas, respetuosas y eficientes, contrastan con las versiones posteriores del karate y el kobudo que surgieron en contextos japoneses o globales. Mientras que los sistemas continentales solían enfatizar la exhibición pública, el rango y el éxito competitivo, los estilos okinawenses mantuvieron un enfoque en el desarrollo personal, la eficacia práctica y el refinamiento discreto.

A medida que el mundo continúa adoptando las tradiciones marciales de Okinawa, es esencial reconocer el crisol histórico en el que se forjaron. No son reliquias, sino artefactos resilientes, nacidos no del deseo de conquista, sino de la necesidad de perdurar, recordar y permanecer inquebrantables bajo la sombra.

Forjado en la sombra, perdurando en la luz

La historia de las artes marciales okinawenses no puede comprenderse plenamente sin reconocer el complejo y a menudo doloroso legado de la ocupación de Satsuma. Lejos de ser un simple telón de fondo, las realidades sociopolíticas del vasallaje de Ryukyu moldearon activamente la evolución de sus tradiciones combativas. Lo que emergió de este período no fue solo un conjunto de técnicas, sino un marco filosófico; una cultura marcial que priorizaba la sutileza sobre el espectáculo, el refinamiento sobre la rebelión y la resiliencia sobre la resistencia.

Al eliminar el militarismo manifiesto y relegar el entrenamiento marcial a la sombra, la ocupación obligó a los practicantes okinawenses a desarrollar sistemas que enfatizaban el poder interno, la eficiencia práctica y la preservación codificada. Las artes resultantes, Te, Tuidi y Kobudo, representan no solo el ingenio de un pueblo subyugado, sino también su inquebrantable compromiso con la identidad cultural y la supervivencia. Además, la fusión de erudición y destreza marcial dentro de la clase Yukatchu ofrece un poderoso modelo de virtud integrada. A diferencia del énfasis marcial, a menudo singular, que se encuentra en otros lugares, los guerreros-eruditos de Okinawa no veían contradicción en manejar tanto la pluma como el puño [17]. Sirvieron como diplomáticos, guardias, maestros y administradores civiles; individuos cuya fuerza no se medía únicamente en el combate, sino en el carácter.

Hoy, mientras el karate y el kobudo siguen prosperando a nivel mundial, es crucial que no olvidemos las condiciones en las que nacieron. Estas artes no son simplemente sistemas de lucha; son portadores de la historia, portadores de filosofía y testimonios silenciosos de la voluntad de perdurar de un pueblo.

Estudiar las artes marciales de Okinawa, entonces, es adentrarse en una narrativa más profunda; una que honra la silenciosa rebeldía de generaciones, el rigor intelectual de eruditos olvidados y el espíritu perdurable de un reino que se negó a ser borrado. Lo que se forjó en la sombra ahora perdura en la luz, no solo como tradición, sino como un legado vivo.

Notas:

1.   La invasión Satsuma de Ryukyu comenzó a principios de 1609, con tropas que desembarcaron en Amami Ooshima antes de avanzar hacia el sur. El castillo de Shuri cayó en mayo de 1609. El rey Sho Nei y sus ministros clave fueron llevados a Kagoshima, y posteriormente a Edo, donde se vieron obligados a someterse a Tokugawa Hidetada.

George Kerr, Okinawa: La historia de un pueblo insular (Tokio: Tuttle Publishing, 2000).

2.   Antes de la invasión, el rey Sho Nei rechazó las solicitudes de ayuda a las campañas coreanas de Hideyoshi e informó encubiertamente a la corte Ming sobre las intenciones de Japón, poniendo a Ryukyu en peligro político.

Gregory Smits, Visiones de Ryukyu: identidad e ideología en el pensamiento y la política de la primera época moderna (Honolulu: University of Hawai'i Press, 1999).

3.   Tras la muerte de Hideyoshi, el shogunato Tokugawa exigió que Ryukyu actuara como intermediario para restablecer las relaciones con la China Ming. La negativa de Ryukyu enfureció aún más a los líderes japoneses. Kerr, Okinawa.

4.   En 1606, Shimazu Tadatsune recibió formalmente permiso de Tokugawa Ieyasu para lanzar una expedición punitiva contra Ryukyu. Esta aprobación sentó las bases para la invasión de 1609. Smits, Visiones de Ryukyu.

5.   La encuesta kokudaka de 1610-1611 evaluó la productividad de Ryukyu en 89.086 koku. Sin embargo, al reino solo se le permitió conservar 50.000 koku, y el resto fue apropiado por Satsuma.

Mamoru Akamine, El reino de Ryukyu: piedra angular del este de Asia (Honolulu: University of Hawai'i Press, 2017).

6.   El reino estaba obligado a remitir el 35% de su cosecha de arroz (shinobose) Inicialmente pagado en bienes, el impuesto se trasladó a la plata y al arroz en 1620, profundizando la dependencia de Ryukyu de las importaciones. Smits, Visiones de Ryukyu.

7.   Satsuma conservó el estatus de tributario chino de Ryukyu para eludir el Sakoku, la política de aislamiento de Japón. A los ryukyuanos se les prohibía parecer "japonizados" al interactuar con los enviados chinos. Kerr, Okinawa.

8.   En el sistema de clasificación Tokugawa, Ryukyu fue designado ikoku ("país extranjero"), a diferencia de takoku ("otro país") dentro de la estructura feudal de Japón, lo que subraya su ambiguo estatus legal. Akamine, El Reino Ryukyu.

9.   Para la década de 1620, la participación directa japonesa en los asuntos internos de Ryukyu disminuyó. Reformas de funcionarios como Shoo Shooken y Sai On modernizaron la goberno y redujeron los gastos.

     Kerr, Okinawa.

10.   La prohibición de armas se centró en armas de combate (por ejemplo, espadas, lanzas y pistolas). Las familias de élite solían conservar las armas tradicionales bajo supervisión. Algunas incluso eran enviadas a Kagoshima para su reparación con autorización.
Tetsuo Yamakawa, Las raíces ocultas del karate de Okinawa (Okinawa: publicación privada, 1995).

11.   Las tradiciones orales y los registros anecdóticos sugieren que los altos funcionarios conservaban el wakizashi como símbolo de estatus. No existen pruebas sólidas de archivo que lo confirmen, aunque la práctica se cita ampliamente en la tradición familiar.
Andreas Quast, Karate 1.0: Parámetros de un antiguo arte marcial (Alemania: Lulu Press, 2013).

12.   Muchas armas de Kobudo derivaron de herramientas prácticas: bo de palos de transporte, nunchaku de mayales o bridas, tonfa de mangos de molino, eku de remos, kama de hoces, tekko de estribos o herraduras, y tinbe de escudos hechos de caparazón de tortuga o metal.
Patrick McCarthy, La Biblia del Karate: Bubishi (Boston: Tuttle Publishing, 1995).

13.   A pesar de los mitos populares sobre agricultores que reutilizaban herramientas, la mayoría de los practicantes de Kobudo pertenecían a la clase Yukatchu: administradores civiles, guardaespaldas e instructores con formación formal.
Hokama Tetsuhiro, 100 maestros del karate de Okinawa (Okinawa: Ozato Print, 2002).

14.   Linajes desarrollados en torno a figuras como Tsuken Shitahaku y Matsu Higa. Los kata clásicos (Shushi no kon, Chikin no sai, Hamahiga no tonfa) preservan las tradiciones regionales y familiares.
Arakaki Kiyoshi, Los secretos del karate de Okinawa (Tokio: YMAA, 2006).

15.   Los sistemas marciales chinos, en particular los de Fujian, influyeron profundamente en la práctica de armas de Okinawa. Las técnicas de bastón y porra (gunshu, tiechi) probablemente llegaron a Ryukyu a través de embajadas y comercio.Yamakawa, Las raíces ocultas del Karate de Okinawa.

16.   Bunbu Ryoo doo (文武両道), el "camino dual de las artes literarias y marciales", fue un ideal confuciano adoptado por los Yukatchu, que reflejaba una búsqueda equilibrada de la erudición y la preparación marcial. Smits, Visiones de Ryukyu.

17.   Entre los ejemplos destacados de Yukatchu se encuentran Sakugawa Kanga, Matsumura Sookon y Choomo Hanashiro, hombres que combinaron erudición, administración y entrenamiento marcial.
Joe Swift, El Karate-Do de Itosu Ankoo (Osaka: Karate Culture Press, 2021).

Desentrañando los mitos del Ryukyu Kobudo

Trascendiendo el campo de batalla y los discursos de prohibición
En el panorama contemporáneo de las artes marciales, el Ryukyu Kobudo se erige como una disciplina distintiva y ampliamente reconocida, celebrada por su singular variedad de formas de armas tradicionales de Okinawa. Sus imágenes, de practicantes empuñando bastones, tridentes y herramientas agrícolas transformadas en formidables instrumentos, cautivan la imaginación, a menudo acompañadas de relatos románticos de entrenamiento secreto bajo regímenes opresivos. Sin embargo, tras este amplio reconocimiento se esconde un complejo entramado histórico, entretejido con verdades matizadas y malentendidos populares que justifican un análisis más riguroso.

Desafortunadamente, la comprensión contemporánea predominante del Kobudo con frecuencia simplifica excesivamente sus verdaderos orígenes, tergiversa la naturaleza de su práctica tradicional y distorsiona el impacto de las restricciones históricas de armas en su desarrollo. Es erróneo considerar el Kobudo únicamente como un descendiente directo de las técnicas de combate o como un producto singular de la prohibición absoluta de todo tipo de armas. En cambio, se deberían examinar críticamente estas facetas, rastreando la evolución del Kobudo desde sus adaptaciones pragmáticas de herramientas civiles y su discreta transmisión privada, moldeada significativamente por las influencias marciales internacionales, hasta su eventual transformación en las formas sistematizadas que se practican públicamente hoy en día.

Para lograr esto, primero debemos desentrañar los diversos hilos de los orígenes del Kobudo, explorando sus raíces en los instrumentos cotidianos y reevaluando críticamente las prohibiciones históricas de armas junto con el profundo impacto del intercambio internacional, particularmente de las artes marciales chinas.

Desentrañando los orígenes

Los orígenes del Ryukyu Kobudo, las artes marciales tradicionales de Okinawa, suelen estar envueltos en narrativas cautivadoras que, si bien son culturalmente ricas, con frecuencia simplifican excesivamente una realidad histórica compleja. Un análisis crítico revela una génesis arraigada no solo en el combate formal en el campo de batalla, sino principalmente en la adaptación pragmática de herramientas cotidianas, profundamente influenciada por la singular posición geopolítica de Okinawa y la influencia de diversas tradiciones marciales.

Más allá del "mito del campo de batalla": adaptación de herramientas cotidianas

La idea popular de que el Kobudo se originó exclusivamente a partir de técnicas formalizadas de combate de la clase guerrera del Reino de Ryukyu requiere un análisis minucioso. Si bien la destreza marcial era indudablemente valorada y cultivada, particularmente entre los Peichin[1] (clase noble-guerrera), los instrumentos específicos que ahora se reconocen como armas esenciales del Kobudo, como el bo (bastón), el sai (tridente), la tonfa (mango de molino), el kama (hoz) y el nunchaku (mayal), eran, en su mayoría, adaptaciones pragmáticas de herramientas civiles esenciales.

Estos eran instrumentos cruciales para la vida cotidiana de agricultores, pescadores y comerciantes. El bo, por ejemplo, no solo servía como un formidable garrote o arma de impacto para la autodefensa, sino también como un bastón común para transportar cargas, un bastón para caminar o incluso un soporte de entrenamiento rudimentario para el yari (lanza) en la práctica marcial más formal. Esta utilidad multifuncional subraya su omnipresencia práctica y destaca que su aplicación marcial surgió de su accesibilidad y utilidad inherentes, más que únicamente de un propósito militar específico. Dichas adaptaciones subrayan un enfoque ingenioso para la autopreservación, donde el diseño inherente y la disponibilidad común de estas herramientas las convirtieron en candidatas ideales para el desarrollo marcial en una sociedad donde el armamento convencional a menudo era inaccesible para la población en general.

Reevaluación de la "Prohibición de Armas"

Un elemento central del mito de las artes marciales okinawenses es la narrativa, ampliamente difundida aunque simplificada, de una prohibición total e indiscriminada de armas impuesta a todos los okinawenses. Un análisis histórico más detallado revela una realidad con más matices. El principal "desarme" inicial, a menudo citado, ocurrió bajo el reinado del rey Sho Shin (1477-1526). Se trató principalmente de una maniobra política para centralizar el poder y sofocar las luchas internas entre las autoridades locales (Aji [2]). La directiva se centró en la recolección y el almacenamiento de armas militares formales, como espadas y lanzas, consolidando así el control y poniendo fin a la era de las guerras internas. No se trataba de una prohibición general para los plebeyos, quienes, de todos modos, normalmente no poseían tales armas.

Tras la Invasión Satsuma de 1609, el clan Shimazu de Satsuma (actual prefectura de Kagoshima, Japón) impuso controles más estrictos. Estas restricciones se centraron principalmente en las armas de fuego y las espadas más largas (katanas) para evitar cualquier resistencia organizada. Sin embargo, incluso bajo el dominio de Satsuma, a los peichin okinawenses (la clase noble-guerrera) se les permitía generalmente conservar espadas más pequeñas, como el wakizashi, como símbolo de su estatus, aunque bajo estricta supervisión. Fundamentalmente, las herramientas agrícolas y domésticas esenciales, que constituían la base de las armas del Kobudo, nunca fueron prohibidas de forma universal ni sistemática; eran indispensables para el sustento diario. Estas restricciones específicas y el clima político general contribuyeron sin duda a la naturaleza discreta y "entre bastidores" del entrenamiento en artes marciales. Sin embargo, es una exageración afirmar que estas prohibiciones fueron el único, o incluso el principal, impulso para la ingeniosa adaptación de herramientas cotidianas en formidables instrumentos de autodefensa. La adaptación fue un fenómeno multifacético, nacido de la necesidad e influenciado por el conocimiento marcial existente.

El impacto del intercambio internacional

La posición estratégica de Okinawa como punto central para el comercio y la diplomacia posicionó al Reino de Ryukyu como una vibrante encrucijada cultural y comercial entre China, Japón y el Sudeste Asiático. Este singular rol geopolítico facilitó una profunda y bien documentada influencia en las tradiciones marciales de la isla. Las artes marciales chinas (quanfa), en particular, ejercieron una influencia dominante en los métodos de combate okinawenses, tanto con las manos vacías como con armas. Gracias a las constantes misiones diplomáticas, las visitas de comerciantes chinos y la presencia de practicantes de artes marciales chinas, los okinawenses conocieron una amplia gama de formas de armas y principios de combate chinos. De igual manera, un mayal de arroz podía servir como análogo eficaz para ciertas armas de cadena utilizadas en las artes marciales chinas, mientras que el diseño y los movimientos de la tonfa se asemejan a las técnicas asociadas con los mangos de molino chinos o incluso a las armas cortas especializadas que se encuentran en Tailandia e Indonesia. Esto pone de manifiesto un proceso de adaptación consciente e inteligente, donde las características funcionales y los principios combativos de las formas de armas chinas establecidas guiaron la transformación de las herramientas nativas en

instrumentos marciales. Si bien se teoriza que las tradiciones marciales del sudeste asiático también ejercieron cierta influencia debido a las activas rutas comerciales, la evidencia directa es escasa en comparación con las conexiones chinas, omnipresentes y bien documentadas. Estas influencias probablemente ocurrieron a través de una combinación de artistas marciales visitantes, intercambios diplomáticos, observación de métodos de combate extranjeros y la difusión cultural general facilitada por el papel de Okinawa como un dinámico centro comercial.

Secreto, familia y especialización

Más allá de los debates en torno a sus orígenes y la verdadera naturaleza de las restricciones de armas, la práctica histórica y la transmisión del Ryukyu Kobudo se vieron influenciadas por normas culturales y realidades geopolíticas específicas. Lejos del entrenamiento público y sistematizado que se observa hoy en día, las primeras artes con armas prosperaron en un entorno caracterizado por la discreción, las líneas familiares y un dominio profundo, a menudo singular, de herramientas específicas.

Discreción y transmisión: la era "entre bastidores"

Los primeros entrenamientos de Kobudo eran inherentemente privados y discretos, un marcado contraste con la cultura del dojo abiertamente pública que surgió en el siglo XX.

Es crucial distinguir esto de una sociedad "secreta" clandestina y conspirativa; más bien, el entrenamiento se realizaba a puerta cerrada, lejos del escrutinio oficial, lo que reflejaba la naturaleza sensible de las prácticas combativas bajo supervisión extranjera. Tras la invasión de Satsuma en 1609, el entrenamiento marcial, en particular con armas, podía malinterpretarse fácilmente como preparación para la rebelión, lo que acarreaba graves consecuencias para las fuerzas de ocupación del clan Shimazu. En consecuencia, la instrucción directa en estas artes se impartía típicamente en domicilios particulares, patios o zonas aisladas, minimizando la visibilidad. Además, el concepto mismo de instituciones públicas formales de entrenamiento, como escuelas especializadas en artes marciales o dojos, era prácticamente inexistente en Ryukyu hasta bien entrada la era Meiji · La transmisión del conocimiento dependía de relaciones profundas y exclusivas entre maestro y discípulo, donde un maestro podía aceptar solo a un puñado de estudiantes a lo largo de su vida, a menudo tras años de investigación y observación personal. Esto garantizaba la lealtad, el control sobre la difusión de conocimientos potencialmente peligrosos y la preservación de las tradiciones dentro de un entorno confiable y aislado.

Líneas familiares y el papel de la especialización

La transmisión del Kobudo era, por lo tanto, un asunto predominantemente íntimo, que se desarrollaba en familias o en círculos de estudiantes muy selectos y de confianza, que a menudo se convertían en familiares adoptivos, conocidos como uchi-deshi (estudiantes internos). Este vínculo familiar garantizaba la dedicación, la estricta adhesión a los principios y una profunda comprensión de los matices del arte, transmitidos de generación en generación o mediante una tutela excepcionalmente cercana. En estos contextos privados, existía una tendencia histórica hacia la profunda especialización en una o muy pocas armas. Un maestro podía alcanzar renombre específicamente por su destreza inigualable en bojutsu (técnicas de bastón) o saijutsu (técnicas de sai), lo que reflejaba una vida dedicada a dominar las complejidades de un instrumento en particular. Este enfoque centrado permitía un profundo dominio y el desarrollo de técnicas altamente efectivas adaptadas a las características únicas de cada arma.

Sin embargo, si bien esta profunda especialización era sin duda común para alcanzar una maestría profunda, es importante reconocer que no todos los maestros se adhirieron estrictamente a este modelo. Algunos artistas marciales prominentes sí poseían competencia en múltiples tipos de armas, así como en artes de mano vacía, lo que demostraba una comprensión integral de diversos principios de combate. No obstante, el concepto general de "Kobudo" como un currículo unificado que abarca una amplia gama de tipos de armas, donde se espera que los practicantes aprendan bo , sai , tonfa, nunchaku, kama y otros instrumentos como parte de un sistema único e integral, es un desarrollo más moderno. Este cambio refleja la posterior formalización y popularización de estas artes, impulsada por objetivos pedagógicos y conservacionistas diferentes a los que moldearon su transmisión inicial, discreta.

El camino hacia la visión pública: modernización y sistematización

A principios del siglo XX, las artes marciales de Okinawa experimentaron un cambio crucial, ya que tanto el karate (mano vacía) como las artes con armas comenzaron a transformarse, pasando de ser disciplinas discretas y de transmisión privada a currículos públicamente reconocidos y sistematizados. Este impulso de modernización, que a menudo reflejaba los avances del karate, se vio impulsado por una confluencia de imperativos sociales, políticos y pedagógicos, que transformaron radicalmente la forma en que se preservaba, enseñaba y comprendía el kobudo.

El movimiento conservacionista

A medida que Okinawa se convertía en el estado-nación japonés y las formas de vida tradicionales comenzaban a erosionarse, surgió un creciente impulso en el siglo XX para formalizar, estandarizar y preservar las antiguas tradiciones marciales. El temor a que estos legados culturales y marciales únicos se perdieran en medio de los cambios sociales, el auge de la educación moderna y el declive del antiguo paradigma maestro-discípulo impulsó un esfuerzo concertado para documentar y difundir estas artes. Este movimiento buscaba asegurar la supervivencia de técnicas y formas que previamente habían existido en gran medida dentro de linajes aislados, a menudo con el riesgo de perderse con la muerte de un solo maestro. El impulso no era simplemente mantener las formas antiguas, sino adaptarlas a una nueva era, asegurando su relevancia y accesibilidad a un público más amplio.

Figuras clave del Kobudo moderno

Esta era vio el surgimiento de figuras fundamentales que se dedicaron a la difícil tarea de recopilar y sistematizar katas de armas distintas. Entre los más destacados estaban Shinken Taira (1897-1970) e Inoue Motokatsu (1918-1993). Shinken Taira, un diligente investigador y practicante, viajó extensamente por Okinawa, recopilando meticulosamente katas de varios viejos maestros y preservándolos de la oscuridad. Compiló un repertorio significativo, documentando formas que de otro modo podrían haber desaparecido. Inoue Motokatsu, heredando el trabajo de Shinken Taira y desarrollando aún más su propio y extenso conocimiento, jugó un papel crucial en la codificación de estos katas recopilados en sistemas coherentes. Sus contribuciones fueron monumentales: no solo preservaron una amplia gama de técnicas, sino que también proporcionaron un marco estructurado que permitió que el kobudo se enseñara de manera más sistemática y amplia, yendo más allá de su existencia fragmentada y específica del linaje.

De la especialización al currículo integral

Los esfuerzos de personas como Taira e Inoue facilitaron un cambio transformador respecto al modelo tradicional de entrenamiento individualizado y específico para cada arma. Mientras que en la práctica histórica los maestros solían especializarse profundamente en una o pocas armas (por ejemplo, ser expertos en bojutsu o saijutsu), la sistematización moderna introdujo un currículo de "Kobudo" más amplio y multiarma. Este nuevo enfoque buscaba una instrucción integral, donde los estudiantes solían aprender formas de bo, sai, tonfa, nunchaku y kama como parte de un programa integrado. Este enfoque sistematizado fue diseñado para la instrucción pública y una mayor difusión, integrándose en la emergente cultura del dojo junto con el karate. Facilitó la enseñanza del kobudo a grupos más grandes, agilizando el proceso de aprendizaje y haciendo accesibles estas artes, antes exclusivas, a un público global.

Impacto en la intención original y la pedagogía

Aunque la sistematización y la promoción pública del Kobudo fueron vitales para su supervivencia y difusión, esta transformación no estuvo exenta de implicaciones para la intención y los métodos combativos originales de las artes. Reflejando la trayectoria del karate a mano vacía, el proceso de formalización a menudo implicó un grado de estandarización y simplificación para la instrucción masiva. Las aplicaciones intrincadas, a menudo brutales, (bunkai) inherentes a las formas tradicionales, perfeccionadas para la defensa del mundo real, a veces podían diluirse o reinterpretarse para adaptarse a un currículo más generalizado o para enfatizar el atractivo estético para la demostración. El enfoque podía cambiar de la eficiencia combativa pura a la progresión pedagógica, la seguridad o incluso la transformación en deporte, lo que potencialmente llevaba a la pérdida de énfasis o abstracción de ciertos aspectos cruciales para su propósito original. Si bien la modernización aseguró la continuidad del kobudo, también presentó el desafío continuo de preservar la profunda esencia combativa de las técnicas forjadas en un contexto histórico muy diferente.

La Evolución del Legado y la Obligación de la Indagación Crítica

El recorrido por el panorama histórico del Kobudo de Ryukyu revela una narrativa mucho más compleja y cautivadora de lo que suele sugerir la tradición popular. Nos hemos esforzado por desentrañar las realidades de los relatos romantizados, demostrando que la comprensión contemporánea del Kobudo se beneficia enormemente de una perspectiva matizada y crítica.

Para ello, es crucial la reevaluación crítica de la omnipresente narrativa de la "prohibición de armas", que la revela como una serie de restricciones históricas específicas, impuestas por el rey Sho Shin y posteriormente por Satsuma, que controlaban principalmente las armas militares y de fuego, en lugar de desarmar universalmente a la población general de sus herramientas esenciales para el sustento. Esta interpretación posiciona las prohibiciones como factores que contribuyen a la naturaleza discreta del entrenamiento, pero no como el único ni principal impulso para la adaptación de herramientas. Además, el profundo impacto del intercambio internacional, en particular la influencia dominante de las artes marciales chinas (quanfa), apunta a que la adaptación de herramientas locales a menudo se produce como un esfuerzo consciente por encontrar análogos funcionales para las sofisticadas formas de armas extranjeras a las que estaban expuestos los practicantes de Okinawa.

La "práctica oculta" de la transmisión tradicional del Kobudo, caracterizada por un espíritu discreto y privado, principalmente dentro de las líneas familiares o en relaciones muy selectas entre maestro y discípulo, se vio influenciada por el clima sociopolítico y la ausencia de instituciones públicas de entrenamiento. Esta época también presenció una tendencia histórica hacia la profunda especialización en una o pocas armas, un marcado contraste con el completo currículo de "Kobudo" multiarmas, sello distintivo de su sistematización moderna. El camino final hacia la visibilidad pública en el siglo XX, liderado por figuras como Shinken Taira e Inoue Motokatsu formalizaron y preservaron estos katas de distintas armas. Si bien fue vital para su supervivencia y difusión global, esta modernización, que refleja la trayectoria del karate, invariablemente impactó la intención combativa original y los métodos pedagógicos, planteando interrogantes sobre el equilibrio entre la estandarización y la preservación de aplicaciones puras y funcionales (bunkai).

La historia de las artes marciales de Okinawa, incluyendo el Kobudo, es un testimonio del ingenio humano, la resiliencia y la fascinante interacción entre la cultura, la política y la necesidad práctica. Las complejidades inherentes a esta historia subrayan la necesidad de aplicar enfoques académicos críticos, permitiéndonos diferenciar los hechos históricos verificables de las capas de mitología cultural acumuladas con el tiempo. Al abordar este pasado con rigor, no solo honramos el verdadero legado de estas artes, sino que también profundizamos nuestra comprensión de su esencia perdurable. La continua evolución del Kobudo, desde sus orígenes humildes y pragmáticos hasta su reconocimiento global actual, es un viaje continuo que invita tanto a practicantes como a académicos a buscar constantemente una conexión más rica y auténtica con su rico y complejo pasado.

Notas:

1.   Los Peichin (親方) eran una clase prominente dentro del Reino de Ryukyu, que se desempeñaban tanto como funcionarios académicos en funciones administrativas del gobierno como una clase noble y guerrera responsable de la aplicación de la ley y la defensa. Ocupaban una posición respetada en la jerarquía social y estaban estrechamente vinculados al desarrollo del « Te », el estilo de lucha autóctono de Ryukyu anterior al karate moderno.

2.   La clase Aji (o Anji) representaba la más alta jerarquía de la aristocracia ryukyuense, solo superada por el rey y sus herederos directos. Estos influyentes individuos eran típicamente autoridades locales que gobernaban territorios específicos dentro del reino, y a menudo su linaje se remontaba directamente a la familia real o a figuras históricas prominentes. Como nobleza regional y figuras clave en la estructura administrativa y feudal, los Aji poseían una influencia y riqueza considerables. Su prestigio los llevó a ser mecenas y practicantes de diversas artes culturales, incluyendo el estilo de lucha nativo conocido como "Te", desempeñando así un papel crucial en su preservación y desarrollo dentro de sus dominios. Su autoridad era esencial para mantener el poder centralizado de la monarquía ryukyuense, a la vez que supervisaban los asuntos cotidianos y la defensa de sus respectivos territorios.

3.   La era Meiji (1868-1912) marcó un período de rápida modernización y dominio imperial centralizado en Japón. Para el Reino de Ryukyu, este período culminó con su integración formal a Japón en 1879, lo que puso fin a su singular relación tributaria dual con China y Japón. Esta integración transformó significativamente el panorama político, social y cultural de Okinawa, lo que condujo a la implementación de políticas de asimilación japonesa que también afectaron la presentación pública y la organización de las artes marciales okinawenses.

El arsenal de Ryukyu
De herramientas a armas

Ingenio en hierro y madera

Al pensar en las artes marciales de Okinawa, a menudo se imaginan golpes precisos, posturas poderosas y la coreografía precisa del kata a mano vacía. Sin embargo, esta perspectiva pasa por alto un aspecto crucial del arte con armas tradicionales de Okinawa, conocido como Kobudo, la herencia marcial de las Islas Ryukyu.

A diferencia de su condición secundaria frente al karate, el kobudo okinawense ejemplifica el ingenio y la adaptabilidad de un pueblo moldeado por la opresión política, la fusión cultural y una necesidad pragmática de autodefensa. Las armas utilizadas en el kobudo no son reliquias de una clase samurái, sino adaptaciones creativas de herramientas cotidianas, como aperos agrícolas, instrumentos de pesca y artículos domésticos, transformadas en eficaces extensiones del cuerpo. Esta evolución no fue espontánea; fue impulsada en gran medida por los Yukatchu, una clase erudita y oficial que, a través del contacto con las tradiciones marciales chinas y el entrenamiento formal, codificó estas herramientas improvisadas en sofisticados sistemas de combate.

En este estudio, exploraremos el desarrollo y diseño de armas de Kobudo de Okinawa, como el bo (bastón), el eku (remo), el nuntibo (garfio), la tonfa (mango de molino), el sai (tridente metálico), el kama (hoz), el nunchaku (mayal) y el tekko (puño de hierro). Al rastrear su trayectoria desde la necesidad hasta los sistemas marciales refinados, revelamos no solo el ingenio técnico, sino también la resiliencia cultural que permitió a un pequeño reino insular forjar una identidad marcial distintiva bajo la influencia de poderosos imperios extranjeros. A través del Kobudo, presenciamos la convergencia de la supervivencia, la erudición y la creatividad, donde lo cotidiano se vuelve marcial y la necesidad moldea el legado.

El Bo: Fundamento de extención y Ritmo

Mucho antes de que el bastón bo se formalizara como kata marcial, era una herramienta esencial en la vida cotidiana de Okinawa. La gente común lo usaba como bastón para caminar por el accidentado terreno de la isla y como tenbin (vara de transporte) para equilibrar cargas pesadas, como cubos de agua, cestas de cosecha o leña, sobre los hombros. Su simplicidad y uso generalizado lo convertían en un arma oculta ideal: práctico, discreto y de apariencia totalmente inofensiva.

Durante la ocupación de Satsuma, cuando se restringió la posesión de armas para los okinawenses, el bo cotidiano se convirtió en una sutil forma de defensa. Nunca se prohibió por completo, y esta laguna legal fue aprovechada por generaciones de artistas marciales que reconocieron su potencial de adaptación y utilidad en combate.

Inspiraciones extranjeras: el Gùn chino y más allá

Explorar las armas principales del Kobudo de Okinawa revela un rico legado de creatividad y adaptabilidad. Estas herramientas de defensa personal no son solo armas especializadas; representan la impresionante transformación de objetos cotidianos como herramientas agrícolas, aparejos de pesca y utensilios domésticos en refinados instrumentos de combate. Esta evolución no fue un simple descubrimiento fortuito de su potencial marcial; fue una adaptación reflexiva e informada, a menudo inspirada en los principios de combate y los diseños de armas encontrados a través de los extensos intercambios culturales de Okinawa, en particular con China.

Cada arma cuenta una historia única, desde el bo fundamental y sus diversas extensiones, como el eku y el nuntibo, hasta la distintiva tonfa, el versátil sai, el kama agrícola, el dinámico nunchaku y el tekko, que refuerza las manos. Estas armas surgieron de necesidades prácticas y demuestran un desarrollo marcial creativo. Sus usos civiles originales proporcionaron una discreta ventaja a los practicantes de Okinawa, permitiéndoles portar y entrenar con herramientas que, en manos expertas, podían servir como formidables medios de protección. Las conexiones con otras armas asiáticas, como el fusil chino y el mai sok tailandés y el tai chi chino resaltan la conciencia y la influencia de los artistas marciales de Okinawa en su desarrollo. Las influencias japonesas también pudieron haber desempeñado un papel secundario. Aunque con un impacto menos directo, el conocimiento del sojutsu (técnicas de lanza) y el naginata- jutsu (arte de la alabarda) introdujo nuevas perspectivas en el uso de armas largas, en particular en áreas como el control de la distancia, la defensa angular y los golpes pivotantes.

Variantes y evoluciones: El principio del Bo ampliado

El bo, caracterizado por su principio de extender el alcance del cuerpo mediante un mango equilibrado, sentó las bases para diversas herramientas que adaptaron su eficaz diseño. Una de estas herramientas es el eku, originalmente un remo de bote, que evolucionó para incorporar los principios del bo en una forma más intensa y asimétrica. La ancha hoja del eku puede asestar golpes contundentes, mientras que su forma única permite técnicas de lanzamiento de arena, especialmente útiles en el combate costero. Más que una simple novedad, el eku exige un control avanzado debido a su masa y fluidez, lo que proporciona claras ventajas tácticas en combate.

Otra herramienta que refleja esta evolución es el nuntibo, que se cree que proviene del arpón o bichero de un pescador. Esta arma presenta una protuberancia similar a un gancho en un extremo, que puede usarse de diversas maneras durante el combate. El gancho permite a los practicantes atrapar armas o extremidades, perturbar el equilibrio de los atacantes y facilitar la manipulación de las articulaciones, demostrando cómo el Kobudo extrae valor marcial de los desafíos de la vida marinera.

Además, las variantes más cortas del bo, conocidas como jo y hanbo, ilustran aún más la versatilidad de este concepto marcial. El jo mide aproximadamente 1,2 metros de largo, mientras que el hanbo mide alrededor de 90 centímetros. Estos bastones más cortos transmiten los principios del bo a distancias más cortas. Su longitud reducida facilita transiciones más rápidas, ángulos más cerrados y movimientos más compactos, lo que los hace especialmente adecuados para espacios reducidos o combates a corta distancia. Al igual que su contraparte de longitud completa, tanto el jo como el hanbo priorizan la precisión y la fluidez sobre la fuerza bruta, lo que demuestra la adaptabilidad del bo a diferentes contextos y escenarios de combate.

Por qué perdura el Bo

El atractivo perdurable del bo reside en su universalidad y elegancia. A diferencia de las armas blancas, que requieren metalurgia especializada o diseños complejos, el bo es simple: solo madera, simetría e intención. Ayuda a entrenar la postura, la generación de potencia y la fluidez de movimiento, a la vez que perfecciona la sincronización y la distancia. Y lo más importante, encarna la filosofía del Kobudo: transformar lo ordinario en extraordinario.

La Tonfa: Mango de Control y Poder

La tonfa es un arma impresionante que encarna los principios prácticos del Kobudo, especialmente en el control a corta distancia. Entre todas las armas de Kobudo de Okinawa, la tonfa (o tunfa) destaca como una de las más ingeniosas mecánicamente. Con su singular empuñadura perpendicular y diseño compacto, la tonfa sirve como herramienta y arma, demostrando eficiencia y adaptabilidad. Inicialmente utilizada como un instrumento práctico, se ha transformado en un dispositivo sumamente versátil para golpear, bloquear, atrapar y controlar las articulaciones, reflejando el espíritu innovador de la cultura marcial de Okinawa.

De la piedra de molino a la precisión marcial

La teoría más aceptada sobre el origen de la tonfa sugiere que comenzó como un mango para moler. Este mango se montaba a través de un agujero en una piedra de molino utilizada para procesar arroz y granos. Los agricultores sujetaban el mango perpendicular y giraban la piedra en laboriosos círculos. Algunos creen que la tonfa también pudo haber servido como palanca para extraer agua de los pozos.

En cualquier caso, su diseño ergonómico, con un mango robusto perpendicular a un mango más largo, fue concebido para un uso práctico más que para el combate. Sin embargo, su simplicidad esconde un gran potencial. Su tamaño compacto, agarre natural y eje de rotación se traducen fácilmente en técnicas marciales efectivas.

Mecánica de combate del escudo y la palanca

El diseño de la tonfa permite una variedad de aplicaciones de combate efectivas, demostrando su versatilidad como arma. Una de sus funciones principales es el bloqueo; al sostenerla contra el antebrazo, la tonfa puede absorber y redirigir los golpes recibidos, mejorando significativamente la capacidad defensiva del usuario. Su singular movimiento curvo facilita el bloqueo activo, proporcionando no solo defensa pasiva, sino también un medio para desviar ataques eficazmente.

Además de bloquear, la tonfa sirve como una potente herramienta de golpe. Su mango extendido, que sobrepasa el codo, permite golpes rápidos y dinámicos que utilizan la fuerza centrífuga. Esto permite al usuario asestar golpes contundentes con considerable velocidad y potencia. El extremo trasero de la tonfa también puede proporcionar impactos concentrados y romper huesos cuando es necesario, mientras que el extremo corto se convierte en una herramienta de empuje eficaz, permitiendo apuntar con precisión a zonas vitales con precisión milimétrica.

Además, la tonfa es invaluable para ejecutar luxaciones y trampas articulares. Su mango perpendicular ofrece un excelente apalancamiento, lo que la convierte en un instrumento eficaz para inmovilizar articulaciones y sujetar extremidades. Este aspecto de la tonfa es particularmente beneficioso en situaciones de agarre, donde las técnicas de control y obediencia son esenciales.

En conjunto, estas técnicas demuestran que la tonfa no es solo una herramienta de impacto, sino también un medio de control no letal. Esta característica se alinea con las necesidades históricas de la clase administrativa de Okinawa, que a menudo buscaba someter a sus oponentes sin recurrir a la fuerza letal.

Inspiraciones y paralelismos: un arma que trasciende las fronteras

La forma distintiva de la tonfa no es exclusiva de Okinawa. Diseños similares aparecen en diversas tradiciones marciales del sudeste asiático y del este asiático, lo que sugiere orígenes compartidos o una evolución paralela basada en necesidades funcionales similares.

En Tailandia, el Mai Sok San se parece mucho a la tonfa tanto en estructura como en uso, y sirve como herramienta tanto para la agricultura como para la autodefensa.

En China, el arma llamada guai, un instrumento similar a una muleta, comparte similitudes lingüísticas y físicas. Asimismo, la palabra malaya topang se traduce como "muleta", lo que indica patrones regionales de herramientas de doble uso que evolucionan hacia equipo de combate.

Lo que distingue a la tonfa okinawense es la profundidad de su sistematización. Mediante katas y ejercicios en pareja, su uso se elevó de la improvisación intuitiva a una disciplina marcial plenamente desarrollada.

Un arma de disciplina, no de desesperación

La creencia popular de que los campesinos de Okinawa convertían secretamente sus herramientas agrícolas en armas en respuesta a las prohibiciones opresivas ha resultado ser un mito. En realidad, la tonfa se integró intencionalmente en los sistemas de artes marciales con un propósito estratégico. Su uso requiere fuerza, coordinación y control de rotación, cualidades que reflejan los beneficios del entrenamiento formal, más que el desarrollo espontáneo.

La perdurable importancia de la tonfa en el Kobudo, junto con su uso contemporáneo por las fuerzas policiales de todo el mundo como el bastón PR-24, pone de relieve su eficacia. Representa más que un simple vestigio de la historia agrícola de Okinawa; es un arma de diseño sofisticado y versatilidad táctica, moldeada por la necesidad, refinada mediante el conocimiento y preservada por la tradición.

El Sai: Tridente de control y moderación

Entre las armas de Kobudo de Okinawa, el sai destaca por su elegancia, simetría y forjado en metal en lugar de madera. Con su asta central flanqueada por dos puntas curvas (yoku), el sai suele malinterpretarse como una simple herramienta agrícola convertida en arma. En realidad, su diseño sugiere un origen marcial deliberado, profundamente vinculado a la aplicación de la ley, la moderación y la capacidad de neutralizar a un adversario sin recurrir a la fuerza letal.

Más que una herramienta de agricultor

La leyenda popular suele representar el sai como una herramienta agrícola utilizada para plantar arroz o cavar la tierra. Sin embargo, esta teoría se desmorona rápidamente al examinarla más detenidamente. En la Okinawa premoderna, el metal era escaso y caro, lo que lo convertía en una opción poco probable para las tareas agrícolas cotidianas. Las herramientas de madera habrían sido suficientes para estos fines, y no existen registros históricos ni hallazgos arqueológicos que respalden el uso del sai en la agricultura.

En contraste, la evidencia histórica y estructural sugiere que el sai fue un arma desde el principio, específicamente, una herramienta de vigilancia y control. Su diseño es más adecuado para someter que para dañar. Su potencial no letal, su construcción duradera y su versatilidad, tanto para la defensa como para la contención, indican que pudo haber sido utilizado por funcionarios y sirvientes para mantener el orden bajo el gobierno de señores locales o magistrados ryukyuanos.

Precisión, moderación y versatilidad

Cuando es usado por practicantes expertos, el sai se convierte en una extensión del cuerpo, proporcionando una combinación versátil de control, golpes precisos y defensa efectiva. A diferencia de las armas diseñadas principalmente para cortar, el sai prioriza la precisión sobre la fuerza bruta. Su robusta estructura y sus yoku (protecciones laterales) externos lo hacen ideal para detener y redirigir ataques de diversas herramientas ofensivas, como palos, cuchillas y puños. Un practicante puede girar rápidamente la muñeca para atrapar el arma o la extremidad de un oponente dentro del yoku, obteniendo una ventaja mecánica para controlarlo o desarmarlo.

Además de atrapar, el sai puede asestar golpes conmocionantes utilizando su mango y su extremo. La punta de metal sin filo actúa de forma similar a una porra, permitiendo a los practicantes atacar centros nerviosos, huesos o tejidos blandos con una fuerza incapacitante sin necesariamente romper la piel. La punta central está diseñada para realizar estocadas precisas en puntos de presión, articulaciones o el plexo solar, buscando incapacitar en lugar de destruir.

Además, el diseño único del sai permite una manipulación articular excepcional. Los practicantes pueden inmovilizar muñecas, codos o tobillos utilizando el yoku curvo, o aplicar presión con el mango para forzar la obediencia. Esta capacidad de atrapar, bloquear y controlar eleva el sai mucho más allá de una simple porra o bastón, convirtiéndolo en un arma de agarre completa para quienes dominan su compleja mecánica.

Forjado en un contexto asiático más amplio

La presencia del sai en Okinawa no es única; más bien, refleja un linaje regional más amplio de armas metálicas de tres puntas similares que se encuentran en toda Asia. Por ejemplo, el Tie Chi chino, también conocido como la vara de hierro, es un bastón metálico comparable, utilizado en artes marciales de combate cuerpo a cuerpo con fines tanto defensivos como de control. Por otro lado, el Jutte japonés, una porra de hierro de una sola punta, tiene importancia histórica, ya que era portado por la policía durante el período Edo. Esta herramienta fue diseñada específicamente para capturar y someter a espadachines sin causarles heridas mortales.

Trishula indio, aunque principalmente simbólico, comparte un parecido con el sai debido a su icónica forma de tridente. Sin embargo, su función ceremonial lo distingue de las aplicaciones prácticas de combate. Estas conexiones culturales sugieren que el sai probablemente fue importado o adaptado de herramientas militares o policiales existentes, en lugar de haber sido inventado independientemente como un simple instrumento agrícola.

El bastón del guerrero erudito

El sai, con su singular estructura y eficacia en el combate no letal, encaja a la perfección en el arsenal del Yukatchu. Los eruditos cultos y los funcionarios con formación confuciana, encargados de mantener el orden, necesitaban armas que afirmaran su autoridad sin recurrir a la violencia excesiva. El sai era la opción ideal: intimidante, funcional y versátil, satisfacía las sutiles exigencias de la moderación en lugar de depender únicamente de la fuerza bruta.

En la práctica actual del Kobudo de Okinawa, la profundidad combativa del sai se preserva mediante katas clásicos que priorizan la sincronización, la intercepción y el control en lugar de la fuerza bruta. La elegancia del arma reside en su capacidad para neutralizar amenazas sin causar daños innecesarios, desarmar a los oponentes sin causarles lesiones y afirmar su autoridad sin generar caos.

Como tal, el sai sigue siendo una de las armas más ricas intelectual y técnicamente en el arsenal de Okinawa, y constituye un testimonio silencioso de la disciplina, la previsión y la interconexión cultural que define al Kobudo clásico.

El Kama: La espada de los campos

De todas las herramientas convertidas en armas del arsenal okinawense, ninguna encarna mejor la difusa línea entre la agricultura y las artes marciales que el kama. Su hoja en forma de hoz, diseñada originalmente para cortar los cultivos desde la base, se convirtió en un símbolo de transformación: de convertir el trabajo en letalidad, la supervivencia en estrategia. Cuando se maneja como arma, el kama ofrece un poder de corte devastador y una delicadeza notable, uniendo las exigencias físicas de la vida rural con las refinadas técnicas del movimiento combativo.

Cosechando vida del suelo

El kama se originó principalmente como herramienta de cosecha. Ampliamente utilizado por los agricultores de Okinawa para cosechar arroz, caña de azúcar y cereales, desempeñó un papel crucial en la supervivencia agrícola. Su hoja curva permitía un corte eficiente a ras del suelo, mientras que su tamaño compacto lo hacía portátil, fácil de manejar y accesible incluso para los aldeanos más pobres.

Además de la cosecha, el kama tenía usos secundarios, como limpiar la maleza, cortar la paja para los techos y desherbar los campos. Debido a su abundancia, a menudo se llevaba o se guardaba cerca, lo que lo convertía en una opción ideal para la autodefensa improvisada en una época en la que el porte de armas estaba estrictamente prohibido bajo el dominio de Satsuma.

Sin embargo, la transición del kama al ámbito de las artes marciales no fue un acto espontáneo de desesperación. Más bien, representó una adaptación deliberada y estratégica, probablemente iniciada por eruditos marciales de Okinawa que reconocieron el potencial de transformar herramientas sencillas en instrumentos efectivos para el entrenamiento de combate estructurado.

Precisión de corte y versatilidad de agarre

El kama, reconocido por su distintiva hoja en ángulo recto, es un arma única utilizada en Okinawa. Su diseño permite a sus practicantes realizar diversas técnicas letales y versátiles. Una de sus principales capacidades ofensivas es la hoja curva, que permite realizar cortes limpios y arqueados que pueden seccionar eficazmente músculos, arterias o tendones. Al blandirlo en parejas, un practicante puede ejecutar una serie de cortes rápidos que pueden abrumar incluso al oponente más hábil.

Además de sus capacidades de corte, la forma de hoz del kama facilita las maniobras de gancho y atrapamiento. Esta característica permite a los practicantes atrapar o desviar armas y extremidades, desequilibrando eficazmente a los oponentes o redirigiendo su energía. Además, la hoja del kama puede emplearse para manipular articulaciones y técnicas de desarme. Al enganchar puntos críticos como las muñecas o los codos, los practicantes pueden aplicar presión sobre las articulaciones, utilizando el apalancamiento del mango para ejecutar luxaciones o atrapar extremidades, una habilidad que distingue al kama de otros instrumentos de hoja.

Además, aunque los bordes del kama son afilados, los practicantes también pueden utilizar el lomo para bloquear o parar golpes, siempre que mantengan un control preciso del ángulo. Esta doble naturaleza —que combina golpes ofensivos con técnicas de control— convierte al kama en un arma particularmente peligrosa. Exige una sincronización hábil y enfatiza la importancia de la manipulación del ángulo y la percepción espacial, lo que permite a los practicantes desenvolverse eficazmente en las complejidades del combate.

Una herramienta global

El kama es posiblemente la más universal de todas las armas de Kobudo, ya que su forma básica se encuentra en culturas agrarias de todo el mundo. Hojas curvas similares, utilizadas para la cosecha, se encuentran en el este y el sudeste asiático, Europa y África. Sin embargo, la formalización del kama en Okinawa, en katas marciales estructuradas, lo distingue de estas otras formas.

Aunque el kama okinawense puede no estar basado directamente en ningún arma extranjera específica, probablemente absorbió principios de los sistemas de armas del sur de China, que también utilizan hojas con forma de hoz en aplicaciones combinadas. Por ejemplo, el lian chino. djo (una hoz con cadena) demuestra c¾mo herramientas similares fueron adaptadas creativamente para el combate, aunque su cadena flexible la distingue en la práctica .

Más significativa que cualquier influencia extranjera es la propia filosofía de la adaptación. Los artistas marciales de Okinawa, especialmente los Yukatchu, observaron diseños funcionales de diversas culturas y aplicaron esos conocimientos a las herramientas disponibles. La evolución del kama hasta convertirse en un arma fue un acto intelectual de síntesis, impulsado no solo por la necesidad, sino por una integración reflexiva de ideas.

De los campos a los katas

El uso del kama en katas formales demuestra claramente la codificación académica. Los movimientos están cuidadosamente estructurados en torno a cortes angulares, trampas posicionales y transiciones fluidas entre ataque y defensa. Esto refleja un esfuerzo deliberado por elevar el kama más allá del mero instinto, situándolo en el marco más amplio e interconectado del Te y el Kobudo de Okinawa.

A diferencia de otras armas del arsenal, el kama irradia una elegancia peligrosa. Su hoja tiene una curvatura creciente y sus movimientos son compactos pero letales. No se basa en la fuerza bruta; en cambio, enfatiza la mecánica, el engaño y la precisión; principios profundamente arraigados en la filosofía marcial okinawense.

El Nunchaku: Del mayal a la furia

Pocas armas del arsenal okinawense han cautivado la imaginación mundial como el nunchaku. Inmortalizado en los medios de comunicación y las demostraciones de artes marciales, sus dramáticos golpes y arcos desenfocados encarnan fluidez, velocidad y peligro. Sin embargo, bajo su llamativa apariencia se esconde un arma con orígenes prácticos y una sorprendente y sofisticada historia de adaptación.

Originalmente utilizado como herramienta agrícola o ecuestre, el nunchaku demuestra el talento okinawense para la improvisación. Fue reinventado a través de la teoría china de armas flexibles y perfeccionado hasta convertirse en un sistema de combate dentro del marco más amplio del Kobudo.

Uso original: ¿Mayal o rienda? El debate sobre sus orígenes

El origen exacto del nunchaku sigue siendo controvertido, pero prevalecen dos teorías principales:

Teoría del mayal de arroz: La interpretación más común sitúa las raíces del nunchaku en la agricultura, como herramienta para trillar el grano. Los dos palos unidos por una cuerda o cadena se asemejan a un mayal tradicional, utilizado para golpear los tallos de arroz y separar la cáscara del grano. Este diseño permitía el apalancamiento mecánico y los golpes repetitivos; conceptos que posteriormente se adaptaron al uso marcial.

Teoría del Bocado Ecuestre: Una teoría menos discutida, pero plausible, sugiere que el nunchaku comenzó como una rienda o bocado de control para caballos. En esta versión, los palos formaban parte de las riendas o mecanismo de control, mientras que la cuerda ayudaba a sujetar y guiar. Esto se sustenta en el uso de caballos en Okinawa y la practicidad de adaptar los arreos con fines defensivos.

Independientemente de su función original, el nunchaku comparte un rasgo consistente con otras armas de Kobudo: era accesible, discreto y se transformaba fácilmente en un medio de protección, especialmente en una sociedad donde las armas visibles estaban restringidas.

Golpe dinámico y enredo

El nunchaku destaca en el mundo de las artes marciales por su movimiento impredecible y dinámica flexible. A diferencia de las armas rígidas, su diseño de doble palanca permite a los practicantes aprovechar la energía explosiva y redirigir las fuerzas de maneras que pueden resultar difíciles de contrarrestar para los oponentes.

Una técnica clave con el nunchaku es el uso de golpes de látigo. Al aprovechar la fuerza centrífuga, los practicantes pueden asestar golpes potentes y de alta velocidad desde diversos ángulos, añadiendo velocidad y engaño a sus ataques. Además, la cuerda o cadena que conecta los dos palos permite diversas técnicas de control. Esto permite a los usuarios envolver, atrapar o enredar las extremidades o armas de su oponente, creando oportunidades para técnicas de seguimiento que pueden cambiar el curso de una confrontación.

En combates a corta distancia, el nunchaku puede ser particularmente efectivo para aplicar luxaciones articulares, rodeando el brazo, la muñeca o el cuello del oponente. El practicante puede ejercer presión y palanca, estableciendo un control dominante sobre los movimientos del oponente. Además, incluso cuando se usa con un solo palo, el nunchaku puede servir como herramienta contundente. Los golpes pueden asestarse utilizando tanto el mango como el pomo, similar a una porra corta.

En definitiva, dominar el nunchaku requiere un gran sentido del ritmo, la fluidez y la conciencia cinestésica. El arma prioriza la precisión sobre la fuerza bruta, y su efectividad depende de factores como el impulso, el control del ángulo y el ritmo. Esta naturaleza dinámica hace que el nunchaku sea similar a un mayal utilizado en entornos agrícolas, lo que demuestra la belleza de su movimiento en la práctica marcial.

El arsenal versátil de Asia

El nunchaku, aunque claramente okinawense en su desarrollo, comparte similitudes conceptuales con varias armas del este de Asia, incluido el bastón de dos secciones, el bastón de tres secciones, el dardo de cuerda y el martillo de meteorito.

El bastón chino de dos secciones, conocido como el cañón Shuang Jie, es un arma similar a un mayal que se utiliza en diversas artes marciales del sur de China. Es especialmente eficaz para golpear y enredar a los oponentes gracias a su alta energía rotatoria. Su diseño y funcionalidad probablemente inspiraron el desarrollo posterior del nunchaku.

Otra arma china importante es el Bastón de Tres Secciones, o Cañón San Jie. Esta variante cuenta con articulación adicional, lo que aumenta su versatilidad, a la vez que conserva la mecánica básica del movimiento centrífugo, la envoltura y la manipulación mediante movimientos en cadena.

Además, el Dardo de Cuerda y el Martillo Meteoro son armas flexibles que requieren un alto nivel de habilidad y ofrecen imprevisibilidad en combate. Ambos pueden usarse para atar y golpear desde ángulos inesperados, lo que los hace efectivos para ataques de largo alcance. Aunque difieren estructuralmente del nunchaku, encarnan la misma fluidez y adaptabilidad presentes en la práctica del nunchaku, lo que demuestra la diversidad de armas presentes en las artes marciales chinas.

A través del intercambio cultural y el comercio, los eruditos okinawenses pudieron haber observado estas armas de primera mano o haber conocido sus conceptos a través de materiales escritos o instrucción directa. Como resultado, el nunchaku probablemente surgió como una respuesta localizada a estas influencias, adaptado a los materiales disponibles y al contexto social de las islas Ryukyu.

El refinamiento del erudito: de herramienta a kata

El nunchaku, al igual que otras armas de Kobudo, no se desarrolló únicamente mediante ensayo y error. Su incorporación a katas estructurados, en particular en sistemas como Matayoshi Kobudo, demuestra un refinamiento intencionado en los métodos de enseñanza. Los movimientos están codificados, las transiciones están claramente delineadas y las secuencias de golpes resaltan tanto el realismo de las artes marciales como la importancia del control físico.

Aunque a menudo se percibe como llamativo o difícil de manejar, el nunchaku, cuando es manejado por un practicante experto, ejemplifica principios como la fluidez, la manipulación del alcance y la potencia transicional. Estos conceptos son fundamentales en la filosofía de las artes marciales de Okinawa.

El Tekko: Puño de hierro, impacto implacable

Entre las armas más discretas del Kobudo de Okinawa, el tekko ocupa una posición única, tanto como herramienta práctica para la improvisación como un complemento extremadamente efectivo para las técnicas sin armas. Compacto y fácil de ocultar, el tekko no funciona como un arma independiente, sino como una extensión del puño, aumentando la potencia de cada golpe con una eficacia devastadora.

Su desarrollo resalta un tema central en la cultura marcial de Okinawa: la transformación de materiales cotidianos en herramientas de supervivencia, moldeadas por la necesidad, el ingenio y las influencias externas.

Reutilizado a partir de equipo ecuestre los tekko, herramientas resistentes de hierro curvo que se podían modificar para ajustarse a los nudillos, se reutilizaron a partir de estribos o herraduras de caballo. En una sociedad donde el metal escaseaba y se reutilizaba con frecuencia, estos artículos duraderos ofrecían tanto disponibilidad como practicidad.

La estructura curva del estribo se alineaba naturalmente con la forma del puño humano, lo que le permitía mejorar los golpes sin comprometer la flexibilidad de la mano. Algunas variantes del tekko probablemente se fabricaban con madera o coral tallado, con una forma que se ajustaba cómodamente a la palma y se extendía ligeramente más allá de los nudillos.

Su apariencia civil no amenazante los convertía en la opción ideal en un entorno donde portar armas podía levantar sospechas ante la atenta mirada de las autoridades.

Amplificando el arma natural

Un arma distintiva de artes marciales que amplía la potencia de golpe de la mano humana sin alterar significativamente la mecánica del puñetazo, el tekko concentra la fuerza a la vez que ofrece protección. Su diseño incluye una superficie de impacto reforzada con metal o madera densa, lo que aumenta el impacto del puñetazo. Este refuerzo concentra la energía en un área más pequeña, lo que resulta en un mayor daño tisular; incluso un golpe de refilón puede incapacitar al oponente.

Además de sus capacidades ofensivas, la estructura curva del tekko cumple una función defensiva vital. Puede interceptar o desviar golpes, funcionando como un pequeño escudo que protege los nudillos y el antebrazo de lesiones.

Además, algunos diseños del tekko presentan bordes salientes o ganchos, lo que permite a los practicantes emplear técnicas de atrapamiento y control de extremidades. Estas características permiten atrapar o enganchar eficazmente la muñeca o el arma del oponente, facilitando una transición fluida entre el golpe y el agarre.

Ciertas variantes del tekko también incorporan puntas afiladas o estriadas, lo que las hace ideales para rastrillar o desgarrar la carne. Este diseño difumina la distinción entre golpes contundentes y ataques cortantes, ofreciendo al usuario opciones versátiles en situaciones de combate.

Cuando se utiliza junto con el kata tradicional o las técnicas de mano vacía (te), el tekko se convierte en una mejora natural dentro del sistema de artes marciales de Okinawa, en lugar de ser un mero accesorio.

Armas de nudillos globales

El concepto de reforzar el puño no es exclusivo de Okinawa; ha estado presente en diversas formas a lo largo de diferentes culturas y períodos históricos. Por ejemplo, en las artes marciales tradicionales chinas, los practicantes utilizan una herramienta conocida como Tie Quan, o Puño de Hierro. Este dispositivo consiste en anillos o protectores de hierro que cumplen una doble función: acondicionar las manos y mejorar la efectividad en el combate. De igual manera, en la historia occidental, los puños americanos se han utilizado en Europa y América como herramientas prácticas para maximizar la potencia de los golpes en enfrentamientos cuerpo a cuerpo.

Japón también tiene su propia versión de refuerzo de mano, el kakute. Aunque más especializado, el kakute está diseñado para mejorar el control y causar daño en situaciones difíciles, y suele usarse discretamente.

Lo que distingue al tekko es su singular adaptación al contexto de las Ryukyu. Fabricado típicamente con materiales recuperados o remodelados, el tekko se convirtió en parte integral de los sistemas de kata en diversos linajes de Kobudo, mostrando una rica tradición de innovación en las artes marciales.

Simplicidad estratégica

La simplicidad del tekko esconde su valor estratégico. No requiere técnicas complicadas para funcionar eficazmente, pero exige disciplina y moderación. En las manos equivocadas, su fuerza amplificada puede causar daños involuntarios; en las manos correctas, actúa como una herramienta precisa de control y protección.

Su uso continuo en el Kobudo de Okinawa hoy en día sirve como recordatorio del pragmatismo marcial: que el arte de la lucha no siempre se trata de talento o tamaño, sino más bien de intención, adaptación y eficiencia.

Un legado forjado en la necesidad

El legado del Kobudo de Okinawa no se limita a la incisión en el acero y la ceremonia, sino que se manifiesta en el ingenio silencioso de la supervivencia. Representa la transformación de objetos cotidianos, herramientas agrícolas, aparejos de pesca y herramientas sencillas, en sofisticados instrumentos de autodefensa. Lejos de ser una nota al pie excéntrica del Karate, las armas tradicionales de Okinawa reflejan el espíritu ingenioso y resiliente del pueblo Ryukyu, especialmente frente a la ocupación externa y la represión política.

Estas armas no son meras reliquias; representan principios encarnados de apalancamiento, adaptación y estrategia, transmitidos a través del kata, la tradición oral y la instrucción práctica. Cada arma lleva la huella de la vida cotidiana, reutilizada en conocimientos de combate, reflejando la narrativa más amplia de una cultura que encontró la manera de perdurar, proteger y refinar su identidad marcial a pesar de las limitaciones externas.

El bo, originalmente una vara para transportar agua, se convierte en una herramienta de largo alcance para extender y redirigir. La tonfa, originalmente un mango para moler, se transforma en un arma que utiliza la fuerza rotatoria y el control de las articulaciones. El sai, que carece de cualquier función agrícola práctica, sirve como recordatorio de que algunas herramientas siempre fueron concebidas como armas, adaptadas deliberadamente de fuentes externas para satisfacer necesidades internas. El kama, una hoz del campo, evoluciona en una espada letal en el combate cuerpo a cuerpo. El nunchaku, con su caos centrífugo, y el tekko, conocido por su impacto amplificado, ilustran cómo el movimiento y la forma pueden reinventarse con fines marciales.

Una influencia significativa en este panorama marcial fue la clase Yukatchu, la élite culta que poseía los medios, la experiencia y la motivación para estudiar sistemas extranjeros y formalizar sus adaptaciones en katas. Si bien el mito de las "armas campesinas" sigue cautivando la imaginación moderna, los registros históricos indican una síntesis deliberada, culta y estratégica de las artes marciales, profundamente influenciada por la teoría militar china, los contactos comerciales y los desafíos del autogobierno bajo dominio extranjero.

Al explorar estas armas, profundizamos más allá de simplemente aprender a golpear, atrapar o defender; nos conectamos con las experiencias vividas de los innovadores marciales de Okinawa. Su inventiva, adaptabilidad y pragmatismo nos recuerdan que las artes marciales no son meros conjuntos de técnicas; son expresiones culturales de resiliencia.

Hoy en día, el estudio del Kobudo anima a los practicantes a mirar más allá de la superficie, permitiéndonos comprender cómo el entorno, la necesidad y el espíritu creativo convergen en el acto de la creación marcial. Este legado no solo merece ser preservado, sino también ser objeto de una participación activa, tanto en el dojo como en el debate académico más amplio sobre la evolución de las tradiciones marciales.

Al final, la mayor arma del Kobudo de Okinawa quizá no sea el bo, el sai ni el kama. Más bien, es la mente que reconoció el potencial en lo mundano y la mano que se atrevió a transformarlo.

Más allá de la superficie
Replanteando el Karate como una extensión del Kobudo

Redescubriendo al guerrero integrado

En el vasto y diverso panorama de las artes marciales globales, el karate okinawense se erige como una disciplina imponente y ampliamente reconocida. Sus golpes dinámicos, formas disciplinadas y énfasis en la superación personal han cautivado a millones de personas, transformándolo de una tradición aislada y secreta a un arte dinámico practicado en todos los continentes. La percepción moderna generalizada a menudo presenta al karate como un arte marcial puramente sin armas, un sistema desarrollado de forma aislada, distinto de las complejas prácticas basadas en armas conocidas como kobudo. Esta imagen popular a menudo retrata al guerrero de "mano vacía" como fundamentalmente distinto de su contraparte armada, y cada uno evoluciona por caminos independientes.

Sin embargo, un análisis más detallado revela que esta noción generalizada de un desarrollo separado del Karate y el Kobudo de Okinawa a menudo carece de fundamento y es demasiado simplista. Es una perspectiva que ignora las profundas conexiones históricas y conceptuales que unen estas dos facetas de la herencia combativa de Ryukyu. Este artículo argumenta que el Karate no se desarrolló de forma aislada, sino que evolucionó como una extensión de una cultura marcial Ryukyu más amplia e integrada que incorporaba el entrenamiento con armas (Kobudo). Esta visión integrada sugiere un linaje compartido, principios básicos comunes y metodologías de entrenamiento entrelazadas que las narrativas históricas posteriores y los procesos de modernización han oscurecido.

Para ilustrar este legado integrado, emprenderemos un viaje para replantear la relación entre las artes de mano vacía y las artes con armas de Okinawa. Comenzaremos cuestionando los mitos prevalecientes sobre sus orígenes y luego exploraremos la evidencia histórica que indica su profunda interrelación. Posteriormente, detallaremos sus raíces fundamentales compartidas en las tradiciones marciales chinas y analizaremos la mecánica corporal y los métodos de entrenamiento comunes que trascienden la distinción entre el combate armado y desarmado. Finalmente, examinaremos el impacto de la modernización y la sistematización en su aparente separación, abogando finalmente por una comprensión más completa de la tradición marcial de Ryukyu.

Mito del guerrero desarmado

La narrativa popular en torno a la génesis del Kobudo okinawense a menudo presenta una imagen idealizada, aunque en gran medida inexacta. Sugiere que, tras las prohibiciones históricas de armas en Okinawa, la clase campesina marginada desarrolló en secreto técnicas de combate utilizando herramientas agrícolas cotidianas, como el bo (bastón), el sai (porra de tres puntas) y el nunchaku (mayal), como armas improvisadas para defenderse de los samuráis armados. Esta narrativa de las "armas campesinas", aunque convincente, lamentablemente ha permeado la comprensión pública y ha contribuido significativamente a la percepción del Kobudo como un arte folclórico distinto, separado de las prácticas más formalizadas de combate a mano vacía. Sin embargo, un análisis crítico de la evidencia histórica revela que se trata de un mito generalizado que oscurece los orígenes reales y más sofisticados de estas tradiciones marciales.

En realidad, la evidencia sugiere firmemente que el Kobudo, y por extensión el arte nativo de lucha con las manos vacías conocido como "Te" , fueron practicados de hecho por la nobleza (Aji), los aristócratas (Ueekata) y la clase guerrera erudita (Peichin) dentro del Reino de Ryukyu [1]. Lejos de ser toscas improvisaciones campesinas, estas artes con armas eran sofisticados sistemas de combate, a menudo influenciados por las tradiciones marciales de China y Japón. Las armas en sí mismas, como el bo y el sai, no eran simplemente herramientas agrícolas sino instrumentos legítimos de guerra y defensa, que requerían entrenamiento especializado y un conocimiento intrincado del apalancamiento, la distancia y la anatomía. Este trasfondo aristocrático y marcial refleja un nivel de complejidad e instrucción formal que contradice la noción de su surgimiento espontáneo de la necesidad agrícola. Para comprender realmente las raíces de las artes marciales de Okinawa, primero debemos adoptar el concepto de una cultura marcial ryukyuense completa. Dentro de este marco integrado, las habilidades con armas y a mano vacía no se consideraban disciplinas dispares ni opuestas sino componentes complementarios de un sistema de combate completo. Un practicante no era simplemente un "guerrero desarmado" o un "combatiente armado", sino un artista marcial integral capaz de adaptar sus habilidades a diversos escenarios de combate, ya sea armado o desarmado. Esta reformulación sienta las bases para entender el karate no como un desarrollo aislado, sino como una extensión natural de esta herencia marcial integral e interconectada.

Armas y el linaje compartido de Mano Vacía

Más allá del mito de un desarrollo separado, los indicios históricos sugieren firmemente que el karate y el kobudo no evolucionaron de forma aislada, sino de forma paralela y complementaria. La evidencia apunta a un panorama marcial donde los practicantes entrenaban frecuentemente en ambas disciplinas, considerándolas como dos caras de la misma moneda combativa. Esta perspectiva se ve reforzada por la observación de que el karate y el kobudo okinawenses modernos a menudo se consideran dos caras de la misma moneda, lo que demuestra su profunda simbiosis. No se trata de una mera conexión moderna, sino de una interrelación histórica que refleja una realidad práctica en la que un guerrero verdaderamente hábil cultivaría la competencia tanto en métodos armados como desarmados, alternando fluidamente entre ellos según la necesidad.

El carácter hermético de la transmisión temprana de las artes marciales en Okinawa refuerza la idea de que el entrenamiento integral, que abarcaba tanto las habilidades con las manos vacías como con armas, era probablemente la norma en linajes específicos y relaciones maestro-discípulo. Lejos de especializarse en uno sobre el otro, los maestros impartían una comprensión holística del combate. Un buen ejemplo de esta combinación se encuentra en los katas tradicionales con armas. Por ejemplo, Soeishi No Kun Dai, un prominente kata de bo, es notablemente uno de los pocos katas auténticos de Kobudo de Okinawa que incorpora una técnica de las manos vacías (una patada) como penúltimo movimiento. Esta inclusión dentro de un kata de arma específico demuestra directamente que, incluso dentro del entrenamiento específico con armas, los principios y aplicaciones del combate con las manos vacías se reconocían e integraban, lo que significa un enfoque unificado para el desarrollo marcial.

De hecho, la realidad histórica del entrenamiento integrado se demuestra vívidamente a través de las vidas de destacados maestros de artes marciales de Okinawa reconocidos por su competencia tanto en artes marciales con manos vacías como con armas. Figuras como Chatan Yara [2] (1668-1756) se destacan como ejemplos fundamentales.

Se le acredita la difusión del "Te" en Okinawa, Yara fue un célebre maestro de armas, excepcionalmente hábil en el uso del bo, tonfa y particularmente el sai. De manera similar, Kojoshiku Shinpo [3] (1647-1721) es reconocido por su profunda influencia en el desarrollo tanto del Karate como del Kobudo, especialmente del bojutsu. Los relatos históricos indican que enseñó tanto kobudo como artes marciales con manos vacías, consolidando aún más la imagen de maestros que impartieron un currículo combativo completo. Incluso figuras posteriores como Matsumura Sokon [4] (1809-1899), figura fundamental del Shorin-ryu moderno, sintetizaron diversos estilos de Te o mano vacía con influencias del Shaolin chino, basándose en un linaje que incluía a maestros como Sakugawa Kanga [5], quien desarrolló el bo kata y fue conocido por combinar el kenpo chino con el Te okinawense , e incluso el kenjutsu japonés (Jigen- ryu). Estos ejemplos ilustran colectivamente que el "guerrero sin armas" histórico era a menudo, en la práctica, un artista marcial con una formación integral cuyas habilidades a mano vacía estaban profundamente influenciadas por su pericia armada y eran una extensión de ella.

Raíz china de las artes marciales de Okinawa

Cuanto más profundizamos en las corrientes históricas de las artes marciales okinawenses, más innegable se hace la influencia de diversas artes marciales chinas, sirviendo como punto de origen común y fundacional tanto para el karate como para el kobudo. Sistemas como Baihe Quan [6] (Puño de Grulla Blanca de Fujian) y

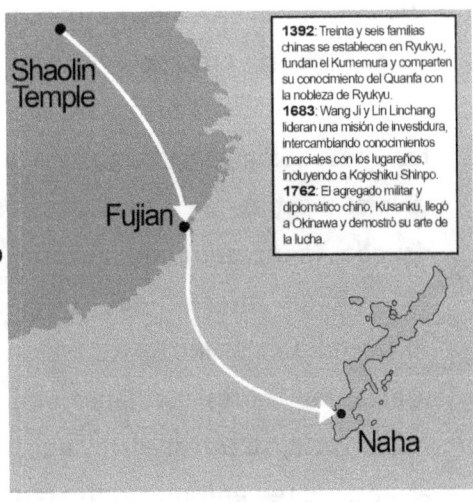

1392: Treinta y seis familias chinas se establecen en Ryukyu, fundan el Kumemura y comparten su conocimiento del Quanfa con la nobleza de Ryukyu.
1683: Wang Ji y Lin Linchang lideran una misión de investidura, intercambiando conocimientos marciales con los lugareños, incluyendo a Kojoshiku Shinpo.
1762: El agregado militar y diplomático chino, Kusanku, llegó a Okinawa y demostró su arte de la lucha.

Luohan Quan [7] (Puño Arhat de Shaolin) representan la rica y variada gama de sistemas de combate chinos que se extendieron al Reino de Ryukyu a lo largo de siglos de comercio, diplomacia e intercambio cultural. Esta afluencia de conocimiento proporcionó una fuente común de la que surgieron muchos de los principios y técnicas fundamentales de las artes marciales a mano vacía y con armas. Desde las posturas y el trabajo de pies hasta la generación de poder y la aplicación estratégica, los ecos de los métodos chinos resuenan en las tradiciones okinawenses, estableciendo un legado integrado mucho antes de cualquier separación percibida.

Un principio universal: la integración atraves de las tradiciones marciales

La integración del combate con armas y a mano vacía no es una característica peculiar exclusiva del Reino de Ryukyu o sus influencias chinas; más bien, representa un principio universal de desarrollo marcial, presente en diversas sociedades y a lo largo de la historia. En todo el mundo, el entrenamiento completo, tanto con armas como sin ellas, se consideraba necesario para una verdadera destreza en el combate.

Wushu chino: En las artes marciales chinas históricas, la distinción entre combate armado y desarmado era a menudo imprecisa, y el entrenamiento con armas estaba integrado de forma inherente en las metodologías de combate a mano vacía. Los maestros de diversos estilos de Wushu consideraban las armas, ya fuera la espada (jian, dao), el bastón (gun) o la lanza (qiang), como extensiones directas del cuerpo. La misma mecánica corporal fundamental, el juego de pies, el equilibrio y la generación de fuerza, cultivados mediante una extensa práctica de combate a mano vacía, se transferían y aplicaban sin problemas al manejo de armas. Este enfoque integrado implicaba que la habilidad desarmada del practicante influyera directamente en su destreza armada, y viceversa, creando un sistema de combate unificado y adaptable.

Koryu Budo Japonés: Las escuelas clásicas de artes marciales japonesas, conocidas colectivamente como Koryu Budo, también ofrecían sistemas integrados de combate, especialmente para la clase samurái. Disciplinas como el Kenjutsu (manejo de la espada), el Jujutsu (lucha sin armas y combate cuerpo a cuerpo) y el Bojutsu (lucha con bastón) rara vez se enseñaban de forma aislada. En cambio, desarrollaban un currículo cohesivo diseñado para preparar a los guerreros para cualquier escenario de combate. Los sofisticados movimientos corporales, los principios estratégicos y el cultivo del maai (distancia de combate) aprendidos con la espada eran directamente aplicables a los encuentros sin armas, y las técnicas de lucha a menudo servían como nexo crucial en los desarmamientos o las transiciones entre armas.

Artes Marciales de la India (p. ej., Kalaripayattu): Las antiguas tradiciones marciales de la India, representadas por el arte del Kalaripayattu, del sur de la India, ofrecen otro ejemplo convincente de la perfecta integración entre el uso de armas y la práctica a mano vacía. El entrenamiento suele comenzar con un riguroso acondicionamiento físico y combate sin armas, centrándose en golpes, llaves y ataques a puntos vitales. Este dominio fundamental de la práctica a mano vacía progresa posteriormente al uso de diversas armas, como la espada, el escudo, la lanza, la daga y la espada flexible (urumi). La profunda comprensión de la anatomía humana, el apalancamiento y el control corporal, desarrollada en la práctica a mano desarmada, se aplica directa y continuamente al dominio de las armas, afirmando que ambos aspectos son facetas intrínsecamente vinculadas del mismo arte de combate.

Otras tradiciones: Este principio se extiende aún más a los panoramas marciales globales. En las artes marciales filipinas, como el Arnis, los practicantes suelen aprender primero técnicas con armas (p. ej., palo y cuchillo), entendiendo que estas habilidades son directamente transferibles al combate a mano vacía; el arma es simplemente un "brazo más largo". De igual manera, las artes marciales indonesias, como el Silat, integran frecuentemente el entrenamiento con armas (como el kris o bastón) como una extensión natural de sus movimientos fluídos a mano vacía y la lucha cuerpo a cuerpo. Incluso en las artes marciales históricas de Europa, los manuales de luchas medievales y renacentistas solían presentar un entrenamiento integrado que combinaba el manejo de la espada con la lucha libre, la lucha con daga y la lucha sin armas, demostrando un enfoque integral de la autodefensa que trascendía la simple dicotomía entre armas y desarmado.

Estos diversos ejemplos ilustran que el desarrollo integrado de habilidades con armas y con las manos vacías no es meramente una característica incidental, sino un testimonio de una comprensión universal del combate efectivo, basada en la eficiencia, la adaptabilidad y una visión holística del cuerpo humano como el arma definitiva, capaz de extenderse.

Mecánica y métodos: armas como extensiones de extremidades

Partiendo de la base de que la integración de armas y manos vacías es un principio universal intrínseco a las tradiciones marciales efectivas a nivel mundial, nos centraremos ahora en las manifestaciones específicas de esta sinergia en el contexto okinawense. Aquí, la profunda conexión entre el karate y el kobudo se hace evidente a través de sus principios subyacentes compartidos, la mecánica corporal y las metodologías de entrenamiento que se refuerzan mutuamente.

En esencia, el concepto de armas como extensión de extremidades es fundamental para comprender la fluida relación entre Kobudo y Karate. Muchas técnicas de Kobudo no son innovaciones combativas distintivas, sino más bien aplicaciones directas de la misma mecánica corporal y principios encontrados en Karate de mano vacía, simplemente aumentados por un arma. El bastón (bo), por ejemplo, a menudo sigue las mismas trayectorias y genera potencia a partir de la misma rotación central y movimiento de cadera que un puñetazo o bloqueo de Karate. El sai puede manejarse con la rotación de muñeca y el impulso interno que recuerda al shuto uke (bloqueo de mano de cuchillo) o al nukite (mano de lanza). Esta perspectiva aclara que el arma no es una herramienta externa añadida en el cuerpo, sino más bien una extensión integral, que requiere el mismo control corporal fundamental, equilibrio y generación de cadena cinética inherente a las técnicas sin armas.

Esta integración se sustenta en principios universales cultivados tanto en el entrenamiento con manos vacías como con armas. Atributos esenciales como el arraigo (conexión a tierra mediante los pies), la potencia interna (transferencia eficiente de fuerza desde el centro o core) y la precisión de movimiento no son específicos del combate con armas ni sin armas, sino fundamentales para ambos. Una postura firme y estable, vital para generar potencia en un golpe de puño de karate, es igualmente crucial para asestar un golpe de bo devastador o mantener el equilibrio al blandir un nunchaku. El desarrollo de un cuerpo conectado, donde el movimiento se inicia desde el centro y se extiende eficientemente a las extremidades (ya sea el puño o la punta del bastón), es el objetivo común, lo que demuestra que el entrenamiento para uno desarrolla inherentemente la capacidad para el otro.

En consecuencia, existe un notable grado de transferencia de habilidades entre el entrenamiento a mano vacía y el entrenamiento con armas, creando un ciclo simbiótico que mejora la destreza marcial general. Entrenar extensamente con armas de kobudo mejora significativamente las habilidades a mano vacía; por ejemplo, la manipulación continua de un sai o tonfa desarrolla una fuerza de agarre excepcional y un fortalecimiento de muñeca invaluable para el combate cuerpo a cuerpo en Karate. También refina la comprensión del alcance, la palanca y el timing; elementos cruciales para el combate con y sin armas. Por otro lado, la precisión en el juego de pies, el equilibrio y la generación de potencia explosiva, perfeccionados mediante la práctica dedicada de kata de mano vacía y kihon, se traducen directamente en aplicaciones más efectivas y potentes con armas. La capacidad de moverse eficientemente, generar fuerza desde y mantener un core fuerte, desarrollada mediante el entrenamiento sin armas, es indispensable para manejar cualquier arma con verdadera maestría. Esta relación recíproca resalta que, en lugar de ser entidades separadas, el Karate y el Kobudo están fundamentalmente interrelacionados, y cada disciplina enriquece y refuerza a la otra dentro de un marco combativo unificado.

Divergencia a través de la modernización

A pesar de la contundente evidencia histórica y funcional de una tradición marcial integrada, la era moderna presenció un profundo cambio que condujo a una gradual pérdida de importancia y, en última instancia, a la separación explícita del Kobudo y el Karate. Esta divergencia se puede atribuir en gran medida a la modernización e institucionalización del Karate, que comenzó principalmente a principios del siglo XX. Cuando el Karate pasó de las tradiciones familiares o aldeanas y secretas a la instrucción pública, específicamente su introducción en el sistema escolar público de Okinawa y su posterior énfasis como una forma de educación física, su propia naturaleza comenzó a transformarse. Este cambio, sumado al desarrollo posterior del Karate deportivo, cultivó inadvertidamente una identidad especializada y sin armas que gradualmente eclipsó sus raíces integrales.

La necesidad de mayor accesibilidad y seguridad en los entornos educativos públicos fue un factor clave para esta simplificación. Enseñar artes marciales a grupos grandes de escolares o a practicantes nuevos y sin formación planteaba evidentes problemas de seguridad y requería equipo especializado difícil de conseguir. En consecuencia, se priorizaron los kata sin armas, lo que marginó el entrenamiento integrado. Este proceso se vio agravado por el período posterior a la Segunda Guerra Mundial, donde, bajo la ocupación aliada, se desalentó el entrenamiento con armas y las artes marciales. Si bien no se trató de una prohibición directa, la atmósfera imperante y el deseo de que el karate se percibiera como un ejercicio físico inofensivo que forjaba el carácter, en lugar de un arte de combate, consolidaron su identidad pública como puramente práctica. Esta época consolidó la percepción de que las armas eran una disciplina distinta y separada, eliminándolas del currículo general de karate para la instrucción masiva.

Esta especialización moderna contrasta marcadamente con el enfoque de entrenamiento integral y exhaustivo característico de las tradiciones más antiguas (koryu), no solo en Okinawa, sino también en las artes marciales globales que exploramos anteriormente. En el entorno formalizado del dojo o en el ámbito competitivo, las complejidades del manejo de armas pasaron a un segundo plano, si no a estar totalmente ausentes, y solo resurgieron a finales del siglo XX. El desarrollo riguroso y holístico que abarcaba técnicas con y sin armas, antaño sello distintivo del artista marcial dedicado, dio paso a un énfasis en el kata codificado a mano vacía y el kumite competitivo. Esta divergencia transformó fundamentalmente la comprensión pública y la transmisión práctica de las artes marciales okinawenses, allanando el camino para que el arquetipo del "guerrero desarmado" se convirtiera en la imagen dominante del karate.

Reivindicando al guerrero íntegro

El recorrido por las corrientes históricas y los principios subyacentes de las artes marciales okinawenses revela una verdad a menudo oscurecida por las percepciones modernas: el karate, lejos de ser una disciplina puramente sin armas y desarrollada de forma independiente, es fundamentalmente una extensión de una cultura marcial okinawense cohesionada que históricamente integró tanto las habilidades con las manos vacías como con las armas. El arquetipo del "guerrero sin armas", si bien convincente, es en última instancia una representación simplificada que contradice la naturaleza rica y completa de estas tradiciones de combate.

Nuestra exploración ha buscado desmantelar sistemáticamente el mito generalizado de los orígenes del Kobudo como rudimentarias "armas campesinas", demostrando en cambio su práctica sofisticada dentro de la nobleza y la clase guerrera de Ryukyu. Hemos visto cómo los indicios históricos apuntan consistentemente al desarrollo paralelo y complementario del Kobudo y Te, a mano vacía. El Te y las artes con armas, con maestros prominentes reconocidos por su dominio en ambas, como lo demuestran figuras como Chatan Yara y Matsu Higa. La profunda e innegable influencia de las artes marciales chinas tanto en el karate como en el kobudo establece un linaje ancestral común, arraigándolos en una filosofía de combate unificada. Además, al examinar el principio universal de la integración de las armas y las manos vacías en diversas tradiciones marciales globales, desde el wushu chino y el koryu budo japonés hasta el kalaripayattu indio y más allá, hemos subrayado que el enfoque integrado de Okinawa no era una anomalía, sino un método lógico y eficaz para el entrenamiento de combate integral. En este marco, el concepto de las armas como "extremidades extendidas" resalta la mecánica corporal compartida y cualidades universales como el arraigo y el poder interno, fomentando un notable grado de transferencia de habilidades entre la práctica con armas y sin armas. En última instancia, fueron las presiones de la modernización, la institucionalización de la educación pública y el auge de la deportividad, particularmente en la era posterior a la Segunda Guerra Mundial, lo que llevó a una pérdida gradual de énfasis y a una separación percibida de estas disciplinas que alguna vez estuvieron unificadas.

Esta nueva perspectiva tiene importantes implicaciones para la investigación contemporánea, mejorando la precisión histórica y ofreciendo perspectivas profundas para el entrenamiento práctico en las artes marciales de Okinawa hoy en día. Al reconocer y abrazar la herencia integrada, tanto practicantes como académicos pueden ir más allá de las distinciones superficiales para comprender la verdadera profundidad y versatilidad de estas tradiciones. Esto fomenta el retorno a un enfoque más holístico para el estudio y la práctica de las artes marciales de Okinawa, que cierra la brecha percibida entre el "guerrero desarmado" y su contraparte armada, recuperando así el legado completo del guerrero Ryukyu íntegro.

Notas:

1.   Nobleza (Aji), Aristócratas (Ueekata), Clase Guerrera Académica (Peichin): La estructura social del Reino de Ryukyu se caracterizaba por una clase alta bien definida, compuesta por funcionarios académicos y guerreros que servían a la monarquía. En su cúspide se encontraban los Aji, señores de alto rango, a menudo de linaje real, que gobernaban territorios regionales. Por debajo de ellos se encontraban los Ueekata, influyentes ministros de estado que ocupaban puestos clave en el gobierno central. Los Peichin constituían una amplia clase de funcionarios académicos y guerreros feudales, responsables de la administración y la defensa, con rangos internos como Chikudun Peichin, Satunushi Peichin y Pekumi que denotaban su posición.

2.   Chatan Yara (1668–1756): Recordado como una figura clave en las artes marciales okinawenses, se le atribuye la difusión del Te (el arte nativo de las manos vacías) por toda Okinawa. Fue un célebre maestro de armas, excepcionalmente hábil en el uso del bo, la tonfa y , en particular, del sai . Se le asocia notablemente con katas como Chatan Yara no Sai, reconocidos por su perfecta combinación de técnicas de manos vacías con aplicaciones de armas, mostrando una filosofía de combate holística.

Aunque la documentación histórica completa sobre su vida es escasa, la influencia perdurable de Yara se preserva a través de los katas que se le atribuyen y su aplicación práctica. Las leyendas en torno a su destreza marcial reflejan una profunda reverencia por los maestros fundadores de Okinawa, consolidando su figura como clave en el desarrollo integral de las tradiciones marciales okinawenses.

3.   Kojoshiku Shinpo (1647-1721), también conocido como Matsu Higa o Matsuhiga: Recordado en la tradición oral de Okinawa como un formidable artista marcial y posiblemente uno de los primeros codificadores del bojutsu en el Reino de Ryukyu. Se le asocia a menudo con los legendarios katas Matsuhiga no kon, tonfa y sai , que persisten hoy en día en muchos sistemas de Kobudo de Ryukyu, en particular en los linajes Matayoshi y Taira.

Aunque sobrevive poca documentación histórica, se dice que Matsu Higa estudió con emisarios chinos, incluido Wang Ji (Wanshu), quien dirigió una conocida misión diplomática a Okinawa en 1683. Este intercambio cultural puede haber introducido elementos del Quanfa chino en las artes de lucha locales, influyendo en lo que se convertiría en Te Okinawense.

Las leyendas sobre la destreza en combate de Matsu Higa, incluyendo su famoso uso del bo durante un encuentro con un maestro del arma conocido como el Gobernante de Hierro (que muchos consideran precursor del sai moderno), reflejan el rico folclore que rodea a las figuras marciales fundamentales de Okinawa. Si bien estas historias sirven para destacar su talla, no existe evidencia histórica directa que confirme muchos de los detalles más pintorescos.

4.   Matsumura Sookon (1809-1899): Considerado ampliamente como una figura fundamental del Karate Shorin-ryu moderno, Matsumura Sookon fue un artista marcial muy influyente que sirvió al Reino de Ryukyu. Es recordado por su

importante papel en la síntesis de diversas técnicas de mano vacía. Estilos con influencias del Shaolin chino, sentando las bases de lo que se convertiría en el Karate Okinawense contemporáneo. Su linaje de entrenamiento incluyó maestros como Sakugawa Kanga, a través de quien heredó y desarrolló una comprensión integral de las artes marciales.

Las enseñanzas de Matsumura enfatizaban principios combativos integrales, lo que sugiere un linaje donde las habilidades con las manos vacías estaban profundamente influenciadas por, y eran una extensión de, la experiencia con armas. Es conocido por incorporar elementos del kenjutsu japonés, específicamente de la escuela Jigen- ryu, a las artes marciales okinawenses en evolución.

5.   Sakugawa Kanga (1786-1867): Figura clave en el linaje que condujo al Karate Okinawense moderno, Sakugawa Kanga fue un importante predecesor y maestro de maestros como Matsumura Sokon. Es recordado por sus contribuciones al desarrollo del bo kata y por su papel crucial en la combinación del Quanfa chino con el Te local de Okinawa.

6.   Baihe Quan (白鶴拳), o Puño de Grulla Blanca de Fujian, es un destacado estilo de arte marcial del sur de China, originario de la provincia de Fujian. Caracterizado por su énfasis único en la generación de potencia a corta distancia, el juego de pies engañoso y las técnicas precisas de mano que imitan los movimientos de una grulla blanca, a menudo emplea principios internos para generar fuerza explosiva (fa jin) y participar en el combate cuerpo a cuerpo. Baihe Quan es históricamente significativo por su profunda influencia en el desarrollo de las artes marciales de Okinawa, en particular el linaje Naha -Te que dio origen a estilos como el Goju-ryu y el Uechi -ryu, lo que lo convierte en un eslabón crucial en la historia del Karate.

7.   El Luohan Quan (羅漢拳), o Puño Arhat Shaolin, es un estilo clásico de arte marcial del norte de China, profundamente vinculado al Templo Shaolin. Nombrado en honor a los Arhats (discípulos budistas iluminados), sus formas suelen incorporar una metodología de combate fuerte, dinámica y fluida. El Luohan Quan se caracteriza por posturas poderosas, numerosas técnicas de mano y un juego de pies dinámico, que a menudo incorpora golpes de larga distancia y de cuerpo a cuerpo. Sus principios y técnicas se consideran una de las influencias chinas que moldearon el desarrollo del sistema Shorin-ryu del Karate de Okinawa. Filosóficamente, integra los principios budistas de crecimiento personal y disciplina, lo que lo convierte en un estilo fundamental e influyente dentro del amplio espectro de las artes marciales tradicionales chinas.

Rastros de acero en la madera de Ryukyu

Cuestionando la influencia de Jigen-ryu en el Bojutsu de Okinawa

¿La influencia de la espada en el bastón?

El rico entramado de las artes marciales okinawenses se entreteje con el desarrollo nativo, la profunda influencia china y sutiles conexiones con las tradiciones marciales del Japón continental. Si bien la ocupación de Satsuma [1] moldeó indudablemente la esencia del Te y el Kobudo, surge una pregunta intrigante y a menudo debatida sobre la influencia de un arte de espada japonés específico: Jigen-ryu [2] ¿Fue este poderoso y agresivo estilo de kenjutsu un factor significativo en la evolución del bojutsu okinawense? De ser así, ¿cuán profundamente penetraron sus principios en las singulares tradiciones de armas de la isla?

Jigen- ryu, una escuela distintiva de esgrima, se originó en la región de Tohoku en Japón antes de migrar al sur y establecer una notable presencia histórica en el Dominio de Satsuma . Conocida por su explosiva filosofía de un solo golpe y sus rigurosos métodos de entrenamiento, fomentó una dedicación casi fanática a dar un golpe decisivo y abrumador. Una figura central en este posible intercambio intercultural se cita a menudo como Matsumura Sokon (c. 1809-1899), un artista marcial fundamental de Okinawa y guardaespaldas real, que supuestamente se encontró y entrenó en Jigen -ryu durante su tiempo en Satsuma. Esta conexión ha provocado especulaciones de que elementos de los golpes agresivos y la mecánica corporal de Jigen- ryu pueden haber influido en el desarrollo de los kata de bo de Okinawa.

Para explorar esta posibilidad, debemos examinar críticamente las características técnicas de Jigen ryu y compararlas con las metodologías establecidas de bojutsu okinawense. Esta discusión va más allá de la mera curiosidad histórica; profundiza en los fundamentos mismos de las artes marciales okinawenses, impactando las reivindicaciones de linaje, la comprensión de los principios técnicos y nuestra interpretación de los complejos intercambios culturales que dieron forma a estas tradiciones combativas. Desentrañar este nudo histórico requiere un análisis cuidadoso, distinguiendo los hechos verificables del folclore convincente pero no probado. Para entender si Jigen- ry [1] dejó una huella en el bojutsu okinawense, primero debemos examinar el arte en sus propios términos. Esto comienza con una mirada más cercana a sus orígenes, estructura técnica y fundamento filosófico dentro del dominio Satsuma.

Jigen -ryu: La espada feroz de Satsuma

Para evaluar con precisión la posible influencia del Jigen- ryu en el bojutsu okinawense, es fundamental comprender claramente el Jigen-ryu en sí. Esta singular escuela de esgrima japonesa es más que un simple conjunto de técnicas; encarna una filosofía distintiva y una rigurosa metodología de entrenamiento que la distingue de muchas otras tradiciones de kenjutsu.

Desarrollo histórico y características

Jigen- ryu se remonta a finales del siglo XVI en la región de Tohoku, en el norte de Japón, fundada por Togo Chui. Sin embargo, su verdadera prominencia y el desarrollo de sus características más distintivas se produjeron tras su migración al sur, convirtiéndose en la escuela oficial de esgrima del clan Shimazu [3], el poderoso daimyo del Dominio Satsuma. Esta profunda integración en la clase samurái de Satsuma hizo del Jigen- ryu no un mero arte marcial, sino un componente vital de la identidad militar y cultural del dominio. El estilo se forjó en un entorno que valoraba la acción decisiva y el espíritu inquebrantable, reflejando la feroz independencia y la destreza combativa por las que eran famosos los samuráis de Satsuma. La esencia del enfoque técnico de Jigen-ryu reside en asestar un golpe único, contundente y decisivo para incapacitar al oponente de inmediato. Esta filosofía evita enfrentamientos prolongados o paradas intrincadas, en favor de una potencia bruta e inquebrantable. El método principal para lograrlo es el golpe diagonal descendente, a menudo iniciado desde una posición elevada, casi por encima de la cabeza. Este potente corte arqueado busca atravesar la guardia y el cuerpo del oponente con la máxima fuerza, encarnando el principio de "un corte, una muerte ". El objetivo es generar un gran impulso y asestar un impacto contundente en lugar de depender de la delicadeza o múltiples ataques rápidos. Cultivar este poder explosivo es central para la exigente metodología de entrenamiento de Jigen-ryu. Quizás su práctica más icónica es tachimaki, una forma de golpe repetitivo contra un poste de madera o un árbol.

Los practicantes golpean el poste cientos, incluso miles, de veces al día, desarrollando una increíble fuerza de agarre, potencia de muñeca y la capacidad de canalizar todo el peso de su cuerpo en un solo golpe devastador. Esta repetición implacable arraiga la memoria muscular necesaria para ejecutar el golpe decisivo. Acompañando este esfuerzo físico está el uso generalizado de gritar o kiai [15], no solo como una vocalización sino como parte integral de la generación de poder, enfocando la energía, intimidando al oponente y sincronizando la respiración con el movimiento. El tachi-maki [11] makiwara (un poste de golpe especializado para la práctica de la espada) es, por lo tanto, una herramienta fundamental, distinta del makiwara okinawense [18] usado para golpear con las manos vacías, pero compartiendo el concepto de desarrollar impacto a través de la práctica dedicada.

Fundamentos filosóficos

Más allá de sus técnicas físicas, el Jigen- ryu está profundamente arraigado en una filosofía de agresión, dominio y una presión psicológica abrumadora. Con una marcada influencia del Bushido, su entrenamiento riguroso y a menudo brutal está meticulosamente diseñado para cultivar una determinación inquebrantable y una mentalidad que persigue incansablemente la victoria mediante una acción única y decisiva. Esta postura agresiva busca no solo infligir daño físico, sino también quebrantar la voluntad y el espíritu del oponente, idealmente antes o durante el combate inicial. Los practicantes adquieren la lealtad y la disciplina inquebrantables para avanzar sin descanso, golpear con absoluta dedicación y eliminar toda duda y vacilación. Esta profunda intensidad psicológica, combinada con la eficacia técnica y un enfoque en la intrepidez y una rigurosa preparación mental y física, moldeó al samurái Satsuma en una fuerza formidable, capaz de alcanzar la victoria mediante un golpe singular y contundente.

Si algún artista marcial okinawense logró absorber, adaptar y transmitir los principios del Jigen- ryu, ese fue Matsumura Sokon. Su rol como guardaespaldas real, diplomático e innovador marcial lo sitúa en la intersección de las tradiciones marciales ryukyuenses, chinas y japonesas.

Culturas encrucijadas: Matsumura Sokon

Matsumura Sokon (c. 1809–1899) se erige como una figura de inmensa importancia histórica en el desarrollo de las artes marciales de Okinawa. Ocupando la prestigiosa y conveniente posición de guardaespaldas real de los últimos tres reyes del Reino de Ryukyu, fue ampliamente reconocido como un Bushi[6], un término que significa un guerrero o militar que encarnaba los más altos estándares de conducta marcial y ética dentro de la clase noble del reino. Su formación académica, evidenciada por su dominio de los textos y la caligrafía chinos clásicos, era tan profunda como su habilidad marcial, lo que subraya el ideal de guerrero-erudito[7]. Dado su destacado papel y exposición a las tradiciones marciales tanto de Okinawa como de China, su supuesta conexión con la escuela japonesa de esgrima Jigen-ryu se convierte en un punto crítico de investigación para comprender las influencias en el bojutsu de Okinawa.

Contexto histórico y acusaciones

La introducción de Matsumura Sokon al Jigen- ryu está profundamente arraigada en su servicio al Reino de Ryukyu. A su regreso de China en 1832, el rey Sho Iku buscó específicamente un guardaespaldas competente en el manejo de la espada, una necesidad crítica que Matsumura estaba destinado a satisfacer. Matsumura posteriormente ascendió para convertirse en el principal instructor de artes marciales y guardaespaldas, sirviendo al rey Sho Ko, al rey Sho Iku y al rey Sho Tai[5]. Dada la influencia generalizada de Satsuma sobre el reino, el entrenamiento formal en su formidable arte marcial habría conferido una ventaja y legitimidad significativas al principal protector del rey. Fue durante las misiones diplomáticas documentadas de Matsumura a Satsuma, incluida una notable estancia de cinco años en la actual Kagoshima[4], que se sumergió en el Jigen-ryu. Su dedicación culminó con el prestigioso Menkyo Kaiden[8] de su sensei, Yashichiro Ijuin, lo que significó un período de estudio profundo y exitoso que finalmente le permitió integrar los principios del Jigen -ryu en Ryukyu Kobujutsu.

Aunque los frecuentes y obligatorios viajes de Matsumura a Satsuma acompañando al rey proporcionan el contexto histórico para este intercambio marcial intercultural, el alcance exacto y la naturaleza de su instrucción formal de Jigen-ryu siguen siendo temas de discusión académica. Investigadores prominentes como Patrick McCarthy, Thomas Quast y Hokama Tetsuhiro han explorado esta conexión, aunque sus interpretaciones varían con respecto a la profundidad verificable de su entrenamiento. La presencia de Matsumura en Satsuma es innegable, pero los documentos históricos originarios que confirman explícitamente su dominio de Jigen- ryu son escasos. En consecuencia, gran parte de nuestra comprensión de este vínculo crucial se basa en tradiciones orales transmitidas a través de generaciones de artistas marciales, lo que proporciona una valiosa perspectiva del linaje y la percepción, pero requiere un análisis crítico cuidadoso para distinguirlo de los hechos históricos definitivos.

Curiosamente, un relato del maestro de karate de Okinawa, Nagamine Shoshin [9,] ofrece una anécdota convincente, aunque trágica, que da mayor credibilidad a estas tradiciones orales. Nagamine relató haber visitado la casa de la bisnieta de Matsumura en Naha en agosto de 1942. Durante esta visita, supuestamente descubrió un menkejo (licencia de maestro) en Jigen -ryu kenjutsu, junto con un papel de color con los versos [10], que se guardaba en el santuario budista de la familia. Estos documentos fueron supuestamente otorgados a Matsumura por su maestro de Jigen- ryu , Ishuin Yashichiro, tras la partida de Matsumura de Satsuma después de alcanzar el nivel más alto de las técnicas de Jigen- ryu . Si bien estos valiosos documentos fueron destruidos cuando se perdió la casa de Matsumura durante la Segunda Guerra Mundial, el relato del testigo ocular Nagamine Shoshin sugiere que la evidencia tangible del menkyo de Matsumura de hecho, el kaiden de Jigen ryu existió en posesión de su familia en algún momento, lo que ofrece un vínculo vital, aunque indirecto, con la veracidad de los relatos orales.

Comparación de metodologías marciales

Para evaluar la credibilidad de la influencia de Jigen-ryu en los sistemas marciales de Matsumura Sokon, es esencial una comparación detallada de sus métodos de golpe, mecánica corporal, trabajo de pies y mentalidad combativa. Shuri- te, tal como lo moldeó Matsumura, es conocido por sus técnicas poderosas y directas, que a menudo enfatizan posturas arraigadas y ejecución explosiva. Esta intensidad combativa se alinea conceptualmente con el principio distintivo de Jigen-ryu de dar un golpe único y decisivo. Sin embargo, un examen más detallado de la torsión corporal, los ángulos de ataque y el ritmo general del kata revela distinciones esenciales. Jigen- ryu enfatiza la presión implacable hacia adelante y la agresión abrumadora, mientras que el kata de Matsumura también incorpora maniobras evasivas y estrategias defensivas matizadas; adaptaciones moldeadas por el contexto ambiental y social específico de Okinawa durante la ocupación Satsuma.

Explorar el potencial de Matsumura Sokon para el entrenamiento en Jigen- ryu ofrece una perspectiva reveladora sobre el desarrollo técnico del bo jutsu okinawense. Si Matsumura realmente logró el menkyo Kaiden en este influyente sistema de espadas, su papel como transmisor de conocimiento, ya sea intencionalmente o mediante adaptación, trasciende la mera información biográfica; puede servir como un nexo clave para la incorporación de los principios de la espada japonesa al armamento okinawense. Para investigar esta posibilidad, realizaremos un análisis comparativo detallado de las técnicas centrales y las filosofías tácticas del Jigen- ryu junto con las del bojutsu tradicional okinawense. Este análisis nos ayudará a determinar si existen rastros significativos del Jigen -ryu en el kata y la lógica combativa del bastón okinawense.

Paralelismos sorprendentes: Jigen -ryu y Bojutsu de Okinawa

Tras establecer los principios fundamentales y el contexto histórico del Jigen- ryu, nos dedicamos ahora a la importante tarea de identificar paralelismos técnicos, o la ausencia de ellos, entre este formidable arte de la espada japonesa y las formas distintivas del bojutsu okinawense. Este análisis comparativo pretende determinar si los principios asertivos y agresivos del Jigen- ryu resuenan en las tradiciones de bo de Ryukyu o si las similitudes son meramente superficiales o casuales.

Descripción general de los sistemas de golpe del Bojutsu de Okinawa

El bojutsu okinawense se desarrolló como un arte de armas eficiente, sumamente práctico y versátil, diseñado para la defensa en un contexto civil, a diferencia de los enfrentamientos militares a gran escala. Sus sistemas de golpe se centran en movimientos potentes, amplios y de empuje, utilizando a menudo toda la longitud del bastón para mantener la distancia y generar una fuerza considerable. A diferencia de la espada, que se basa en filos cortantes, el bo inflige principalmente traumatismos contundentes, lo que requiere principios biomecánicos diferentes para un impacto máximo. Las formas de bojutsu okinawense suelen presentar transiciones dinámicas, bloqueos circulares y cambios rápidos de dirección, lo que refleja la necesidad de adaptabilidad en diversos escenarios de combate.

Paralelismos y divergencias técnicas

Al comparar los principios técnicos del Jigen- ryu kenjutsu y el bojutsu okinawense, se hacen evidentes varios puntos claves de convergencia y divergencia. Estas similitudes, ya sean estructurales, estratégicas o filosóficas, ayudan a ilustrar la posibilidad de influencia cruzada, a la vez que resaltan las identidades distintivas de cada sistema.

Enfoque lineal y estrategia de compromiso [20]

El bojutsu okinawense también valora los primeros golpes contundentes y potentes, especialmente en kata, donde las técnicas de apertura están diseñadas para afirmar el dominio o detener preventivamente a un atacante. Sin embargo, a diferencia de la implacable presión frontal del

Jigen- ryu, los métodos okinawenses suelen combinar la linealidad con el movimiento circular y un mayor compromiso con el objetivo. La amplitud de las posturas en el bojutsu es más adaptable, lo que facilita cambios rápidos de dirección, contraataques y juego de pies evasivo. Esto refleja el espíritu defensivo arraigado en gran parte de la cultura marcial okinawense.

Mecánica corporal y postura de armas (kamae)

El tonbo no kamae [17] ("posición de libélula"), característico de Jigen- ryu, en el que la espada se sostiene en alto por encima del hombro derecho, prepara el ataque para su característico corte diagonal. La potencia se genera mediante la torsión corporal total y una estocada agresiva y comprometida. Si bien el bojutsu okinawense emplea de forma similar la torsión corporal para impulsar sus golpes, la mecánica difiere en su ejecución. En los sistemas okinawenses, los practicantes incorporan con frecuencia movimiento lateral y posiciones de transición para crear aberturas, evadir ataques o reposicionarse. Aunque algunas posturas de preparación alta con el bo se asemejan al espíritu del tonbo no kamae, son menos rígidas y tácticamente más fluidas, orientadas a asestar golpes versátiles desde múltiples ángulos.

Ritmo y cadencia táctica

Las cualidades rítmicas del movimiento en cada sistema reflejan sus distintas filosofías de combate. Los ejercicios de entrenamiento de Jigen- ryu, como el tategi-uchi [12], son explosivos y lineales, culminando en un momento único y devastador. Este estilo no está diseñado para intercambios prolongados, sino para abrumar con inmediatez.

En contraste, el kata de bojutsu okinawense suele fluir entre fases duras y suaves, alternando golpes explosivos con reposicionamientos fluidos. Este ritmo dinámico refleja la utilidad del bastón como herramienta tanto ofensiva como defensiva, capaz de un combate sostenido. Si bien los golpes se ejecutan con la misma intensidad, el bojutsu okinawense ofrece un repertorio táctico más amplio, adecuado para diferentes alcances y ritmos, en lugar de depender de una única acción decisiva.

Entrenando el golpe: Entrenamiento de impacto repetitivo

Tanto el Jigen- ryu como las artes marciales de Okinawa enfatizan el desarrollo de golpes potentes mediante el entrenamiento de impacto repetitivo. En el Jigen- ryu, esto se ejemplifica golpeando repetidamente un poste de madera vertical con cortes de espada con toda su fuerza para desarrollar resistencia muscular, fuerza tendinosa y concentración mental, cuyo objetivo es simple: dar un golpe único y decisivo capaz de poner fin a una confrontación.

Los sistemas okinawenses, en particular el karate, adoptaron un método de entrenamiento similar mediante el uso del makiwara, o poste para golpear. Si bien hay poca evidencia histórica del uso del makiwara en el bojutsu tradicional, el paralelismo conceptual persiste; ambas prácticas se basan en la precisión, la alineación estructural y la determinación. Aunque el bojutsu no empleara el poste para golpear de la misma manera, el principio de entrenar el cuerpo para generar el máximo impacto sigue siendo un ideal de combate compartido.

Estas perspectivas comparativas no confirman una transmisión técnica directa, pero sí resaltan áreas donde los principios subyacentes se superponen, mostrando identidades únicas y posibles influencias entre ambas artes marciales. Sin embargo, aunque estas similitudes técnicas parecen convincentes, un enfoque histórico riguroso exige que examinemos explicaciones alternativas. ¿Podrían estos paralelismos reflejar coincidencia, principios universales compartidos u otras influencias? Varios académicos han planteado contrapuntos importantes que vale la pena considerar.

Escepticismo, coincidencia y derivación cultural

La afirmación de que el Jigen-ryu influyó significativamente en el bojutsu okinawense es convincente, pero no está exenta de escepticismo académico y contraargumentos. Un análisis equilibrado exige un examen crítico de estas perspectivas alternativas, garantizando que la narrativa se base en evidencia verificable y no en una dependencia excesiva de conexiones especulativas o tradiciones orales idealizadas.

Cuestionando la influencia exagerada de Satsuma

Destacados investigadores e historiadores de las artes marciales okinawenses, como Thomas Quast, Patrick McCarthy y Hokama Tetsuhiro , han advertido con frecuencia contra la exageración de la influencia técnica directa de las artes marciales satsuma en los sistemas okinawenses. Si bien reconocen la innegable subyugación política y económica, sugieren que la magnitud de la influencia marcial mutua directa podría estar exagerado en las narrativas populares. Su postura no es que no existiera influencia, sino que su profundidad y omnipresencia podrían estar exageradas o malinterpretadas, especialmente al buscar correlaciones técnicas directas.

Un aspecto clave de este escepticismo se relaciona con la naturaleza misma del bojutsu. Si bien el Jigen- ryu es un arte de espada, sus principios podrían no ser directamente aplicables al bastón, un arma con una mecánica, alcance y métodos de golpe fundamentalmente diferentes. Algunos estudiosos especulan que, si alguna de las artes de combate de Satsuma influyó en el bojutsu okinawense, podría provenir de otros sistemas de armas, como el Naginata-jutsu[22] o el Sojutsu [23.] Estas tradiciones de armas de asta comparten correlaciones más directas con el bo en cuanto a longitud, apalancamiento y tipos de objetivos que atacan, lo que las convierte en fuentes de influencia potencialmente más relevantes que un arte de espada [24.]

La distorsión de las narrativas orales

Las tradiciones orales desempeñan un papel vital en la preservación de la cultura y el patrimonio marciales, pero también son inherentemente fluidas. A lo largo de las generaciones, los detalles pueden cambiar debido a recuerdos erróneos, reinterpretaciones o la evolución natural de la narración. En situaciones de subyugación política, como Okinawa bajo el gobierno de Satsuma, esta fluidez puede complicarse por la influencia de la dinámica de poder. Las narrativas pueden haber sido alteradas inconscientemente para alinearse con los valores sociales dominantes, afirmar la legitimidad local o distinguir una identidad okinawense única. Esto da como resultado un panorama histórico complejo donde distinguir entre transmisión auténtica, reinterpretación y creación de mitos es esencial y desafiante. Comprender esta dinámica es crucial al evaluar las afirmaciones de influencia, como los supuestos vínculos entre Jigen- ryu y el bojutsu okinawense, porque lo que se conserva puede reflejar no solo elementos fácticos sino también las aspiraciones y presiones de la época.

Semejanzas por coincidencia y paralelismos chinos

En última instancia, es crucial reconocer que cualquier similitud percibida entre Jigen- ryu y el bojutsu de Okinawa puede ser completamente coincidente, surgiendo de los principios universales del combate efectivo. Ciertos movimientos de combate, como los poderosos cortes diagonales o el énfasis en un primer golpe decisivo, no son exclusivos de Jigen- ryu. Muchas tradiciones marciales en Asia, incluidos varios sistemas chinos, emplean principios similares. Por ejemplo, algunos estilos de Xinyi Quan [25 chino] son conocidos por sus movimientos explosivos y lineales y se centran en abrumar al oponente con un solo ataque certero. Dadas las profundas y antiguas conexiones marciales de Okinawa con China, es plausible que cualquier característica compartida con Jigen- ryu pueda provenir de una raíz china común o representar soluciones de combate eficientes desarrolladas de forma independiente. Por lo tanto, si bien el supuesto vínculo entre Matsumura Sokon y Jigen- ryu es intrigante, un enfoque académico riguroso nos exige sopesar estos contraargumentos y considerar todas las posibles fuentes de influencia antes de sacar conclusiones definitivas.

Volvemos ahora a la pregunta central: ¿Fue el Jigen -ryu una influencia formativa en el bojutsu okinawense o simplemente una presencia periférica en una red mucho más amplia de intercambio cultural y marcial? Aunque las pruebas definitivas siguen siendo tenues, una síntesis cuidadosa de la evidencia revela una respuesta con matices.

Rastros de influencia en curso

Aunque lamentablemente la evidencia histórica directa es difícil de conseguir, la influencia de Jigen- ryu en el bojutsu de Okinawa, particularmente a través de la figura de Matsumura Sokon, surge no como un mito sino como una transmisión cultural plausible y significativa, moldeada tanto por la práctica documentada como por la tradición oral matizada, y el relato del testigo ocular de Nagamine Shoshin con respecto al menkejo proporciona una fuerte evidencia circunstancial que merece consideración.

Nuestro análisis comparativo revela intrigantes paralelos técnicos entre los dos estilos, particularmente en su énfasis en primeros golpes poderosos y decisivos y el uso riguroso del entrenamiento de impacto repetitivo, donde los conceptos de ichi-no-tachi [16] y tategi-uchi de Jigen-ryu resuenan con la búsqueda okinawense de eficiencia y poder devastador. Sin embargo, diferencias significativas en la mecánica corporal, el trabajo de pies y los ritmos tácticos más amplios del kata sugieren que cualquier influencia de Jigen-ryu probablemente se integró y adaptó al marco okinawense existente, en lugar de adoptarse en su totalidad. Los kata de Bojutsu, como Sakugawa no Kun [20] y Soeishi no Kon[21], sirven como artefactos vivientes de esta compleja interacción histórica, reflejando tanto el ingenio nativos okinawense como las posibles influencias externas.

En definitiva, esta investigación destaca la notable adaptabilidad y sistematización intrínsecas a las artes marciales de Okinawa. Ante presiones externas y nuevos encuentros, maestros okinawenses como Matsumura Sokon absorbieron e integraron selectivamente elementos que potenciaron su eficacia combativa, preservando al mismo tiempo el carácter único de sus tradiciones. La posible influencia del Jigen-ryu en el bojutsu okinawense no consiste en reescribir la historia; enriquece nuestra comprensión de la misma. Esto subraya la importancia de cuestionar las narrativas establecidas, aceptar la complejidad y reconocer que las tradiciones marciales, como todos los fenómenos culturales, son producto de un intercambio dinámico y una evolución continua. Esta continua búsqueda académica nos permite apreciar la profunda riqueza y resiliencia de las artes marciales okinawenses, que surgieron de una combinación única de necesidad, innovación y diálogo intercultural.

Notas:

1.   Dominio Satsuma (薩摩藩): Un poderoso dominio feudal en el sur de Japón que invadió y controló el Reino Ryukyu.

2.   Jigen- ryu [1] y el fundador Togo Chui (東郷重位) – La Sección II comienza con los antecedentes históricos de Jigen- ry [1]. 3 Clan Shimazu: la familia gobernante del Dominio Satsuma.

4.   Kagoshima – La capital del dominio Satsuma.

5.   Rey Shoo Koon, Rey Shoo Iku, Rey Shoo Tai (尚灝王,尚育王,尚泰王) – Discutido durante la biografía de Matsumura Soo kon.

6.   Bushi (武士): término que significa guerrero o militar en el Reino de Ryukyu.

7.   Guerrero-Erudito: El ideal de equilibrar las actividades literarias e intelectuales con el dominio de las artes marciales, conocido como Bunbu Ryodo.

8.   Menkyo Kaiden: Licencia de artes marciales japonesas que implica la transmisión completa de las enseñanzas de un sistema. Se refiere a la licencia completa supuestamente otorgada a Matsumura en Jigen - ryu [1].

9.   Nagamine Shoo shin – Un destacado maestro de karate de Okinawa que se cita como la fuente del relato del descubrimiento del menkyo.

10.   Nota sobre los documentos encontrados con el certificado de Menkyo en el santuario familiar de Matsumura: si bien se desconoce el contenido específico de los versos, su presencia junto con el menkyo de Matsumura El kaiden en Jigen -ryu [1] subraya la naturaleza multifáctica del entrenamiento en artes marciales, más allá de la mera técnica física. Señala la profundidad filosófica inherente a estas tradiciones e insinúa una pieza perdida del rompecabezas histórico y filosófico que conecta Jigen - ryu [1] con las artes marciales de Ryukyu .

11.   Tachi-maki makiwara: Un poste de golpe especializado utilizado en Jigen - ryu para la práctica de la espada.

12.   Tategi-uchi (立木打ち) – Método de entrenamiento Jigenryu [1] que implica golpes repetitivos contra un poste de madera o un árbol.

15.   Kiai (気合): término japonés para un grito utilizado en las artes marciales para concentrar la energía, intimidar y sincronizar la respiración.

16.   Ichi-no-tachi – Principio Jigen- ryu [1] que enfatiza un corte único y decisivo.

17.   Tonbo no Kamae – La distintiva posición de preparación de "posición de libélula" de Jigen -ryu[1] .

20.   Makiwara: Un poste de impacto, envuelto en una cuerda de paja de arroz, utilizado en el karate de Okinawa para el acondicionamiento y el desarrollo del impacto.

21.   También es importante reconocer que, si bien el Jigen -ryu[1] pone gran énfasis en la potencia del golpe inicial, sigue siendo un sistema integral. Sus métodos incluyen un variado juego de pies, ataques angulares y un espectro completo de técnicas de combate, similares a las del bo jutsu okinawense. Por lo tanto, identificar las sutiles superposiciones técnicas, con cautela al trazar líneas directas, es clave para determinar si las similitudes se deben a la transmisión real, a una lógica marcial compartida o a una evolución casual a partir de principios comunes de combate efectivo.

22.   Sakugawa no Kun: un kata bo jutsu clásico de Okinawa, a menudo asociado con Sakugawa Kanga. 23 Soeishi no Kon: un kata bojutsu clásico de Okinawa , a menudo asociado con Soeishi Ryotoku. 24 Naginata- jutsu – Arte de combate japonés centrado en la alabarda.

25. So jutsu – Arte de combate japonés centrado en la lanza.El tratado de Joachim Meyer de 1600, por ejempl, trata el bastón como base y herramienta de entrenamiento para todas las demás armas de asta.

27. Xinyi Quan, a menudo traducido como "Puño de Forma e Intentención", es un arte marcial interno chino conocido por su potencia lineal explosiva, tácticas de entrada directa y énfasis en abrumar al oponente con una firme presión frontal. Es uno de los sistemas internos más antiguos y está históricamente vinculado a aplicaciones en el campo de batalla y principios de la lanza. En el contexto de este artículo, se menciona a Xinyi Quan como una posible fuente alternativa para las sorprendentes similitudes observadas en las artes marciales de Okinawa, en particular el énfasis en los primeros golpes decisivos y la potencia corporal. Dados los amplios vínculos históricos de Okinawa con la cultura marcial china, incluyendo intercambios de entrenamiento documentados con sistemas basados en Fujian, es plausible que la lógica combativa observada en Xinyi Quan haya influido en el bo jutsu okinawense tanto como , o más, que el Jigen - ryu[1] kenjutsu. Esto subraya la necesidad de evaluar todos los vectores de influencia plausibles, en lugar de atribuir paralelismos técnicos únicamente a fuentes japonesas.

Tsuken Bo
Descifrando el complejo tapiz marcial de Okinawa

Este artículo examina la complejidad histórica de Tsu'ken Bo, nombre atribuido a múltiples katas distintos dentro del kobudo okinawense. Mediante el análisis lingüístico, el mapeo de linajes, la experiencia personal y una visión crítica de la tradición oral, busco explorar los caminos separados pero entrelazados de los katas conocidas como Chi'kun no Kun y Tsu'ken Bo.

A la mayoría de los artistas marciales se les enseña que el nombre de un kata revela algo sobre su origen. Pero ¿qué sucede cuando dos katas completamente diferentes comparten el mismo nombre y ninguno de ellos cuenta la historia completa? La confusión en torno a Tsu'ken Bo, o Chi'kun no Kun, a menudo comienza con un simple malentendido: que estamos hablando de un solo kata con múltiples nombres. En realidad, se trata de dos katas de bo completamente diferentes, desarrollados en áreas distintas y transmitidos a través de linajes separados, que comparten el mismo nombre debido a la superposición lingüística y las convenciones culturales de nomenclatura. Una versión se conserva dentro de la tradición del kobudo Matayoshi y se conoce comúnmente como Tsu'ken Bo, mientras que la otra está vinculada a la línea Matsumura Seito a través de Chi'kun Kraka y se conoce como Chi'kun no Kun. Aquí buscamos desentrañar la identidad dual de estos katas explorando sus orígenes, linajes y las corrientes históricas más amplias que los moldearon.

¿Pueden Katas diferentes tener el mismo nombre? ¿Y cómo puede un kata tener dos nombres? Para desentrañar esto, debemos analizar la lingüística okinawense, la geografía regional, las costumbres sobre nombres, la tradición oral y el linaje marcial, todos entrelazados en una compleja historia.

Misma palabra, lengua diferente

Empecemos por lo más simple: Tsu'ken y Chi'kun son, en realidad, la misma palabra, solo que se pronuncian de forma diferente. Tsu'ken es la lectura japonesa del kanji 津堅, el nombre de una pequeña isla frente a la costa este de Okinawa. Chi'kun es como se pronunciaría ese mismo nombre en la lengua nativa de las Ryukyu, conocida como Uchinaaguchi.

Esta complejidad lingüística se agrava aún más si consideramos la terminología que utilizan las diferentes regiones para referirse a las armas. En el Japón continental, el bastón de seis pies se suele llamar "Bo", mientras que en Okinawa (Uchinaguchi) se le conoce tradicionalmente como "Kun" o "Kon". Aunque estos términos tienen orígenes distintos, a menudo se usan indistintamente en las discusiones modernas sobre artes marciales. Esta práctica dificulta la identificación y el análisis precisos de katas específicos.

Así que, dependiendo de si sigues las convenciones lingüísticas japonesas u okinawenses, escucharás Tsu'ken Bo o Chi'kun no Kun, o incluso una combinación de ambos. Esto explica los dos nombres para lo que podría parecer el mismo kata, pero no explica por qué hay dos katas diferentes con el mismo nombre.

Un caso de evolución paralela

Aquí es donde las cosas empiezan a divergir. La isla Tsuken es un lugar pequeño, de apenas un par de kilómetros cuadrados, pero desde hace mucho tiempo se asocia con el bojutsu. Varios linajes importantes de kobudo afirman tener katas conectados con la isla. En algún momento, al menos dos katas completamente diferentes recibieron el nombre independiente de Tsu'ken Bo (o Chi'kun no Kun, según el linaje). ¿Fue intencional? Probablemente no. Lo más probable es que estos katas se desarrollaran por separado, cada uno con el nombre de un miembro de la familia Tsuken o de la propia isla, por practicantes que desconocían que alguien más usaba el mismo nombre para un kata distinto. Este tipo de nombres paralelos no es inusual en las artes marciales de Okinawa. Los nombres de los katas solían transmitirse oralmente durante generaciones antes de codificarse o escribirse. No fue hasta el siglo XX cuando se formalizaron los sistemas y se crearon organizaciones como el Ryukyu Kobudo Hozon. Shinkokai y el linaje Matayoshi comenzaron a documentar listas de katas, e incluso comenzaron intentos serios de sistematización.

Más allá de la isla: ¿Podría "Tsu'ken "significar una tradición marcial?

El nombre Tsu'ken se asocia con mayor frecuencia a la isla Tsuken, una pequeña pero históricamente significativa masa continental frente a la costa este de Okinawa. Sin embargo, existen razones para creer que el término pudo haber hecho referencia en el pasado a algo más que una simple ubicación geográfica.

¿Y si "Tsu'ken"no fuera simplemente un topónimo, sino una referencia a una metodología marcial específica, quizás incluso una tradición de bojutsu basada en la estrategia en el campo de batalla y la adaptación regional?

Esta posibilidad cobra fuerza cuando analizamos las referencias históricas de Matsumura "Bushi" Sokon, el legendario guardaespaldas de los reyes de Ryukyuan y uno de los principales arquitectos de Shuri-te. Es ampliamente aceptado, tanto a través de la tradición oral como de fuentes académicas, que Matsumura estudió Jigen-ryu, un estilo de esgrima japonés de línea dura, durante su tiempo en Satsuma, donde los enviados y funcionarios de Ryukyuan eran enviados a menudo como parte de la relación tributaria de la isla con el clan Shimazu (Kerr, 1958; McCarthy, 1995; Quast, 2013). Jigen-ryu enfatizaba golpes explosivos, diagonales y lineales y un movimiento agresivo hacia adelante; principios que tienen ecos claros tanto en el karate basado en Shuri como en ciertos katas de armas de Okinawa.

Algunos investigadores sugieren que Matsumura no solo absorbió estos principios sino que los sintetizó activamente en su propia enseñanza, adaptando movimientos basados en la espada para que se ajustaran a los sistemas de armas de Okinawa como el bojutsu, creando las bases del Tsu'ken. Bojutsu. Desde esta perspectiva, el término "Tsu'ken"podría representar no solo el origen de un kata, sino también su forma de práctica, una internalización de los principios combativos que la distinguían de otros estilos de aldea o familia. Entendido así, el término "Tsu'ken" bojutsu podría leerse no como un kata de origen insular, sino como una escuela estilística de práctica moldeada por un híbrido de influencias ryukyuanas y japonesas.

Entonces, ¿Quién era Chi'kun Kraka?

Ahora, algunas personas preguntarán: "Pero, ¿el kata no lleva el nombre de un hombre, Chi'kun Kraka?"

Es una pregunta válida, que nos lleva a las prácticas de asignación de nombres en la sociedad ryukyuense. En la cultura tradicional okinawense, los individuos de la clase peichin (samurái) solían llevar kamei, nombres basados en lugares que indicaban la afiliación a una región, un clan o una casa. Por eso escuchamos nombres como Chatan Yara ("Yara de Chatan") o Yomitan no Anko. No eran apodos, sino identificadores geográficos y sociales.

Afortunadamente, cada vez hay más pruebas de que "Chi'kun Kraka" fue una figura histórica real, no solo un artefacto oral. Según las tradiciones orales y los mapas de linaje conservados en los sistemas familiares Matsumura Seito y Kise, Chi'kun Kraka, también conocido como Tsuken, Mantaka, nació en 1829 y murió en 1891. Estudió con Tomigusuku Seiko no Ueekata (también conocido como Tsuken Saisoku)[1], un experto en bo y yari (lanza) conocido por su maestría en la equitación y por haberse entrenado con dos importantes figuras marciales: Bushi Sakiyama Kitoku[2] y Gushi Peichin[3].

Chi'kun Kraka, a su vez, enseñó a Komesu Ushi no Tanmei (1854-1920)[4], quien transmitió las enseñanzas a Soken Hohan O'sensei (1889-1982), fundador de Matsumura Seito Shorin- ryu , quien luego entrenaría a Kise Fusei Hanshi.

Imágenes de archivo de finales de la década de 1960 o principios de la de 1970, que se cree que son la grabación en vídeo más antigua conocida de Chi'kun no Kun, muestran a Soken Hohan Osensei ejecutando el kata con precisión y fluidez, ofreciendo una visión excepcional de cómo se expresaba este kata dentro de su linaje en aquella época. Esta grabación no solo corrobora la continuidad del kata, sino que también proporciona contexto histórico para su transmisión hasta la era moderna a través de la familia Kise.

Así, el linaje de Chi'kun no Kun, que muchas tradiciones atribuyen a Chi'kun Kraka (como el que sistematizó los métodos de lanza en el campo de batalla y en la aldea), puede verse como:

Lau Loon Kon → Sakiyama Kitoku → Tomigusuku Seiko → Chikin Kraka → Komesu Ushi no Tanmei → Hohan Soken → Kise Fusei

Ese mismo kata, transmitido a través de este linaje, finalmente llegó a mí en 2003, de la mano de mi instructor John Shipes Hanshi, quien se había entrenado extensamente dentro de las tradiciones familiares Matsumura Seito y Kise. Esa versión, basada en las enseñanzas transmitidas a través de Komesu Ushi no Tanmei y Soken Hohan, era estructuralmente directa y tácticamente fluida, con un claro énfasis en los orígenes del kata inspirado en la lanza. En 2008, tuve el honor de revisar y refinar este kata con Kise Isao Hanshi, el hijo y sucesor designado de Kise Fusei Hanshi. Su guía ayudó a iluminar los puntos más finos de la sincronización, las transiciones de agarre y la mecánica de rotación que reflejaban no solo la precisión técnica, sino generaciones de refinamiento dentro del linaje Chi'kun no Kun. Esa experiencia sigue siendo uno de los puentes más claros que he sentido entre la práctica del kata y su corriente histórica más profunda.

Esto presenta una visión mucho más concreta que la teoría de la "figura misteriosa" y otorga un peso histórico significativo a la práctica de Chi'kun no Kun, especialmente en la tradición Matsumura Seito. También explica por qué algunas tradiciones asocian el nombre Chi'kun no solo a la isla, sino también a una persona y a una línea de transmisión, fusionando potencialmente ambos significados en un solo nombre de kata.

Diferentes linajes

Si bien el Chi'kun no Kun, preservado en la tradición Matsumura Seito, tiene sus raíces en el Chi'kun Kraka y las enseñanzas de Komesu Ushi no Tanmei, no es el único kata que lleva el nombre de Tsu'ken Bo. De hecho, existen versiones completamente distintas de este kata en otros linajes; katas que comparten el nombre pero difieren en estructura, movimientos y origen. Una de estas versiones aparece en la tradición Matayoshi Kobudo.

Es tentador pensar en las versiones de Matayoshi y Matsumura Seito de Tsu'ken Bo como variaciones de un mismo tema, pero no lo son. Se trata de dos katas claramente diferentes, cada uno con sus propios movimientos, filosofía táctica y linaje histórico. Si bien ambos se inspiran en los principios del bojutsu de Okinawa y hacen referencia a la isla Tsuken, ya sea directa o simbólicamente, evolucionaron por separado.

Conocí por primera vez la versión Matayoshi Kobudo de Tsu'ken Bo a principios y mediados de la década del 2000 gracias a John Shipes Hanshi, quien la había aprendido años antes en una demostración de Nishiuchi Mikio Sensei, grabada en un vídeo ahora poco común. Recuerdo haber visto esa grabación con Shipes Hanshi y comparar detalles. Era evidente que se trataba de una forma refinada y bien practicada, pero notablemente diferente del Chi'kun no Kun que se enseñaba en el sistema familiar Kise.

Más tarde, mientras revisaba otro video del mismo kata (ejecutado por Matayoshi Shinpo Hanshi), Shipes Hanshi compartió una anécdota de una conversación con Kise Fusei Hanshi-sei. Al mostrarle el kata, Kise Hanshi comentó que era una versión de la tradición del kobudo de la familia Akamine, afirmando que formaba parte de un linaje que se remonta a cientos de años.

Conexiones y vínculos de la familia Akamine

Esta observación no es descabellada, y cobra peso considerando que, casi al final de su vida, sin un sucesor elegido, Akamine Seiyu, el último soke (heredero) de la tradición familiar Akamine, confió todo su conocimiento a Kise Fusei Hanshi. Si bien el linaje Akamine podría no gozar de la visibilidad internacional de sistemas más amplios, permanece profundamente arraigado en la historia marcial de Okinawa.

Históricamente, la transmisión de las artes marciales en Okinawa estuvo determinada por relaciones profundamente personales, y esto es especialmente importante al examinar figuras como Matayoshi Shinpo. Como el individuo que formalizó y promovió lo que ahora conocemos como Matayoshi Kobudo, Shinpo era conocido por buscar activamente la instrucción de una amplia gama de maestros. También se cree que tenía vínculos familiares con Akamine Seiyu. Este tipo de "influencia mutua" no era simplemente común; era fundamental para la estructura del karate y el kobudo de Ryukyuan , donde la instrucción fluía a través de redes de mentoría y comunidad, guiada por normas de larga data de lealtad familiar, responsabilidad de casta y deber cultural compartido. En este contexto, el conocimiento marcial no solo se transmitía; se confiaba, se tejía en el ejido social más amplio de la vida de Ryukyuan.

Dadas estas conexiones, es totalmente plausible que Matayoshi adaptara una versión del Tsu'ken Bo de la familia Akamine. Con el tiempo, este kata pudo haber evolucionado bajo su enseñanza, refinado a través de su experiencia y la estructura del sistema Matayoshi, dando como resultado la versión que se conserva en el Matayoshi Kobudo actual.

Estos vínculos familiares se profundizan si consideramos que el padre de Matayoshi Shinpo, Matayoshi Shinko, tenía profundas raíces en la tradición marcial clásica de Ryukyu. Miembro del Ryukyu Kobujutsu. Kenkyukai, Shinko se entrenó junto a figuras como Soken Hohan, Moden Yabiku y Uehara Seikichi. También fue alumno de "Tanme" Agena Shokuho , quien a su vez fue alumno directo de Matsumura Sokon, la misma figura fundamental a la que a menudo se le atribuye la adaptación de los principios de la espada Jigen- ryu al bojutsu okinawense .

Este contexto de linaje subraya que las tradiciones familiares de Matayoshi y Kise, aunque distintas, provienen en última instancia de un ancestro marcial común. Sus versiones del Tsu'ken Bo pueden diferir en técnica y expresión, pero ambas reflejan la herencia evolutiva e interconectada del bojutsu de Okinawa.

Perspectivas alternativas y contraargumentos

Por supuesto, no todos los académicos o practicantes aceptan estas narrativas basadas en linajes al pie de la letra. Investigadores destacados como Andreas Quast y Patrick McCarthy Hanshi han advertido repetidamente contra la importancia excesiva de la historia oral en ausencia de documentación contemporánea. [5] Argumentan, con razón en muchos casos, que las tradiciones marciales de Okinawa son especialmente vulnerables a la exageración, sobre todo cuando los linajes se reconstruyen generaciones después del hecho. Con el tiempo, los katas locales pueden alcanzar la categoría de clásicos, y los logros de los individuos pueden exagerarse mediante el filtro de la lealtad, el orgullo o el legado institucional.

Este escepticismo es importante. Actúa como un freno necesario a la tendencia humana natural a buscar orden en el pasado, a imponer una continuidad lineal donde quizá no haya existido, o a idealizar figuras y acontecimientos en aras de la legitimidad moderna. Si se analizan igenuamente, los relatos orales pueden transformarse en un marco pseudohistórico; conveniente, pero no siempre preciso.

Y, sin embargo, también debemos reconocer que la historia marcial de Okinawa ha sobrevivido en gran parte gracias a la transmisión oral. En una sociedad donde la instrucción marcial era a menudo privada, indocumentada y profundamente arraigada en las relaciones personales y familiares, los maestros confiaban a sus alumnos no solo técnicas, sino también contexto, filosofía e historias. Estos linajes orales transmitían más que historia; transmitían significado.

Descartar por completo la tradición oral es arriesgarse a descartar gran parte de lo que enriquece la cultura marcial okinawense. La práctica del kata en sí, un movimiento codificado que se transmite de generación en generación, es una especie de tradición oral encarnada. Estas formas no solo transmiten la técnica, sino también ecos de la intención del maestro, las exigencias de la época y la identidad de la comunidad.

En última instancia, la verdad probablemente se encuentra entre estos polos. El panorama del kobudo okinawense es un mosaico: en parte arqueológico, en parte folclórico, moldeado por raíces compartidas, katas en evolución, adaptaciones regionales y, ocasionalmente, nombres paralelos. En este sentido, la coexistencia de múltiples katas llamados Tsu'ken Bo (o Chi'kun no Kun) no es un error histórico que deba corregirse, sino un reflejo vivo del enfoque dinámico y no lineal de Okinawa para la preservación marcial.

Conclusión: Una historia viva con nexos frágiles ¿Y entonces dónde nos deja esto?

Tsu'ken Bo sigue muy vigente en la tradición Matayoshi, refinada, preservada y transmitida a través de generaciones de dedicados instructores. Mientras tanto, el sistema de kobudo de la familia Akamine, aunque en su momento fue muy influyente, podría haber dejado de ser un linaje viable, ya que Kise Fusei, ahora nonagenario, y el material Akamine nunca se enseñó públicamente, lo que hace que dicho sistema se encuentre al borde de la extinción.

Ésta es la delicada realidad de la historia marcial de Okinawa: los sistemas viven y mueren no sólo por su mérito técnico, sino por la voluntad y la capacidad de sus herederos para llevarlos adelante.

Si "Chi'kun Kraka" existió exactamente como se describe es tema de debate. Pero lo cierto es que el kata (o katas) que lleva su nombre refleja una profunda combinación de geografía insular, legado personal y filosofías marciales regionales.

Y quizás ese sea el punto. Las artes marciales de Okinawa nunca fueron tradiciones estáticas, grabadas en piedra o guardadas en pergaminos.

Fueron, y son, prácticas vivas, moldeadas por la comunidad, el linaje, la política y el encuentro personal. Evolucionaron por necesidad, mentoría y adaptación, no solo por preservación.

En definitiva, Tsu'ken Bo, independientemente de la versión que se practique, es más que una simple secuencia de técnicas. Es un reflejo de la historia viva, que nos recuerda no solo lo que ha perdurado, sino también lo que permanece vulnerable al paso del tiempo.

La presencia tanto del Chi'kun no Kun como de la versión Matayoshi del Tsu'ken Bo en el sistema familiar Kise, uno transmitido por Hohan Soken y el otro por encargo de Akamine Seiyu, subraya su importancia compartida. Si bien son katas completamente diferentes, con orígenes y métodos distintos, cada uno merece reconocimiento como un valioso artefacto del patrimonio marcial okinawense. En lugar de confundirse o reducirse a una simple coincidencia de nombres, deben entenderse como expresiones complementarias del legado combativo de la isla, cada uno preservando un hilo conductor esencial en la tradición ryukyuense.

Notas:

1.   Tomigusuku Ueekata Seiko (1829–1893), también conocido como Tsuken Saisoku fue un erudito guerrero y maestro de armas de gran prestigio, perteneciente a la clase peichin de Okinawa. Es conocido por su dominio de la yari (lanza) y su excepcional equitación, lo que refleja tanto su entrenamiento militar como su estatus en la aristocrática cultural marcial del Reino de Ryukyu. La reputación de Seiko cobra mayor relevancia al ser considerado alumno directo de Sakiyama Kitoku, el maestro okinawense que regresó de Fujian, China, con avanzados métodos de bo y de mano vacía, y de Gushi Peichin, lo que lo sitúa en una encrucijada de la transmisión marcial.

Los linajes orales le atribuyen la transmisión del Tsuken no Kun (una variante del Chi'kun no Kun) al Chi'kun Kraka. De hecho, una declaración menciona que este kata se ha conservado en la isla Tsuken durante generaciones, y que Seiko es reconocido por codificar sus técnicas de reverso y contraataque de lanza tras aprenderlo localmente. Si bien la documentación formal sobre sus métodos de enseñanza es escasa, su presencia en estos linajes sugiere que fue un puente fundamental entre las antiguas tradiciones de lanza y bojutsu y los sistemas de kobudo posteriores, especialmente dentro de los linajes Matayoshi y Kise.

2.   Sakiyama Kitoku (1819–1888) fue un renombrado maestro de Tomari- te y kobudo okinawense, cuya experiencia fue validada tanto por la tradición oral como por los registros históricos. Provenía de la aldea de Wakuda en Naha y ganó reputación temprana como un artista marcial competente, tan respetado que fue invitado a continuar su entrenamiento en la provincia de Fujian, China, con Lau Loon Kon, quien sirvió como instructor de la academia militar. Según múltiples historias de dojo, Sakiyama pasó más de cuatro años allí (1839 a 1843) antes de regresar para impartir su conocimiento en Okinawa, especializándose en una mezcla de kata de mano vacía, bojutsu y kumite con armas. Más tarde pasó estas enseñanzas a Shinkichi Kuniyoshi, quien se convertiría en una influencia prominente en practicantes como Shigeru Nakamura de Okinawa Kenpo (un instructor fundamental de Kise Fusei, Hanshi).

Aunque los documentos específicos de su estancia en China son escasos, la influencia de Sakiyama en el desarrollo marcial de Okinawa está bien documentada. Su nombre se cita con frecuencia entre la generación que conectó las artes militares chinas con las tradiciones de armas de Okinawa, y su legado permanece visible a través de las prácticas de kata y los linajes provenientes de las escuelas tomaritas. Tanto historiadores como tradicionalistas lo consideran un elemento central en la formación del kobudo moderno .

3.   Gushi Peichin se erige como una figura significativa, aunque algo enigmática, en la historia del kobudo de Ryukyu. Reconocido universalmente en la tradición oral como un maestro del bo, se le asocia con mayor frecuencia con la preservación de la forma fundacional, Sakugawa no Kun; algunos linajes incluso sugieren que Gushi recibió esta forma directamente de Sakugawa o la transmitió en paralelo, aunque falta documentación definitiva. Aun así, la consistencia de esta afirmación a lo largo de múltiples tradiciones le da peso. El título "Peichin" sitúa a

Gushi dentro de la clase alta del Reino de Ryukyu, donde el entrenamiento marcial formaba parte de una educación aristocrática, especialmente entre aquellos encargados de la aplicación de la ley o el servicio civil. Si bien las fechas precisas y las relaciones alumno-maestro siguen siendo turbias, la presencia perdurable de su nombre en múltiples linajes y tradiciones de kata refuerza su legado. Se le cita con frecuencia como el maestro de Ishimine de Gibo, un practicante recordado en los relatos orales de Okinawa por su dominio de katas clásicos como Passai y Ku sanku. Además, Chibana Choshin nombró a Gushi como su primer maestro en un artículo de 1957, mientras que Miyahira Chogi lo mencionó en 1973 como una influencia formativa en los primeros Shuri- te. En conjunto, estos ejemplos presentan a Gushi no como una figura marginal, sino como un eslabón fundamental en la transición de las antiguas artes basadas en armas al surgimiento de sistemas como el Shorin-ryu y el Shorei-ryu. Sus enseñanzas, tanto en bojutsu como en kata de mano vacía, ayudaron a sentar las bases de las tradiciones marciales que aún se practican en la actualidad.

4.　　Komesu Ushi no Tanmei (1854-1920) emerge como una figura clave en la evolución del kobudo basado en Shuri a finales del siglo XIX. Originario de la aldea de Nishihara, se le describe típicamente como un artista marcial de clase samurái experto en las artes del kobudo, particularmente hábil con el bo. Aunque la documentación precisa es escasa, los registros del linaje del dojo lo identifican consistentemente como un instructor clave de Hohan Soken, y la tradición oral le atribuye a Komesu la enseñanza de katas esenciales como Sakugawa no Kun y Chi'kun no Kun, este último vinculado a su mentor, Tsuken. Mantaka (Chikin Kraka).

Se le caracteriza por ser un hombre grande y de una fuerza física excepcional, con informes anecdóticos que lo comparan con los luchadores más famosos de Okinawa, historias que sugieren que puede haber entrenado con o emulado técnicas del judo temprano o de las artes de lucha tradicionales.

La importancia de Komesu se ve reforzada por menciones coincidentes tanto en las comunidades Shuri -te como en las del resurgimiento del kobudo , donde se le menciona con frecuencia en notas de seminarios, linajes de practicantes e historias de dojos como un conducto creíble que conecta la era de Chi'kin Kraka con el resurgimiento de la posguerra bajo Hohan Soken. Aunque todavía depende en gran medida de la transmisión oral en lugar de registros formales, la ubicación de Komesu Ushi no Tanmei en el linaje ayuda a ilustrar la continuidad de las artes marciales okinawenses.

5.　　Tanto Andreas Quast como Patrick McCarthy Hanshi han escrito extensamente sobre las limitaciones de la tradición oral en la historia marcial de Okinawa. Quast, en Karate 1.0: Parámetros de un Arte Marcial Antiguo (2013), argumenta que la transmisión oral a menudo da lugar a relatos de origen contradictorios y advierte contra la excesiva dependencia de afirmaciones de linaje no corroboradas. De igual manera, McCarthy, en su traducción anotada del Bubishi (1995), enfatiza la necesidad de distinguir entre mitología cultural e historia verificable. Ambos promueven un enfoque respetuoso pero crítico de los relatos orales, considerándolos culturalmente significativos, pero no necesariamente históricamente definitivos.

El léxico en evolución de las artes marciales de Okinawa

Una transición conceptual del ' Te ' al 'Karate'

A finales del siglo XIX y principios del XX se produjeron cambios significativos en la conceptualización y la terminología de las artes marciales okinawenses. Originalmente conocidas como "ti ", estas expresiones regionales evolucionaron a "Tode" y "Karate" (que significa "Mano China") antes de convertirse finalmente en "Karate" (que significa "Mano Vacía"). La introducción de las clasificaciones "Ryu" al estilo japonés influyó aún más en esta evolución. Estos cambios, influenciados por una compleja interacción de acontecimientos internos y presiones políticas externas, en particular las derivadas de la Restauración Meiji de Japón y la posterior integración política y social de Okinawa, complican la comprensión de la abundante y prolífica historia de las artes marciales okinawenses, tanto antes como durante este período de transformación.

Términos fundamentales: « Te » y distinciones tempranas de estilo
Yoshimura Chogi (1866-1945), de la Yoshimura Udun, ofrece una visión de la terminología predominante a finales de la década de 1880 en su "Autobiografía de las Artes Marciales" (1941). Décadas después, Yoshimura relató: "Entonces, no sé sobre qué base empezaron a decirlo, pero la gente solía decir que Matsumura era Okinawa-te y Higaonna era tode ". Dado que Yoshimura comenzó su entrenamiento

en artes marciales alrededor de 1883, esta afirmación probablemente refleja la percepción del público durante sus años de formación (circa 1887-1888).

Esta evidencia anecdótica, sin embargo, pone de relieve un desafío histórico más amplio: distinguir "Okinawa-te" de "Tode" como "escuelas de pensamiento" explícitamente distintas con ideas opuestas, en lugar de términos descriptivos que evolucionaron, se debe a que la evidencia histórica de una rivalidad clara y formalizada suele ser circunstancial o basarse en interpretaciones posteriores. En consecuencia, la mayoría de los académicos ahora se inclinan a considerar estos términos como etiquetas descriptivas que cobraron relevancia en diferentes contextos, en lugar de escuelas estrictas y opuestas, similares a los dojos rivales modernos. Las fronteras a menudo se difuminaban, y los maestros incorporaban con frecuencia elementos de diversas fuentes.

A finales del siglo XIX, el término general era "Te" (Oki: Ti, mano), una designación común para las artes marciales nativas practicadas en Okinawa. A medida que estas expresiones regionales comenzaron a evolucionar y formalizarse, surgieron diversos términos para describir las diferencias u orígenes percibidos, aunque estos términos solían ser fluidos y sujetos a interpretación.

Dentro de esta terminología en evolución, "Okinawa-te" (Oki: Uchinadi, mano de Okinawa) se convirtió en una etiqueta descriptiva que a menudo se asociaba con maestros como Matsumura Sokon. Este término generalmente se refería a una síntesis de los métodos de lucha nativos de Okinawa con influencias chinas de larga data que se habían integrado a lo largo de generaciones. Las propias enseñanzas de Matsumura, como lo demuestra su "Consejo a su último estudiante formal", enfatizaban las virtudes marciales integrales, el entrenamiento físico riguroso mediante métodos como la makiwara y una profunda comprensión de los principios del kata, destacando un arte práctico y combativo basado en la autodefensa y la conducta ética.

Por el contrario, el término "Tode" (Oki: Todi, mano china) se aplicaba a menudo a artes marciales que se consideraban más directas o recientes con *el quanfa* (kung fu) chino. Este término se asoció especialmente con maestros como Higaonna Kanryo, en gran parte debido a su extenso estudio directo del *quanfa* en Fuzhou, China. Se dice que Higaonna pasó aproximadamente trece años en Fuzhou, estudiando con maestros como RuRuKo [1] (a menudo citado como alumno del maestro de gongfu Grulla Blanca Pan Yuba), y posteriormente trajo estas influencias "nuevas" o más contemporáneas de las artes marciales chinas a Okinawa. Si bien "Tode" denotaba en términos generales "mano china", la idea de "nuevas" artes marciales chinas probablemente se refería a las influencias específicas *del quanfa* que llegaban continuamente a Okinawa a través de los continuos intercambios diplomáticos y comerciales con China.

También vale la pena señalar que algunos han sugerido que términos como "Kamite" de Yabu Kentsu son casi sinónimos de "Okinawa-te"; sin embargo, sigue siendo difícil encontrar documentación histórica explícita que sustente directamente esta comparación precisa, lo que resalta la naturaleza informal y a menudo anecdótica de gran parte de esta nomenclatura temprana.

Esta distinción percibida entre "Okinawa-te" y "Tode", como observaron algunos cronistas contemporáneos, como Yoshimura, representaba una comprensión pública o regional de las diferentes formas prevalecientes. Sin embargo, la naturaleza precisa de su "distinción", ya sea basada puramente en el linaje, el énfasis técnico (p. ej., el Shuri-te más lineal de Matsumura frente al Naha-te más circular de Higaonna), o simplemente una percepción social del origen, requiere una investigación más profunda más allá de los relatos anecdóticos. La evolución de estos términos refleja un período dinámico en el que las artes marciales okinawenses preservaban la tradición y absorbían continuamente nuevas influencias.

La evolución del karate y su categorización estilística

A principios del siglo XX se produjo un cambio conceptual significativo en las artes marciales okinawenses, impulsado principalmente por destacados estudiantes de Matsumura Soken, como Itosu Anko. A principios del siglo XX, el término genérico "Te" comenzó a perder importancia en su uso formal, siendo reemplazado principalmente por "Karate" (唐手, mano china). Los influyentes «Diez Preceptos del Karate» de Itosu (1908)[2] utilizaron explícitamente este término. Estructuraron el arte bajo categorías específicas recién introducidas: "El Karate se deriva principalmente de dos escuelas diferentes: Shorin-ryu y Shorei-ryu".

Con esto, se comprendió cada vez más que el arte marcial era de origen exclusivamente chino, simplificando así su complejo linaje histórico. Es importante destacar que, históricamente, ni "Shorin-ryu "ni "Shorei-ryu "existieron como "escuelas" o "estilos" formalizados durante el período del Reino Ryukyu, ni se conoce la existencia de estas clasificaciones específicas de " ryu " en las artes marciales chinas, que no suelen utilizar el carácter "流" (ryu) de la misma manera que las artes marciales japonesas para denotar linajes distintos.

Esta adopción de la nomenclatura "ryu" en Okinawa posteriormente condujo a asociaciones comunes: el Shorin-ryu se conectó con *el kenpo del norte de China* y la tradición Shuri -te (caracterizada por técnicas duras, rápidas y lineales), mientras que el Shorei-ryu se asoció con *el kenpo del sur de China* y la tradición Naha -te (que enfatiza técnicas más suaves y circulares, aspectos de poder interno, como se ve en estilos como el Goju-ryu y el Uechi- ryu). Estas categorizaciones se consolidaron aún más en interpretaciones posteriores, particularmente de la posguerra.

Esta sistematización y el posterior cambio en el kanji de "Karate" fueron impulsados por un complejo conjunto de motivaciones arraigadas en el panorama geopolítico de la época. Se teoriza que Itosu Anko, reconociendo la apremiante necesidad de que el Karate ganara una mayor aceptación pública y se integrara en el floreciente sistema educativo japonés, formalizó estratégicamente el arte. Como relata Gichin Funakoshi, alumno de Itosu y divulgador del Karate en Japón continental, la referencia explícita a "China" en "Tang Te " (唐手) se volvió políticamente inaceptable en una época de auge del nacionalismo y el militarismo japoneses, particularmente después de la Guerra Ruso Japonesa y antes de los conflictos sino-japoneses. Para facilitar su adopción en las escuelas y la sociedad japonesas, Itosu, y posteriormente Funakoshi, adoptaron estratégicamente el homófono "Karate" (空手, Mano Vacía). Este cambio enfatizó la naturaleza desarmada del arte, lo que permitió presentarlo como una disciplina puramente japonesa y representó un movimiento crucial para "desarrollar la forma de combate al estilo japonés" y distanciarla de sus evidentes raíces chinas.

Karate en el currículo: pedagogía y formalización

El cambio deliberado para introducir el karate en el sistema escolar público fue crucial, impulsado por la confluencia del deseo interno de legitimidad y las presiones geopolíticas externas. Con el declive de la clase samurái de Ryukyu, que tradicionalmente había mantenido el arte, y la integración de Okinawa a Japón, la transmisión misma de las prácticas marciales estaba en peligro. Simultáneamente, el panorama educativo japonés más amplio en la era Meiji enfatizó la educación física como un medio para la "construcción nacional", incorporando elementos del bushido y el militarismo para promover los objetivos nacionales. Para que el karate sobreviviera y prosperara en este nuevo clima sociopolítico, era imperativo abandonar su imagen de "secreto y combativo" y asumir un papel en el desarrollo del carácter.

Itosu Anko se convirtió en la figura clave de esta transformación. En abril de 1901, introdujo con éxito el karate en el programa de entrenamiento físico de la Escuela Primaria Shuri Jingo. Su influencia se expandió significativamente en los años siguientes al convertirse en instructor a tiempo parcial en el Colegio Daiichi de la Prefectura y, de forma crucial, en el colegio Prefectural de Formación de Maestros. Enseñar a futuros educadores significó que los métodos y la visión de Itosu para el karate se difundirían ampliamente en las escuelas de Okinawa, multiplicando así su alcance.

Reconociendo la necesidad de adaptar el arte para la instrucción masiva y el desarrollo físico infantil, Itosu desarrolló y simplificó meticulosamente las técnicas existentes. Se le atribuye ampliamente la creación de la serie de katas Pinan (Heian), que extrae movimientos de formas más complejas y avanzadas como Kusanku, Passai, Chinto y Jion.

Estos cinco katas fundamentales se diseñaron para ser más accesibles para los escolares, simplificando aplicaciones complejas en técnicas principalmente de golpe y bloqueo, adecuadas para entornos grupales. Sus "Diez Preceptos (Tode Jukun)" de 1908 articularon aún más el valor del karate, enfatizando sus beneficios morales, físicos y educativos para el gobierno de Okinawa, proporcionando una base filosófica para su inclusión en el currículo.

Yabu Kentsu, también alumno de Matsumura y ex oficial del ejército japonés, apoyó los esfuerzos de Itosu. Yabu desempeñó un papel fundamental en la sistematización y, en ocasiones, en la militarización de los métodos de entrenamiento de karate para adaptarlos a la instrucción en grupos grandes que exigían las escuelas. Introdujo diversos procedimientos, muchos de los cuales aún se observan en dojos de todo el mundo, como hacer una reverencia al entrar, formar en fila a los estudiantes por rango, incorporar entrenamiento secuenciado y enfatizar los saludos en voz alta a los instructores. Estas innovaciones reflejaban una fusión de los ideales neoconfucianos tradicionales japoneses con el militarismo y la cultura física europeos contemporáneos, todo ello con el objetivo de inculcar la disciplina y el espíritu nacionalista. Además, para un mayor consumo público y para que fuera adecuado para los escolares, se eliminaron o simplificaron sistemáticamente muchas técnicas avanzadas y los bunkai (explicaciones) del kata fueron sistemáticamente removidos o simplificados, reduciendo el currículo a golpes, bloqueos y patadas esenciales.

Este movimiento cambió radicalmente la percepción del karate. Históricamente, las artes marciales de Okinawa, a menudo denominadas simplemente "te", se enseñaban principalmente en secreto, una práctica reforzada por las prohibiciones históricas de armas y la escasez de registros escritos. El conocimiento se transmitía oralmente y a través de la enseñanza privada. La introducción del karate en las escuelas públicas cambió radicalmente este paradigma, transformándolo de un arte combativo y reservado en un sistema formalizado de educación física y moral. Si bien esta estandarización facilitó su difusión y aceptación, también significó que algunos aspectos del arte tradicional, como su énfasis en las complejas aplicaciones de defensa personal, el agarre, las luxaciones articulares y el "por qué" de los movimientos (en contraposición al simple "cómo" de la ejecución), se desestimaron o se perdieron en el proceso de adaptación a un propósito pedagógico más amplio y no combativo. Esto creó una divergencia entre la práctica tradicional y el emergente currículo escolar, moldeando la forma en que el arte se entendería y practicaría durante generaciones.

Reconciliando el pasado: ' Te ' como legado y el desafío de la comprensión histórica

A medida que el "Karate" (空手) se formalizaba e integraba cada vez más en el sistema educativo japonés, se produjo un cambio conceptual significativo no solo en la referencia a las antiguas artes marciales okinawenses, sino, más profundamente, en su comprensión y práctica. El término nativo "te"o "di" (que significa "mano"), que históricamente había servido como descriptor fundamental y general de los métodos de lucha okinawenses, comenzó a adquirir una connotación nueva y más específica. Pasó a describir las artes koryu (de estilo antiguo) o aquellas tradiciones marciales nativas okinawenses distintivas que precedieron o permanecieron deliberadamente fuera del ámbito del "Karate" recién sistematizado. Si bien "te" significa literalmente "mano" y constituye innegablemente la raíz etimológica de todos los métodos de lucha okinawenses, su uso específico evolucionó para distinguir estas prácticas tradicionales, a menudo menos codificadas y de transmisión privada, del "Karate" estandarizado y pedagógicamente adaptado que se enseña en las instituciones públicas. Este cambio de nombre creó una división lingüística y práctica entre las formas de arte pasadas y presentes.

Fundamentalmente, esta transformación no fue meramente terminológica; alteró fundamentalmente el énfasis pedagógico del arte. Tradicionalmente, la transmisión del "te"era una actividad íntima, realizada individualmente o en grupos muy reducidos y exclusivos. El enfoque de esta instrucción estaba profundamente arraigado en los principios de la defensa personal, abarcando no solo la ejecución física de las técnicas, sino también la intención subyacente, la comprensión estratégica y la aplicación práctica de cada movimiento en un contexto de combate. El énfasis se centraba plenamente en el "qué" y el "por qué" de la acción, asegurando así una comprensión completa de la eficacia combativa del arte. El entrenamiento tradicional solía incluir agarres, luxaciones articulares, proyecciones y *bunkai intrincados* (explicaciones de las aplicaciones del kata) perfeccionados para su eficacia en situaciones reales.

Sin embargo, con la transición a la instrucción masiva en el sistema escolar público, la metodología de enseñanza tuvo que cambiar. El "nuevo", modificado y simplificado sistema desarrollado para la enseñanza infantil enfatizaba la repetición mecánica, los movimientos estandarizados y un enfoque en el ejercicio físico y el desarrollo moral. Bajo figuras como Yabu Kentsu, el entrenamiento se volvió sistemático y, en ocasiones, militarista, priorizando la ejecución uniforme y golpes, bloqueos y patadas básicos, adecuados para grupos grandes. En este entorno, el *bunkai, con sus matices,* y muchas de las técnicas más intrincadas u orientadas al agarre fueron sistemáticamente eliminadas o relegadas. En consecuencia, a medida que la gran mayoría de la gente se exponía al karate a través de este nuevo sistema simplificado, gran parte del diseño original y la intención combativa del "Te", sus principios de defensa, su comprensión holística del cuerpo y sus aplicaciones más profundas, quedaron cada vez más relegados a principios "perdidos" o "secretos", conocidos solo por unos pocos que continuaban practicando las formas tradicionales.

Estas modificaciones y sustituciones terminológicas y, más significativamente, pedagógicas, si bien cumplen un propósito crucial en la modernización y amplia difusión del arte, inevitablemente obstaculizan nuestra comprensión matizada de la historia y la evolución de las artes marciales okinawenses anteriores a esta era de transformación. La imposición de clasificaciones posteriores y la redefinición de términos por motivos políticos pueden, a menudo involuntariamente, oscurecer los linajes originales, dificultando el rastreo de líneas directas de transmisión sin una deconstrucción cuidadosa. Esta reformulación lingüística y práctica también puede alterar sutilmente la percepción del contenido técnico, ya que las técnicas complejas u orientadas al agarre podrían pasarse por alto o clasificarse erróneamente si no encajan en el currículo simplificado del "Karate" formalizado. Fundamentalmente, corre el riesgo de disminuir el reconocimiento de las contribuciones locales únicas y las diversas tradiciones marciales que florecieron en Okinawa, independientes o incluso anteriores a las significativas influencias chinas, al agruparlo bajo un único y concepto redefinido. Este desafío constante subraya la necesidad de un enfoque crítico e integral de la historia marcial de Okinawa, yendo más allá de las clasificaciones modernas para explorar el contexto original y la identidad de estas ricas tradiciones.

El legado evolutivo del karate y el imperativo de la investigación crítica

La trayectoria de las artes marciales okinawenses, desde el informal "Te"hasta el formalizado "Karate" que conocemos hoy, es una profunda narrativa de adaptación y transformación. Como hemos explorado aquí, la época de finales del siglo XIX y principios del XX fueron testigos de una compleja evolución, impulsada tanto por los desarrollos internos del arte como por las fuerzas imparables de la integración política y social japonesa. La transición de términos como "Okinawa-te "y "Tode" al estratégicamente elegido "Karate" (primero "Mano China", luego "Mano Vacía"), acompañada de la adopción de las clasificaciones japonesas "Ryu", fue mucho más que un ejercicio lingüístico; fue una reimaginación deliberada de la identidad del arte para una nueva era.

Figuras pioneras como Itosu Anko, Gichin Funakoshi y Yabu Kentsu, reconociendo la necesidad de que las artes marciales sobrevivieran y prosperaran en este panorama cambiante, fueron fundamentales en la sistematización del "Karate" para su inclusión en la educación pública. Este cambio crucial, a la vez que garantizó una mayor difusión y aceptación pública, alteró fundamentalmente el núcleo pedagógico del arte. Mientras que el "Te"tradicional enfatizaba la autodefensa íntima, basada en principios y con matices combativos para grupos pequeños, el currículo escolar priorizaba la instrucción memorística estandarizada, a menudo militarista y diseñada para las masas.

En consecuencia, gran parte de la profundidad, el diseño y la intención originales de las artes marciales okinawenses, su comprensión holística del cuerpo, su intrincado *bunkai* y sus aplicaciones defensivas más integrales, se diluyeron u oscurecieron. Estos principios alguna vez escenciales, fueron relegados cada vez más a la categoría de conocimiento "perdido" o "secreto", transmitido solo por unos pocos que conservaron las tradiciones más antiguas. Esta trayectoria histórica, marcada por adaptaciones necesarias y renovaciones políticamente oportunas, complica inevitablemente nuestra comprensión contemporánea. Subraya la necesidad crucial de abordar el estudio de la historia marcial okinawense con una mirada perspicaz, yendo más allá de las clasificaciones modernas para excavar en las ricas, diversas y a menudo ocultas capas de su contexto e identidad originales. El verdadero legado no reside solo en lo que se conservó, sino en la búsqueda diligente de comprender lo que se reformuló sutilmente o incluso, inadvertidamente, se dejó de lado.

Notas:

1.   La identidad exacta y el linaje directo de RuRuKo (también transcrito como Ryu Ryu Ko) siguen siendo objeto de debate académico. Se le cita frecuentemente en diversos textos históricos como maestro del *gongfu de la Grulla Blanca* y profesor de Higaonna Kanryoo. Véase, por ejemplo, Bishop, Okinawan Karate: *Teachers, Styles and Secret Techniques*, págs. 43-44, para mayor información.

2.   Los "Diez Preceptos del Karate" (唐手十訓, *Tode Jukun) de* Itosu Anko, escritos en octubre de 1908, son esencialmente una carta a la Junta de Educación de la Prefectura de Okinawa. Itosu se esforzó por promover la inclusión del karate en el sistema escolar público. En ella, expuso sus puntos de vista sobre el arte y sus beneficios, convirtiéndola en un texto fundamental para comprender la modernización e institucionalización del karate okinawense.

Existen varias traducciones de los Diez Preceptos, y aunque la redacción exacta puede diferir ligeramente entre ellas, la idea central de que el karate se originó en dos escuelas principales (Shorin-ryu y Shorei-ryu) de China es un punto consistente dentro del primer o segundo precepto en la mayoría de las versiones.

Más allá del Kata
El núcleo de las artes marciales de Okinawa en desaparición

¿Y si el Karate que conocemos hoy fuera sólo la mitad de la historia?
El karate okinawense es reconocido mundialmente por sus golpes dinámicos, formas disciplinadas y profundidad filosófica. Pero tras este arte global y refinado se esconde un legado más robusto, a menudo olvidado, de un linaje de sistemas de lucha ryukyuenses que en su día encarnaron el realismo en el combate cuerpo a cuerpo, la sensibilidad táctil y una mecánica corporal mucho más sutil de lo que suele revelar la práctica moderna.

Este artículo argumenta que el mismo proceso que preservó las artes marciales okinawenses —la modernización, la sistematización y la instrucción pública— también diluyó o enterró muchos de sus principios combativos fundamentales. Al explorar los métodos desvanecidos de Kakid y Kakedameshi, y la profundidad táctica perdida de Meoto-de, Muchimi, Kakei y Tuidi, buscamos reconectar con una visión más completa de lo que fueron las artes marciales okinawenses en su momento y lo que podrían llegar a ser.

Durante siglos, los sistemas de lucha okinawenses evolucionaron silenciosamente, moldeados por la mentoría personal, las influencias regionales y la necesidad pragmática. Las técnicas no se enseñaban en gimnasios, sino que se transmitían de maestro a alumno en espacios cerrados, encarnadas por el conocimiento perfeccionado con el sudor y el tacto. Con la llegada de las artes marciales okinawenses al mundo moderno, muchos de esos métodos íntimos y táctiles se sacrificaron en aras de la instrucción masiva, la respeto público y la deportividad. Lo que se ganó con la preservación puede habernos costado algo aún más valioso: la profundidad.

La modernización y la pérdida de los principios combativos de Okinawa

El comienzo del siglo XX marcó un profundo punto de inflexión para las artes marciales de Okinawa, iniciando un período de rápida transformación que cambiaría radicalmente su identidad, práctica y percepción pública. Esta era, impulsada por los imperativos de la modernización y la integración de la isla al estado-nación japonés, se convirtió inadvertidamente en el origen de una sutil pero significativa pérdida de los principios combativos más profundos del arte.

Cómo el "te "de Okinawa pasó de la transmisión secreta a la educación pública

Históricamente, el arte de combate nativo conocido como "te"(手, mano) se transmitía a través de canales discretos, a menudo íntimos. El conocimiento solía transmitirse dentro de las familias o mediante relaciones maestro-discípulo muy selectivas, similares a los vínculos familiares, donde pocos estudiantes internos recibían instrucción personalizada y exhaustiva. Este modo de transmisión privado, moldeado por siglos de realidades políticas y la ausencia de instituciones pública de entrenamiento, fomentó una comprensión matizada de los principios de combate, adaptados a las aptitudes individuales y a situaciones específicas de defensa personal.

Sin embargo, a medida que Okinawa se transformaba en una prefectura japonesa, el deseo de preservar y legitimar el "te"dentro del nuevo orden social impulsó un cambio hacia una instrucción formalizada e institucionalizada. Este fue un paso crucial para asegurar la supervivencia y relevancia del arte en una sociedad en rápida modernización. Surgieron figuras clave para defender esta causa, en particular Itosu. Anko (1831-1915), un destacado alumno de Matsumura Sookon, Itosu fue fundamental en la introducción del karate en el currículo de educación física de las escuelas públicas de Okinawa, comenzando con la Escuela Primaria Shuri Jingo en 1901. Sus esfuerzos, apoyados por figuras como Kentsu Yabu (1866-1937), ex oficial del ejército y otro alumno de Matsumura, se centraron en estandarizar el arte para un consumo más amplio. Este proceso implicó el desarrollo de formas simplificadas y preestablecidas (katas), como la serie Pinan (Heian), haciéndolas accesibles a grandes grupos de escolares. Su visión era transformar el « te » de una habilidad secreta y combativa en una disciplina pública que contribuyera a la aptitud física y al desarrollo moral, logrando así la aceptación y popularidad oficial.

Por qué la estandarización eliminó la profundidad

Este cambio de la instrucción privada e individualizada a la pedagogía pública y masiva trajo consigo imperativos inherentes que influyeron profundamente en los métodos de enseñanza. La necesidad de instrucción masiva implicó la racionalización de técnicas complejas y matizadas, que a menudo requerían una amplia orientación individual. De igual manera, la mayor seguridad se convirtió en una preocupación primordial al enseñar a grupos grandes de niños, lo que llevó a la desestimación o incluso a la eliminación total de técnicas consideradas "demasiado peligrosas" o "demasiado bruscas"para un currículo general. Además, existía un fuerte impulso por cultivar una imagen pública más "respetable" para el arte, alineándola con los ideales del budo japonés, que enfatizaba la disciplina, la formación del carácter y la destreza física, en lugar del combate crudo y brutal.

Si bien este proceso tuvo un éxito innegable en la preservación de las formas básicas del arte y en asegurar su amplia difusión por Okinawa y, finalmente, por el Japón continental, a menudo tuvo un precio. Muchos principios de combate más profundos y métodos de entrenamiento tradicionales, que no se transmitían fácilmente en clases numerosas o simplemente se consideraban inadecuados para los nuevos contextos sociales, fueron simplificados, reinterpretados u omitidos por completo. Esta tensión inherente entre la preservación mediante la estandarización y la retención de la profundidad combativa original constituye el génesis mismo de los principios "perdidos" que exploraremos.

Meoto -de: El arte perdido de las tácticas a dos manos

A medida que las artes marciales de Okinawa pasaron de la instrucción privada y personalizada a la pedagogía pública e institucionalizada, ciertos principios fundamentales que antaño regían el movimiento del cuerpo y la aplicación comenzaron a desaparecer de la práctica habitual. Entre ellos, el concepto de Meoto -de (夫婦手, Mano de Esposo y Esposa) se destaca como un ejemplo fascinante de un principio "perdido" o significativamente disminuido. Encapsula una profunda comprensión de la acción simultánea, integrada y continua de las manos, tanto para el ataque como para la defensa en combates cuerpo a cuerpo.

Definición y principio

En esencia, Meoto -de dicta que las manos no operan de forma aislada ni secuencial, sino que se mueven de forma coordinada y conjunta. Como explica el formidable Motobu Choki (1870-1944), maestro reconocido por su destreza en el combate práctico, la esencia de Meoto - de reside en que «tanto en ataque como en defensa, las manos deben moverse juntas». Esto implica una interacción constante y fluida entre la mano líder y la de apoyo, garantizando que uno esté siempre listo para ayudar, reforzar o pasar sin problemas de una postura defensiva a una ofensiva, y viceversa, sin pausas innecesarias ni movimientos que indiquen la acción. Representa un enfoque económico y altamente eficiente del trabajo con las manos, donde ambas extremidades están siempre en línea y participan en el intercambio combativo.

En contraposición las interpretaciones modernas

Este principio contrasta directamente con muchas interpretaciones modernas predominantes del kata, en particular con respecto al « hikite » (引き手, llevar la mano a la cadera). En numerosos estilos modernos, una mano que golpea suele ir acompañada de una retracción forzada de la mano opuesta hacia la cadera. El propio Motobu Choki cuestionó esta práctica en combate real, afirmando que si uno «se toma el tiempo y el esfuerzo para hacerlo, el oponente atacará mientras tanto. Todos los ataques deben realizarse inmediatamente desde cualquier posición de la mano». Su crítica subrayó la idea de que los movimientos del kata no siempre son representaciones literales del combate, sino que a menudo camuflan y ocultan aplicaciones más profundas (bunkai).

A través de la perspectiva de Meoto -de, los movimientos de kata aparentemente simples o formalistas revelan un panorama táctico más rico. Por ejemplo, un "morote"zuki (empuje a dos manos), a menudo visto en formas como Naihanchi (Tekki), podría parecer un simple golpe doble. Sin embargo, gracias al principio de Meoto -de, este movimiento puede ocultar una técnica de bloqueo articular altamente efectiva, donde una mano controla o agarra mientras la otra aplica palanca o incluso golpea. El movimiento continuo e integrado permite transiciones fluidas entre golpear, atrapar, agarrar y manipular las articulaciones, priorizando el control y el enredo sobre la potencia puramente lineal.

Pérdida e implicaciones

Lamentablemente, el Meoto-de, junto con la comprensión matizada que proporciona para la aplicación del kata, ha disminuido considerablemente en la práctica generalizada dentro de las artes marciales modernas de Okinawa. Su declive puede estar directamente relacionado con la simplificación que exige el entrenamiento institucionalizado. A medida que el karate se adaptaba a clases numerosas en las escuelas, los principios intrincados, a menudo sutiles y de flujo continuo como el Meoto-de, que exigen una importante guía individual y un extenso trabajo con el compañero para dominarlos, eran difíciles de transmitir eficazmente a un gran número de estudiantes. El énfasis se desplazó hacia movimientos más estandarizados, a menudo lineales y visiblemente distintivos, adecuados para la instrucción y demostración masiva. Esta transformación pedagógica, si bien aseguró la supervivencia del arte y su difusión global, condujo inadvertidamente a la pérdida de los principios dinámicos, fluidos y simultáneos del combate cuerpo a cuerpo, lo que en última instancia afectó la profundidad de la comprensión combativa disponible para muchos practicantes modernos.

Muchimi, Kakei y la desaparición de la lucha en Okinawa

Más allá de la mecánica evidente del movimiento de las manos, las antiguas artes de combate de Ryukyu enfatizaban una profunda cualidad interna del cuerpo, cultivada mediante un entrenamiento riguroso, que impactaba profundamente el combate cuerpo a cuerpo. Esta cualidad, a menudo denominada "Muchimi," estaba inextricablemente ligada a ejercicios de sensibilidad como el "Kakei," que se combinaban para facilitar las intrincadas técnicas de agarre y control conocidas como "Tuidi."

La cualidad corporal omnipresente

Muchimi (むちみ, a menudo traducido como "cuerpo pegajoso", "mano pesada" o "poder viscoso") se refiere a una cualidad corporal fundamental que impregna todo el cuepo del practicante. No se trata solo de fuerza física bruta, sino de un estado profundamente arraigado, conectado y flexible, pero a la vez poderoso, que permite transiciones fluidas entre técnicas. Imagine un cuerpo que, al recibir un impacto, se siente como un árbol denso y enraizado, que absorbe la fuerza sin colapsar, o como un líquido espeso y viscoso que se moldea alrededor de un objeto en lugar de resistirlo rígidamente.

Esta cualidad única no es innata, sino que se cultiva mediante métodos de entrenamiento rigurosos y especializados, como los ejercicios de tensión y respiración que se encuentran en el kata sanchin, el entrenamiento del juego del nigiri (agarrando jarras) y ejercicios específicos de mecánica corporal. Mediante esta práctica, el practicante desarrolla la capacidad de generar una potencia profunda y arraigada desde la base, absorber eficazmente el impacto del oponente y mantener una conexión casi inquebrantable con él. Esto permite una manipulación y un control sutiles, lo que permite redirigir la fuerza del oponente, iniciar golpes devastadores a corta distancia o ejecutar con fluidez técnicas de agarre desde una postura firme. En definitiva, muchimi se trata de estar a la vez en el suelo y ser fluido, capaz de absorber y liberar fuerza con notable eficiencia en un contexto de combate.

Contacto continuo y sensibilidad táctil

De la práctica de Muchimi surge directamente el concepto de Kakei (かけい, literalmente "mano en gancho" o trabajo de contacto continuo), que representa una aplicación y un principio fundamental diseñado para potenciar y perfeccionar la cualidad de Muchimi, especialmente en combates cuerpo a cuerpo. Su función fundamental es mantener un contacto táctil continuo con las extremidades del oponente. A través de esta conexión ininterrumpida, el practicante puede "leer" o percibir las intenciones, el equilibrio y los puntos de fuerza del oponente. Esta sensibilidad táctil permite ajustes inmediatos, lo que permite al practicante alterar la postura del oponente, atrapar sus extremidades o crear sutiles aperturas para técnicas posteriores antes de que se desarrollen por completo.

Conceptualmente, el Kakei comparte paralelismos con los ejercicios de "manos pegajosas" (Chi Sao) presentes en artes marciales chinas como el Wing Chun, o las metodologías "Hubud Lubud", predominantes en algunas artes marciales filipinas. Todos estos sistemas enfatizan el desarrollo de una sensibilidad táctil altamente refinada y la capacidad de controlar y desequilibrar al oponente mediante el contacto continuo. Sin embargo, el Kakei en el contexto okinawense tiene sus propias expresiones históricas y técnicas, a menudo arraigadas en principios específicos de kata y sus correspondientes aplicaciones. Si bien sus principios subyacentes son vitales para una verdadera eficacia en el combate cuerpo a cuerpo, el principal medio para cultivar y probar el Kakei en las tradiciones marciales nativas de Okinawa implicaba formas específicas de práctica con compañero, distintas de los métodos de combate posteriores, más formalizados.

Estos métodos tradicionales de entrenamiento de Okinawa incluían Kakidii (掛け手, también escrito comúnmente como Kakete, que significa

"manos que enganchan" o "manos que forman un puente"). Kakidii era un ejercicio fundamental, a menudo de contacto continuo, diseñado explícitamente para desarrollar la sensibilidad táctil, el equilibrio y la capacidad de sentir y responder a la fuerza del oponente, inherente al Kakei. Normalmente implicaba que dos compañeros mantuvieran una conexión continua y fluida con sus manos y antebrazos, buscando aberturas, controlando el centro del oponente y reaccionando instintivamente a los cambios de presión. Cabe destacar que no era abiertamente competitivo en el sentido moderno, sino un entorno de aprendizaje altamente interactivo y sensorialmente rico, crucial para desarrollar la percepción sutil de la energía del oponente y encarnar el Kakei.

La culminación de los principios de espacio reducido

Tuidi (取手, mano que agarra o mano que se agarra) representa la máxima expresión combativa del dominio del Muchimi y el Kakei. Abarca las técnicas tradicionales okinawenses de agarre, luxación de articulaciones, proyección y control, que históricamente fueron parte integral del arte de la lucha. Estas aplicaciones a corta distancia reflejan un linaje arraigado en formas de agarre okinawenses más antiguas, en particular el Tegumi (手組, agarre de manos), un tipo de lucha popular a menudo asociada con festivales y reuniones comunitarias. Esta conexión histórica resalta las profundas raíces de Tuidi en los métodos de combate nativos de Okinawa, permitiendo al practicante asegurar, manipular y neutralizar a un oponente a corta distancia, yendo más allá del simple golpe.

La maestría y la personificación de Muchimi y Kakei proporcionan la plataforma física y sensorial esencial para un Tuidi efectivo. Sin la profunda conexión y el poder de Muchimi, un practicante tendría dificultades para ejecutar proyecciones potentes o mantener luxaciones de control. De igual manera, sin la continua sensibilidad táctil de Kakei, resulta casi imposible percibir los puntos precisos del equilibrio del oponente, los sutiles cambios en la tensión de sus extremidades o los momentos oportunos para aplicar una luxación articular o un barrido. Kakei permite la lectura precisa del oponente, necesaria para un Tuidi efectivo, lo que facilita un control y una manipulación precisos a corta distancia.

Sin embargo, a medida que el karate experimentaba su formalización estratégica para su integración en el sistema escolar público a principios del siglo XX, la enseñanza de las aplicaciones del Tuidi, junto con su mecánica corporal fundamental y ejercicios de sensibilidad (Muchimi, Kakei), fue perdiendo importancia progresivamente. Este cambio fue probablemente una decisión deliberada, ya que historiadores e investigadores como Thomas Feldmann y Patrick McCarthy teorizan que los intrincados y potencialmente peligrosos aspectos de control del Tuidi se consideraban inadecuados para los niños en edad escolar general. Se teoriza que la falta de comprensión madura entre los jóvenes estudiantes con respecto a los principios del control, combinada con el riesgo de lesiones durante la práctica, llevó a instructores como Anko Itosu a priorizar técnicas de golpe lineal más simples, seguras y visibles. Esto contribuyó directamente a la reducción y, en muchos casos, a la incomprensión de las aplicaciones del Tuidi en la práctica moderna. El arte comenzó a perder su vocabulario combativo completo y multifacético, priorizando el gope evidente por sobre el control intrincado, y a menudo sutil, a corta distancia inherente a sus raíces koryu.

Kakedameshi: El combate olvidado que hizo que todo funcionara

Más allá de los principios individuales de la mecánica de manos y cuerpo, el propio método de entrenamiento en las artes de combate de Ryukyu fue fundamental para cultivar la profunda comprensión que en gran medida se ha perdido. La ausencia de ejercicios específicos y dinámicos con compañeros en muchos contextos modernos representa un eslabón perdido crucial en la cadena de transmisión, en particular en lo que respecta a la internalización de Meoto -de, Muchimi, Kakei y Tuidi.

Koryu de combate continuo

Kakedameshi (掛け試し), que significa "manos de prueba" o "manos desafiantes", se refería a un formato de combate de sparring más libre y de contacto continuo. A diferencia del *kumite posterior, basado en puntos o de contacto limitado*, el Kakedameshi implicaba una gama mucho más amplia de técnicas, incluyendo golpes, agarres, llaves articulares (Tuidi) y proyecciones, ejecutadas con una intensidad realista. Era un intercambio riguroso y a menudo improvisado donde los practicantes podían poner a prueba sus habilidades y principios, incluido el Kakei, en un entorno dinámico e impredecible. Tanto el Kakidi como el Kakedameshi se caracterizaban por su enfoque en el flujo continuo y la adaptación a los movimientos espontáneos del oponente, lo que los hacía únicos en la naturaleza práctica y combativa del koryu Okinawense.

Cultivando principios fundamentales

Este entorno de aprendizaje dinámico y experiencial fue absolutamente crucial para desarrollar, probar e internalizar los principios profundamente arraigados que son fundamentales para las artes marciales de Okinawa, mucho más allá de lo que la práctica estática de kata en solitario podía lograr por sí sola.

El principio de Meoto-de (夫婦手, manos de marido y mujer), que enfatiza el uso simultáneo de ambas manos (una para defender, otra para atacar o ambas trabajando en conjunto), se desarrolló intrínsecamente a través del Kakidi y el Kakedameshi. El contacto continuo obligaba a los practicantes a coordinar ambas extremidades con fluidez, pasando instantáneamente de un bloqueo a un agarre, o de una parada a un golpe, sin pensamiento consciente, encarnando la idea de dos manos trabajando como una sola.

De manera similar, el desarrollo de Muchimi (むちみ, cuerpo pegajoso/poder viscoso) dependía directamente de estos ejercicios de contacto continuo. Mediante el intercambio constante de Kakidi, los practicantes aprendieron a mantener una conexión firme, arraigada y a la vez flexible. Esto les permitía absorber la fuerza sin desplomarse, adaptarse a los movimientos del oponente y transmitir energía poderosa desde su interior, haciéndolos increíblemente difíciles de mover o desequilibrar. Kakedameshi puso a prueba aún más esta cualidad bajo presión real e improvisada, perfeccionando la capacidad de mantenerse conectado pero inamovible.

El principio del Kakei (かけい, conexión continua/sensibilidad táctil) era, de hecho, la esencia misma del Kakidi. Al mantener un contacto físico constante, los practicantes perfeccionaban su capacidad para "leer" sutiles cambios en el peso, la tensión y la intención del oponente, anticipándose a sus movimientos y buscando el momento oportuno para explotar sus vulnerabilidades. El Kakedameshi supuso la prueba definitiva para la aplicación en tiempo real de este alto nivel de sensibilidad en un intercambio dinámico y combativo.

Por extensión, Kakidi y Kakedameshi fueron los principales vehículos para el descubrimiento natural y la aplicación práctica del Tuidi (取手, mano que agarra/sujeta). A medida que los practicantes aprendieron a mantener una conexión continua (Kakei) y a encarnar el poder arraigado (Muchimi), la transición al agarre, la luxación articular y el lanzamiento se volvió natural. Los ejercicios fomentaron un entorno donde agarrar al oponente, manipular su equilibrio y aplicar técnicas de control no eran movimientos aislados, sino extensiones naturales del flujo continuo, convirtiendo al Tuidi en una parte inherente y profundamente integrada de su vocabulario combativo.

Pérdida e implicaciones: erosión de la comprensión fundamental

Los registros históricos y las observaciones modernas sugieren una alteración significativa, si no la desaparición total, del auténtico Kakidi y Kakedameshi en muchas prácticas modernas de karate. Este profundo cambio está inetrísicamente ligado a la formalización estratégica del arte y a la transición hacia formatos de entrenamiento estandarizados, menos combativos y, a menudo, más lineales para las escuelas públicas.

Como se mencionó anteriormente, la naturaleza compleja, de contacto total y potencialmente peligrosa del Kakedameshi y las aplicaciones profundas del Tuidi los hicieron inadecuados para las clases de educación física general, especialmente para niños. La simplificación para la instrucción masiva condujo a la priorización del *kata individual* y ejercicios de golpe básicos, a menudo simplificados, que podían enseñarse de forma segura a grupos grandes. Además, el posterior auge del karate deportivo competitivo, con su énfasis en reglas de contacto limitado, puntuación y técnicas a menudo lineales y explosivas, marginó aún más los métodos de contacto continuo y orientados al agarre. *El kumite moderno* (combate) a menudo carece de la conexión continua y la manipulación a corta distancia inherentes al Kakidi y al Kakedameshi, favoreciendo la velocidad y la potencia sobre el control sutil.

Esta progresiva pérdida de énfasis condujo directamente a la erosión de una comprensión profunda y la aplicación práctica de los principios técnicos que cultivaban estos antiguos formatos de sparring. Sin la retroalimentación táctil constante y la necesidad de transiciones fluidas proporcionadas por Kakidi y Kakedameshi, los practicantes tuvieron dificultades para internalizar Muchimi, Kakei y la integración orgánica de Tuidi. El vocabulario combativo completo y multifacético del arte se redujo gradualmente, favoreciendo los golpes visibles y lineales sobre el control intrincado, a menudo sutil, de corto alcance inherente a sus raíces koryu. La consecuencia es que muchos practicantes de karate modernos, a pesar de un entrenamiento extenso, pueden carecer de una comprensión completa de la mecánica corporal central y las aplicaciones combativas que definieron las artes marciales tradicionales de Okinawa.

Recuperando lo que el Karate conoció alguna vez

La evolución de las artes marciales okinawenses, desde las tradiciones isleñas secretas hasta convertirse en un fenómeno global, demuestra su perdurable atractivo y adaptabilidad. Sin embargo, como se señala aquí, la modernización estratégica y la sistematización, esenciales para su amplia difusión y aceptación en nuevos contextos sociales, tuvieron un coste perceptible. Los imperativos de la instrucción pública y la estandarización propiciaron un cambio educativo, simplificando principios complejos y matizados, y marginando metodologías de entrenamiento esenciales en favor de formas de instrucción más lineales, visiblemente diferenciadas y más seguras.

Hemos visto cómo esta transformación impactó la comprensión y práctica de principios combativos clave. La mecánica de doble propósito de Meoto-de, una vez integral a la acción dinámica y simultánea de las manos en el combate a corta distancia, se oscureció por una interpretación más literal de los movimientos de kata. De manera similar, la calidad corporal generalizada de Muchimi y la sensibilidad táctil sofisticada de Kakei, fundamental para absorber fuerza, mantener la conexión e iniciar el control, sufrieron una pérdida de énfasis. Crucialmente, el declive de los ejercicios tradicionales de contacto contínuo como Kakidi y el sparring de forma libre como Kakedameshi privó a los practicantes del entorno de aprendizaje experiencial esencial para internalizar estos principios orgánicamente. En consecuencia, las aplicaciones integrales de agarre y control de cerca conocidas como Tuidi, que son la culminación natural de Muchimi y Kakei perfeccionados en un contexto dinámico, se disminuyeron gradualmente y se malinterpretaron como golpe que se convirtió en la imagen pública dominante del arte.

Comprender estos elementos "perdidos" no es un mero ejercicio académico de nostalgia; es crucial para una apreciación más auténtica, profunda y holística de la intención y la profundidad combativas originales de las artes marciales de Okinawa. Reconocer lo que se dejó de lado, deliberada o inadvertidamente, en la búsqueda de la modernización nos permite reconectar con un sistema de autodefensa más rico e integrado que se extendió mucho más allá del golpe lineal. Destaca un arte marcial completo, diseñado para la eficacia en el mundo real, que enfatiza el control, la alteración del equilibrio y el combate continuo a todas las distancias. Esta comprensión más profunda invita tanto a académicos como a practicantes dedicados a participar en la investigación crítica continua, la reevaluación histórica y la exploración práctica dedicada. Al buscar activamente comprender y encarnar estos principios multifacéticos, podemos esforzarnos por honrar y recuperar verdaderamente el legado completo de las antiguas artes de combate de Ryukyu, acortando la distancia entre su pasado romantizado y su esencia perdurable y profunda para las generaciones futuras. Para que el karate de Okinawa recupere su legítima profundidad, no solo debemos preservar sus formas, sino también recuperar su tacto, su peso, su agarre y su sutileza. Esto implica no solo practicar más, sino practicar con mayor intención.

Más que un maestro
El vínculo maestro-discípulo en las artes marciales de Okinawa

Las lecciones más profundas del karate

A principios del siglo XIX, un joven llamado Kyo Sokon atendía pacientemente a su maestro, Sakugawa Kanga. Este joven se convertiría más tarde en el legendario Matsumura Sokon, figura central en la historia de las artes marciales de Okinawa. Su entrenamiento no era una exhibición pública, sino un ritual privado y riguroso, que reflejaba un vínculo que trascendía la mera instrucción y constituía la base misma del arte.

La relación maestro-discípulo, conocida como shisho-deshi, en las artes marciales de Okinawa siempre ha sido más que meramente funcional; representa un contrato moral, social y, a menudo, espiritual. Este vínculo es esencial para transmitir no solo técnicas, sino también valores, identidad y todo un legado cultural. Mediante este compromiso personal, exigente y, a menudo, de por vida, se forjaron y preservaron las artes del Te y el Kobudo.

Esta exploración examinará la evolución de esta relación maestrodiscípulo desde la sociedad clásica de Ryukyu a través de la tumultuosa ocupación de Satsuma, las reformas educativas Meiji y hasta la era moderna, centrándose en sus pilares principales: la confianza, el secreto, la formación ética, la práctica encarnada y la estructura social.

Contexto histórico: Forjado en secreto

Para comprender verdaderamente la profundidad del vínculo entre maestro y discípulo en la sociedad clásica de Ryukyu, primero debemos examinar el contexto histórico en el que se originó. La estructura social de esta sociedad estuvo significativamente influenciada por los ideales confucianos, en particular a través de la clase aristocrática de guerreros y eruditos conocidos como Yukatchu. Estos ideales enfatizaban valores como la lealtad, la piedad filial y el desarrollo personal, todos ellos fundamentales para la relación maestro-discípulo. Para muchos jóvenes, su maestro marcial se convirtió en un patriarca sustituto, y el vínculo que compartían era tan fuerte como los lazos familiares; formaron una familia elegida, unida por la búsqueda común de la excelencia y un código moral compartido.

Este vínculo se fortaleció gracias al carácter secreto del entrenamiento inicial en artes marciales, conocido como Te. Antes de que existieran los dojos públicos, la instrucción era un asunto privado y reservado. Un maestro podía enseñar solo a uno o dos estudiantes, creando un pequeño círculo de confianza. Para ganarse un lugar en este selecto grupo, un discípulo debía someterse a rigurosas pruebas, no solo de habilidades físicas, sino también de su kokoro, que significa corazón o carácter. El maestro necesitaba confiar plenamente en su estudiante, ya que compartía conocimientos peligrosos y potencialmente letales. Este arte se ganaba mediante una dedicación inquebrantable y la demostración de una sólida moral, más que algo que se pudiera comprar.

Tras la ocupación de Okinawa por el clan japonés Satsuma en 1609, este carácter selectivo y secreto del entrenamiento se acentuó aún más. Se prohibió el porte de armas, lo que obligó a la cultura marcial okinawense a pasar a la clandestinidad. La relación maestro-discípulo se transformó en un medio crucial para preservar no solo las habilidades de combate, sino también el sentido de la identidad cultural okinawense en medio de la represión política. Los dojos se convirtieron en santuarios, espacios tranquilos donde la historia, la filosofía y la autodefensa se transmitían discretamente mediante susurros y movimientos sutiles, lejos de la mirada de los ocupantes. La confianza entre maestro y alumno se volvió esencial, siendo una cuestión de supervivencia, no solo para el arte en sí, sino también para el espíritu del pueblo.

Formando más que la técnica: el papel del shisho

En este contexto cultural único, el maestro era mucho más que un simple instructor técnico. Figuras como Higaonna Kanryo y Matsumura Sokon no solo eran maestros; también eran mentores de vida, líderes comunitarios y ejemplos morales. El dojo y la casa del maestro a menudo se solapaban, difuminando la línea entre el entrenamiento y la vida cotidiana. El aprendizaje de un discípulo se convertía en una experiencia inmersiva y completa.

Este rol convertía al maestro en un arquitecto de la ética, responsable de moldear tanto el carácter del discípulo como sus capacidades físicas. Las sesiones de entrenamiento eran rigurosas e incluían lecciones sobre la vida familiar adecuada, la conducta, la humildad y la importancia de la perseverancia. El entrenamiento servía como guía moral, enseñando no solo cómo luchar, sino también cuándo abstenerse de hacerlo.

El rol del maestro también incluía el de filtro y custodio. En esta tradición selectiva, no compartían todo con todos. Su responsabilidad era salvaguardar el arte, revelando el conocimiento selectivamente según la confianza, lealtad y disposición demostradas por el discípulo. Ciertas enseñanzas, como las aplicaciones más profundas, los principios más esotéricos y las técnicas "secretas", solían reservarse para los estudiantes más dedicados, aquellos de quienes se esperaba que continuaran el linaje. El maestro actuaba como un espejo, reflejando el carácter del discípulo, y como un guardián, asegurando la integridad del arte para las generaciones venideras.

El camino del Deshi: Deber y devoción

Para el discípulo, el camino implicaba lealtad, servicio y una profunda transformación. Este rol se caracterizaba por el concepto de giri, un profundo sentido del deber, un respeto inquebrantable y la disposición a servir sin esperar una recompensa inmediata. El servicio podía adoptar diversas formas, como realizar tareas domésticas como limpiar la casa o el dojo del maestro, llevarle comida o asistirlo en diversos aspectos de su vida diaria fuera del entrenamiento formal. Estas tareas no se consideraban degradantes, sino actos sagrados, una forma de retribuir al maestro el invaluable don de su conocimiento y mentoría.

El entrenamiento en sí mismo fue un viaje a través de la adversidad. El malestar físico, la repetición incesante y la corrección constante no se consideraban castigos, sino ritos de paso necesarios. La resistencia, cultivada a través de incontables horas de duro entrenamiento, fomentaba la resiliencia, la humildad y la fortaleza mental. Este proceso implicaba romper el ego y reconstruir el yo desde una base de fuerza y disciplina. Este trabajo interno se guiaba por el concepto de Shoshin sho no kokoro, o "la mente del principiante."

Esta mentalidad, fundamental tanto para las artes marciales como para el budismo zen, enfatiza abordar cada sesión con apertura, entusiasmo y ausencia de prejuicios. Requiere un esfuerzo consciente para dejar de lado las creencias y juicios existentes, considerando el arte como una fuente de infinitas posibilidades. Se espera que un discípulo, incluso después de años de práctica, se comprometa con cada lección como si la experimentara por primera vez, descubriendo nuevas profundidades y significados. Este cultivo de la humildad y la modestia sirve como antídoto contra la arrogancia, evitando la complacencia y asegurando una vida de aprendizaje y perfeccionamiento continuos. La práctica de Shoshin permite al discípulo liberarse de la necesidad de tener la razón, abrazando la oportunidad de aprender de todas las fuentes y fomentando la verdadera maestría sin las limitaciones de una mentalidad fija.

Tras años de intensa inmersión holística, el estudiante no se limitaba a imitar los movimientos del maestro, sino que se convertía en un vehículo vivo de la tradición. Este modelo de transmisión no consistía en impartir un currículo al estudiante, sino en una transmisión de persona a persona, un linaje de conocimiento encarnado que se transmitía de persona a persona. El cuerpo, la mente y el espíritu del discípulo se convertían en una extensión ininterrumpida del arte, encarnando el legado del maestro.

Espacio Sagrado: Donde Se Forjó El Arte

El dojo encarnaba los valores de su tradición de artes marciales, aunque su diseño a menudo difería considerablemente del de un gimnasio moderno construido específicamente para ese fin. Los primeros espacios de entrenamiento eran flexibles y a menudo discretos, lo que reflejaba la necesidad de discreción y practicidad. El entrenamiento a veces se realizaba en la casa de un maestro o en una zona tranquila dentro de un templo, y muchos relatos históricos describen entrenamientos en claros apartados o incluso en los patios de tumbas y cementerios.

Estos lugares poco convencionales cumplían varios propósitos importantes. En primer lugar, proporcionaban secretismo y ocultamiento. Con la prohibición oficial de armas y la práctica marcial pública en Okinawa, el entrenamiento en zonas remotas permitía a los practicantes desarrollar y transmitir sus técnicas de forma segura. En segundo lugar, factores de la vida real jugaban un rol; entrenar de noche en cementerios elevados y ventosos ofrecía temperaturas más frescas y una mejor circulación del aire, un grato alivio del clima caluroso de Okinawa. Más allá de estas consideraciones prácticas, estos espacios tenían un importante significado espiritual, ya que los cementerios, donde se confronta la línea entre la vida y la muerte, proporcionaban un poderoso telón de fondo para un arte marcial que enfatiza el valor de la vida. Entrenar en un entorno así podía ayudar a centrar la mente y fomentar una comprensión más profunda de la seriedad del arte. En algunas tradiciones, también se consideraba una forma de entrenar bajo la atenta mirada de antiguos maestros, ofreciendo una experiencia profundamente humilde para cualquier estudiante dedicado.

Independientemente de la ubicación, el dojo era más que un simple espacio de entrenamiento; era una combinación de aula, templo y comedor familiar. Este espacio sagrado también funcionaba como una incubadora moral, donde los discípulos formaban hermandades unidas, reforzando las enseñanzas de su maestro y apoyándose mutuamente. Era un microcosmos de la sociedad que el maestro buscaba construir: una sociedad basada en el respeto mutuo, el trabajo duro y un código moral compartido.

Legados vivos: Lecciones del linaje

El registro histórico contiene numerosos ejemplos impactantes del vínculo maestro-discípulo, siendo uno de los más famosos la relación entre Higaonna Kanryo y su alumno Chojun Miyagi. El compromiso de toda la vida de Miyagi con su maestro, que incluyó cuidarlo en su vejez, ejemplificó las virtudes de la piedad filial.

La dedicación de Miyagi trascendió con creces el dojo; vivió y sirvió junto a Higaonna, llevándole comida y ayudándole con las tareas domésticas. Esta relación no era una simple transacción, sino un significativo acto de servicio (giri) que fomentó una profunda confianza familiar. Gracias a esta devoción, Miyagi adquirió una profunda comprensión del carácter y la filosofía de su maestro, lo que sentó las bases de los principios del Goju-ryu, que enfatizan el equilibrio entre técnicas duras y blandas, así como un sólido código ético.

Otro ejemplo notable es la conexión entre Matsumura Sokon y su discípulo Itosu Anko. Matsumura encarnaba el arquetipo del maestro reservado y combativo, mientras que Itosu emergió como un reformador público. Gracias a sus esfuerzos revolucionarios, Itosu introdujo el karate en el sistema escolar, pasando de la mentoría individualizada a la instrucción grupal. Sin embargo, atribuyó el legado de Matsumura, asegurando que el conocimiento fundamental de su maestro se conservara incluso a medida que evolucionaba el método de instrucción. Esto demostró la lealtad de un discípulo y abrió un nuevo camino para el arte.

Esta dinámica refleja una transición significativa en la historia del Karate. Matsumura, como guerrero-erudito, representó la naturaleza privada y secreta del Karate antes de la Restauración Meiji, con sus enseñanzas reservadas para unos pocos. Itosu, obligado por el honor a continuar ese linaje, comprendió que el arte necesitaba adaptarse para sobrevivir en una nueva era caracterizada por la nacionalización y la militarización. Su decisión de adaptar las enseñanzas de su maestro a un contexto educativo público marcó un cambio radical, pero fue fundamentalmente un acto de lealtad al espíritu del arte mismo. En lugar de traicionar a su maestro, Itosu lo honró asegurando que sus técnicas perdurarían, incluso con los cambios en los métodos de enseñanza.

Finalmente, la mentoría de Funakoshi Gichin por maestros como Azato Yasutsune y Yamakawa ilustra la perfecta combinación de ideales intelectuales, éticos y combativos en la Okinawa pre-Meiji. Funakoshi adquirió no solo habilidades técnicas, sino también filosofía y desarrollo del carácter de estos maestros, lo que le proporcionó una educación integral que posteriormente le permitió introducir el karate en el Japón continental como medio de desarrollo personal.

La relación entre Funakoshi y sus mentores encarna el ideal del yukatchu o "guerrero-erudito". Azato, un noble respetado, dominaba la caligrafía y el karate. Fue mentor de Funakoshi no solo en técnicas marciales, sino también en literatura clásica china y japonesa. Este entrenamiento multifacético le permitió presentar el karate en Japón continental no solo como un arte marcial brutal, sino como un camino hacia la superación personal (Karate-do), centrándose en el desarrollo moral y los principios filosóficos. El legado de sus maestros se reflejó no solo en los katas que enseñaba, sino también en el marco ético con el que introdujo el arte al mundo, un marco moldeado por su mentoría intelectual.

Llevando la llama: evolución del rol del docente

La profunda relación entre maestro y discípulo, arraigada en la tradición, ha demostrado una notable adaptabilidad a lo largo del tiempo. El enfoque innovador de Itosu Anko no fue una disrupción, sino un brillante acto de preservación. Al introducir el karate en el sistema escolar, garantizó la supervivencia del arte en una sociedad en rápida modernización. Cambió la exclusividad de la tutoría privada por la accesibilidad de la instrucción pública, permitiendo que el karate llegara a un público mucho más amplio y sembrando las semillas de su crecimiento y popularidad global.

Esta evolución ha continuado hasta la era moderna. Si bien los dojos ahora operan con un formato más estructurado y pedagógico, muchos instructores han creado con éxito un modelo híbrido. Este enfoque equilibra las necesidades prácticas de dirigir una escuela contemporánea con un profundo respeto por los valores tradicionales. El rol del maestro se ha expandido más allá del simple instructor; ahora es un constructor de comunidad, mentor y custodio de la esencia ética del arte. En estos dojos, los estudiantes no solo aprenden técnicas, sino que también reciben orientación para el desarrollo personal, la autodisciplina y una comprensión más profunda de la historia y la filosofía del arte.

Hoy en día, la relación maestro-discípulo prospera bajo una nueva forma. A menudo es un vínculo forjado a lo largo de años de entrenamiento y confianza compartidos, incluso en entornos grupales. Los maestros continúan seleccionando y preparando a estudiantes que demuestran un compromiso genuino con los valores del arte, preservando el linaje y haciendo accesibles los principios fundamentales del karate a todos. Este nuevo modelo garantiza que la riquez del legado de las artes marciales de Okinawa perdure, no como una reliquia histórica estática, sino como una tradición viva que continúa moldeando vidas en todo el mundo.

Lealtad, legado y el camino a seguir

El legado de las artes marciales de Okinawa reside no solo en sus poderosas técnicas, sino también en el profundo vínculo recíproco entre maestro y discípulo; una relación cimentada en la devoción mutua. El compromiso del discípulo va más allá del aprendizaje de movimientos físicos y abarca toda la filosofía del maestro. Esta filosofía incluye no solo el "cómo" de la lucha, sino también las lecciones cruciales de cuándo y por qué entrar en conflicto y cuándo y por qué abstenerse.

A su vez, la devoción del maestro es igualmente significativa. No es simplemente un maestro de combate, sino un guía comprometido a forjar el carácter de sus alumnos, asegurándose de que se conviertan en miembros íntegros de la siguiente generación y líderes de su comunidad. Esta alianza duradera, donde la lealtad se une a la guía y la técnica se equilibra con la ética, es la verdadera esencia del arte. La profunda transformación que ocurre en este espacio sagrado posee un valor atemporal, recordándonos que el camino de las artes marciales es un camino de autodominio que se recorre mejor con un guía devoto.

Desbloqueo de Tuite
Redescubriendo el núcleo desaparecido del Karate de Okinawa

La otra mitad del karate

Para muchos, el karate okinawense se asocia con golpes explosivos, puñetazos potentes, patadas devastadoras y bloqueos implacables, famosos en el cine. A menudo se lo considera un arte puramente percusivo, una sinfonía de impactos destinada a abrumar al oponente mediante la fuerza bruta. Sin embargo, bajo esta impactante apariencia se esconde un aspecto profundo y a menudo pasado por alto: el tuite. Este intrincado elemento de las artes marciales ryukyuenses no es un mero añadido; más bien, representa un núcleo fundamental de control y combate cuerpo a cuerpo, parte integral del enfoque tradicional del arte del combate.

Tuite, que proviene del término okinawense que significa "mano que agarra" o "mano que lucha", es un aspecto crucial del karate okinawense. Enfatiza la manipulación articular, el control de los puntos de presión y el uso de la mecánica corporal para someter o controlar al oponente, añadiendo una dimensión práctica a la defensa que va más allá de las técnicas de golpe típicamente asociadas con el karate. A diferencia de las artes de lucha japonesas más conocidas, como el judo o el jiu-jitsu, el Tuite no es una disciplina independiente, sino una parte integral del sistema holístico Te [1].

Históricamente, el Tuite no se practicaba de forma aislada. Sus principios y aplicaciones se integraron profundamente en los kata que definen el karate okinawense, sirviendo como una sutil capa de estrategia de combate.

Esta exploración pretende profundizar en los orígenes históricos y las diversas influencias que han dado forma al Tuite, esbozar sus principios y aplicaciones fundamentales, y enfatizar su importancia vital, aunque a menudo subestimada, en la efectividad general del Karate de Okinawa. Argumentaremos que una comprensión adecuada del Tuite es esencial para comprender la esencia tradicional del arte, revelando un sistema sofisticado diseñado no solo para el golpe, sino para la autodefensa integral. Para lograr esto, rastrearemos las raíces del Tuite desde el Te de Okinawa en sus inicios y sus significativas influencias chinas, diseccionaremos su mecánica subyacente y aplicaciones ocultas dentro del kata, y examinaremos las razones de su descuido histórico, así como los esfuerzos contemporáneos para recuperar este núcleo esencial, asegurando que el legado integral del Karate de Okinawa perdure.

Como estudiante y profesor de karate okinawense de toda la vida, he llegado a considerar el Tuite como uno de los aspectos más significativos y profundos de este arte marcial. Representa la intersección de la teoría y la fisicalidad, donde la intrincada mecánica del control y palanca transforma el kata de formas abstractas a sistemas de combate prácticos y funcionales. Para mí, el Tuite no es una rama desconocida del karate; más bien, es su columna vertebral. Encarna el propósito original del arte: no solo golpear con más fuerza o rapidez, sino comprender y resolver conflictos con precisión, control y un profundo conocimiento del cuerpo humano. Este artículo sirve no solo como una exploración académica, sino también como un viaje personal a la parte del karate que más valoro.

Las primeras regulaciones de Okinawa

Para comprender la naturaleza integral del Tuite, es necesario remontarse a los períodos formativos de las artes marciales de Okinawa, mucho antes de que se sistematizaran públicamente. Las raíces de las técnicas de control y captura están profundamente arraigadas en las realidades pragmáticas del Te temprano y sus profundas conexiones con las tradiciones marciales chinas.

Tegumi y Te: Técnicas originales de combate a corta distancia de Okinawa

El arte marcial nativo de Okinawa, conocido simplemente como Te, era un sistema de defensa personal altamente pragmático e integral. A diferencia de las artes militares especializadas de las naciones más grandes, el Te temprano se desarrolló dentro de una sociedad donde la seguridad personal a menudo dependía de habilidades de combate versátiles y adaptables. No se trataba simplemente de golpear; abarcaba un espectro completo de enfrentamientos a corta distancia, incluyendo agarre, agarre y control de un oponente. Esta versatilidad implícita es evidente en la práctica histórica de tegumi[2], una forma de lucha de Okinawa que sirvió como una actividad recreativa y un método fundamental para desarrollar habilidades prácticas de agarre. Una parte común del crecimiento en el Reino de Ryukyu, particularmente para niños y jóvenes, Tegumi ayudó a fomentar una comprensión del equilibrio, el apalancamiento y la manipulación corporal; elementos cruciales para el desarrollo posterior de Tuite. Su influencia aún se puede ver en las técnicas de agarre presentes en los katas de karate tradicionales.

La conexión de Fujian

La influencia externa más significativa en el núcleo de la lucha de agarre de las artes marciales okinawenses proviene de las artes marciales chinas, en particular las originarias de la provincia de Fujian, en el sur de China. La larga relación tributaria de Okinawa con China, junto con los extensos intercambios comerciales y diplomáticos, fomentó un flujo continuo de conocimiento cultural, incluyendo métodos de combate. Esta conexión sentó las bases para una integración más profunda de los principios marciales chinos en los sistemas de combate nativos de Okinawa.

Entre estas influencias, destacan la Grulla Blanca de Fujian, el Puño del Monje y otros sistemas Quanfa[3] del sur de China. Estos estilos se caracterizan por su énfasis en el combate cuerpo a cuerpo e incorporan técnicas precisas de mano, luxaciones articulares, métodos de desequilibrio y golpes a puntos vitales. A diferencia de muchos sistemas del norte de China, conocidos por sus posturas amplias y patadas altas, los sistemas del sur priorizan las posturas arraigadas y la sensibilidad táctil, optimizando tanto la potencia como el control a corta distancia de agarre. Sus técnicas se centran en manipular la estructura del oponente en lugar de basarse únicamente en la fuerza bruta.

Marciales de la clase okinawense Yukatchu, guerreros-eruditos educados encargados de la defensa cívica, desempeñaron un papel crucial en la absorción y adaptación de estos sistemas. Figuras como Matsu Higa, Takahara Peichin, Chatan Yara, Sakugawa Kanga, Matsumura Sokon y Kosaku Matsumora ejemplifican esta integración. A través de estudios en el extranjero e interacciones con enviados chinos que residían en Okinawa, adoptaron un enfoque holístico del entrenamiento marcial. Sus responsabilidades a menudo incluían mantener el orden y proteger a la aristocracia, lo que requería un conjunto de habilidades que incluía técnicas de control e inmovilización no letales. En este contexto, los métodos chinos de bloqueo y agarre no solo eran efectivos sino esenciales. Los movimientos fluidos pero penetrantes, el énfasis en la respuesta táctil y las estrategias de manipulación conjunta derivadas de fuentes chinas ayudaron a formar una base vital para lo que más tarde se convertiría en Tuite.

El Bubishi: El manuscrito secreto del Karate

El Bubishi[5] es un texto clásico de artes marciales chinas que desempeña un papel crucial para comprender la profunda influencia de las artes marciales chinas en el Te de Okinawa. Este invaluable documento histórico ha sido estudiado extensamente por maestros okinawenses durante generaciones, sirviendo como enlace directo a los fundamentos teóricos y prácticos de numerosas técnicas. En la actualidad, su accesibilidad ha mejorado significativamente gracias a la dedicación de Patrick McCarthy [6] Hanshi. Su obra fundamental, "Bubishi"(1.ª edición, publicada por IRKRS en 1990), marcó un hito en el estudio y la difusión de este texto. McCarthy Hanshi ha dedicado décadas a la investigación e interpretación del Bubishi, compartiendo sus conocimientos con un público global.

Los capítulos del Bubishi detallan explícitamente los principios y aplicaciones del Tuite, incluyendo secciones sobre puntos de presión (kyusho), objetivos vitales, métodos de agarre e incluso técnicas de reanimación para oponentes inconscientes. Su presencia y su estudio diligente en Okinawa demuestran claramente que conceptos como la manipulación y el control de las articulaciones no eran secundarios, sino centrales en el conocimiento combativo transmitido desde China.

Mensajeros de la Mano Oculta

Muchos maestros de artes marciales de Okinawa viajaron a China o estudiaron con artistas marciales chinos asentados en la región. Estos hombres desempeñaron un papel crucial en la transferencia del conocimiento de combate chino al Reino de Ryukyu, especialmente en las áreas de control combate cuerpo a cuerpo y técnicas de agarre.

Una figura notable es Sakugawa Kanga, quien se cree que estudió con el enviado militar chino Kusanku; un maestro que sabemos que practicaba técnicas de agarre. Un conocido relato del Oshima Hikki[7] describe a Kusanku demostrando una técnica en la que colocaba una mano sobre la solapa de su oponente y ejecutaba un derribo con un movimiento de tijera con la pierna. Si bien los registros detallados de su currículo más amplio de agarre son limitados, la naturaleza integral de las artes marciales chinas sugiere que la captura, el control y la manipulación a corta distancia fueron fundamentales en lo que se transmitía.

Posteriormente, maestros como Kanryo Higaonna continuaron este intercambio. Higaonna se entrenó intensivamente en Fuzhou, China, bajo la guía de Ru Ru Ko[8], lo que condujo al desarrollo de sistemas de combate cuerpo a cuerpo altamente refinados. Las técnicas que trajo consigo, incluyendo llaves, agarres y control por presión, se convirtieron en la base del karate Goju-ryu, integrando los principios del agarre chino en las artes marciales de Okinawa. Estas contribuciones constituyeron una raíz directa e influyente para lo que posteriormente se convertiría en Tuite.

Tácticas de supervivencia bajo la atenta mirada

Estos métodos chinos no fueron simplemente copiados, sino que se asimilaron y adaptaron con destreza al contexto único de Okinawa. El desarrollo del Tode (término que evolucionó de Te para denotar específicamente la influencia de la "Mano China") vio cómo los elementos de agarre se entrelazaban intrincadamente con los de golpe. Esta fue una evolución natural, ya que los artistas marciales de Okinawa buscaban crear un sistema de defensa holístico.

Las condiciones sociales bajo la ocupación de Satsuma [9] exigieron aún más este tipo de combate cuerpo a cuerpo. Con las armas convencionales restringidas y las graves consecuencias de la fuerza letal contra los samuráis de Satsuma, existía una necesidad pragmática de métodos de control e incapacitación no letal. El tuite proporcionaba los medios para someter al oponente, infligir dolor o crear oportunidades de escape sin recurrir a medidas abiertamente violentas o fatales que pudieran tener graves repercusiones para el practicante y su comunidad. Este énfasis en el control, la precisión y la capacidad de gestionar un enfrentamiento cuerpo a cuerpo sin necesariamente escalar al uso de la fuerza letal se convirtió en un sello distintivo de las artes marciales de Okinawa, reflejando una astuta adaptación a su singular entorno sociopolítico.

Descifrando el código: cómo funciona Tuite

Tras explorar las raíces históricas del Tuite, nos centraremos ahora en sus principios fundamentales y aplicaciones prácticas. El Tuite no es simplemente un sistema basado en la fuerza bruta; es un arte sofisticado que enfatiza el apalancamiento, la mecánica corporal precisa, el conocimiento anatómico y una técnica meticulosa para lograr el control sobre el oponente. Su eficacia reside en comprender cómo explotar las debilidades naturales del cuerpo, lo que lo convierte en un poderoso componente del karate tradicional de Okinawa.

Del agarre al bloqueo

Tuite abarca varios principios distintos pero interrelacionados diseñados para lograr el control o la incapacitación a través de vulnerabilidades anatómicas específicas:

Agarrar/Sujetar: El Tuite consiste en controlar a un oponente agarrándole la ropa, el cabello o las extremidades. No se trata simplemente de sujetar; se trata de alterar el equilibrio, restringir el movimiento y preparar técnicas adicionales. Al sujetar una muñeca, la solapa o incluso un dedo, el practicante puede dictar la postura del oponente, facilitar escape o iniciar una luxación articular o una proyección. El agarre suele ir acompañado de un tirón o empujón que desequilibra al oponente, haciéndolo vulnerable.

Manipulación articular: Se centra en forzar una articulación más allá de su rango normal de movimiento, lo que provoca dolor, inestabilidad o luxación. Las técnicas implican hiperextensión (p. ej., doblar el codo hacia atrás), hiperflexión (p. ej., doblar la muñeca bruscamente hacia adentro) y rotación (p. ej., girar el hombro o la rodilla). Algunos ejemplos incluyen diversas luxaciones de muñeca (variantes del kote-gaeshi), luxaciones de codo (frecuentes en aplicaciones de Naihanchi) y luxaciones de hombro, que pueden aplicarse de pie o en el suelo. La eficacia del Kan setsu Waza consiste en comprender la anatomía de la articulación y aplicar una presión precisa.

Aplicación de Puntos de Presión: Este aspecto altamente especializado del Tuite consiste en aplicar presión o golpear puntos anatómicos específicos del cuerpo para provocar dolor, control o desorientación. Estos puntos, a menudo ubicados a lo largo de nervios, arterias o inserciones musculares, pueden ser sensibles incluso al tacto más ligero. Cuando se golpea o presiona correctamente, el kyusho[10] puede causar parálisis temporal, dolor extremo, pérdida del equilibrio o incluso pérdida del conocimiento. El Bubishi detalla explícitamente muchos de estos puntos y sus efectos, subrayando su importancia histórica en las artes marciales de Okinawa.

Ahorcamientos/Estrangulaciones: Aunque no siempre son el enfoque principal del Tuite, algunas técnicas de control pueden transformarse fácilmente en estrangulaciones, ahorcamientos o torciones de cuello. Estas suelen implicar restringir el flujo de aire o de sangre al cerebro del oponente, lo que provoca la pérdida de consciencia. Si bien las estrangulaciones directas y las llaves de estrangulamiento pueden ser menos frecuentes como técnicas independientes en el karate tradicional en comparación con los golpes o las luxaciones articulares, la capacidad de controlar el cuello o la postura del oponente mediante técnicas de agarre crea oportunidades para dichas aplicaciones, especialmente en el agarre cuerpo a cuerpo.

El lenguaje oculto del kata

Una comprensión profunda del Tuite es esencial para desentrañar el verdadero significado combativo de los katas del Karate de Okinawa. Muchos de los movimientos aparentemente abstractos o ceremoniales del kata son, de hecho, aplicaciones codificadas de luxaciones articulares, llaves de brazo, técnicas de agarre y golpes en puntos de presión. Estas aplicaciones a menudo se ocultaban deliberadamente en el kata por diversas razones, como el carácter secreto del entrenamiento bajo la ocupación y el deseo de proteger conocimientos peligrosos.

Por ejemplo, los movimientos en Naihanchi (conocido como Tekki en Japón continental) son ricos en aplicaciones de Tuite, incluyendo llaves de muñeca, roturas de codo y métodos para controlar el brazo de un oponente mientras se golpea simultáneamente. De manera similar, las secuencias en Passai (Bassai) pueden interpretarse como técnicas para agarrar la muñeca de un oponente y aplicar una llave de articulación, o para atrapar y manipular sus extremidades. Incluso formas como Seisan (Seishan), conocidas por sus poderosos golpes, contienen movimientos que, cuando se analizan a través de una lente de Tuite, revelan oportunidades para el control de corto alcance, proyecciones y ataques de puntos de presión. Una comprensión más profunda de Tuite transforma la percepción del kata de meros ejercicios físicos en manuales de combate dinámicos y de múltiples capas. Una vez que se comprende este concepto, las ideas de bunkai y Tuite se vuelven casi sinónimos.

Tuite y el luchador total

En el karate tradicional de Okinawa, el tuit rara vez se desconecta del golpe. En cambio, se utiliza en una interacción dinámica y fluida. Un golpe puede servir como distracción o como preparación para una luxación articular, creando una abertura al aturdir o desequilibrar momentáneamente al oponente. Por el contrario, una luxación articular o un agarre articular pueden crear una abertura para un golpe devastador, controlando la postura del oponente y exponiendo objetivos vitales. Esta perfecta combinación se resume en el concepto de tuite, donde el practicante puede golpear para obtener el control, luego usar un agarre para manipular una articulación y finalmente asestar otro golpe para finalizar el encuentro. Este enfoque holístico garantiza que el artista marcial de Okinawa esté preparado para todos los niveles de combate, desde golpes a larga distancia hasta agarres y control a corta distancia.

Perdido en la transmisión: La desaparición de Tuite

Tras establecer las raíces históricas y los principios fundamentales del Tuite, nos enfrentamos ahora a una pregunta crucial: si el Tuite fue tan fundamental para el Karate tradicional de Okinawa, ¿por qué se perdió en gran medida, incluso desapareció, de la práctica común durante el siglo pasado? Aquí exploraremos las complejas razones de su declive y destacaremos los esfuerzos contemporáneos por revivir este aspecto vital del arte.

Del dojo a la escuela: la transformación segura del karate

La marginalización de Tuite se remonta a importantes cambios sociopolíticos en Okinawa y Japón que siguieron a la Restauración Meiji [11] en 1868 y la anexión del Reino Ryukyu en 1879. Uno de los puntos de inflexión críticos fue la introducción formal de Te en el sistema escolar público de Okinawa, liderado principalmente por figuras influyentes como Itosu Anko[12]. Si bien las reformas de Itosu fueron esenciales para la supervivencia del arte y su aceptación más amplia, requirieron una sistematización y simplificación considerables para dar cabida a la instrucción masiva. Como resultado, elementos complejos y potencialmente peligrosos como las intrincadas llaves de articulaciones, las aplicaciones de puntos de presión y las técnicas de agarre se dejaron de enfatizar en gran medida o incluso se eliminaron del plan de estudios. Esta reestructuración cambió el enfoque hacia la educación física, las técnicas básicas de golpe y el desarrollo del carácter, haciendo que el arte fuera más seguro y accesible para la población estudiantil en general, lo que se alineó con la ética educativa japonesa más amplia. Lamentablemente, este cambio pedagógico eliminó inadvertidamente gran parte del énfasis práctico de Tuite en el plan de estudios.

A medida que el karate se expandía por Japón continental y ganaba popularidad internacional, surgió una fuerte tendencia hacia la deportividad. El creciente interés por la competición condujo al establecimiento de reglas estandarizadas y un sistema de puntuación claro, lo que marginó aún más los elementos de agarre. En este entorno competitivo, las luxaciones articulares y las técnicas de puntos de presión, más complejas, se consideraban a menudo demasiado peligrosas, difíciles de evaluar o simplemente inadecuadas para el formato de golpe de pie que se convirtió en el sello distintivo del karate deportivo. Esta evolución priorizó los intercambios de golpes dinámicos y, a menudo, lineales, relegando a un segundo plano los aspectos del Tuite, centrados en el control y en el combate cuerpo a cuerpo.

Además, incluso en Okinawa, el Tuite se enseñaba principalmente como parte de clases privadas avanzadas, reservadas para estudiantes dedicados que ya dominaban las técnicas básicas de golpe. Este secretismo inherente, vestigio de la época de la ocupación, significó que, a medida que el karate se hacía más público y extendido, los elementos más profundos y peligrosos, como el Tuite, permanecieron en gran medida ocultos. Sin instrucción explícita ni práctica dedicada, el bunkai de muchos movimientos de kata se malinterpretó. En consecuencia, sus implicaciones en el agarre se perdieron para generaciones de practicantes que se centraron únicamente en la interpretación de los golpes, lo que provocó que cada generación posterior se alejara aún más del propósito original del arte.

Un arte peligroso en un mundo seguro

La pérdida histórica de importancia del Tuite ha tenido un profundo impacto en la práctica contemporánea del Karate, y una consecuencia significativa es la falta de instrucción formal en sus técnicas. En muchos dojos modernos, la enseñanza de estas técnicas vitales es mínima o nula. Esto se debe a menudo a que los propios instructores no han recibido una formación integral en Tuite, lo que resulta en un currículo centrado principalmente en el golpe. Esta situación crea un ciclo en el que el conocimiento y la práctica del Tuite se deterioran con el tiempo.

Además, la naturaleza inherente de las técnicas de Tuite presenta desafíos para un entrenamiento seguro. Estas técnicas implican la manipulación de las articulaciones y la aplicación de presión en zonas sensibles del cuerpo. Para entrenarlas de forma segura y eficaz, se requiere un alto grado de control, además de confianza entre los compañeros de entrenamiento y la guía experta de los instructores. Sin una supervisión adecuada y un conocimiento profundo de la anatomía humana, existe un riesgo significativo de lesiones, lo que, comprensiblemente, hace que muchos dojos se muestren reacios a profundizar en estos elementos del entrenamiento.

Renacentistas de la Mano de Agarre

A pesar de la fragmentación y el desconocimiento que ha experimentado el Tuite en la era moderna, un creciente movimiento de investigadores y practicantes dedicados trabaja para recuperar y reintegrar sus principios al karate okinawense contemporáneo. Estos esfuerzos no son meramente teóricos; representan un intento vivo de restaurar un componente vital de la práctica marcial clásica.

Una de las figuras más influyentes en este resurgimiento es Seiyu Oyata[13], a quien se le atribuye la reintroducción del concepto de Tuite al público del karate moderno. Oyata desarrolló el Ryukyu Kempo, un sistema que enfatiza la aplicación práctica del kata, incluyendo la manipulación articular, los golpes en puntos de presión y el control en espacios reducidos. Su legado incluye la instrucción temprana de militares estadounidenses acuartelados en Okinawa en las décadas de 1950 y 1960, lo que contribuyó significativamente a la difusión internacional de los conceptos de Tuite.

Otra figura clave de este movimiento es Patrick McCarthy, fundador de la Sociedad Internacional de Investigación del Karatejutsu Ryukyu (IRKRS). Gracias a sus extensas traducciones de textos marciales clásicos, incluido el Bubishi, y al desarrollo de su sistema, Koryu. En el Uchinadi Kenpo-jutsu, McCarthy ha desempeñado un papel fundamental en la decodificación de la lógica combativa inherente al kata. Su trabajo ha ayudado a contextualizar y reconstruir la intención original del Karate de Okinawa, reincorporando las técnicas de agarre y control al currículo.

Dentro del ámbito tradicional okinawense, Kise Isao[10], hijo de Kise Fusei y alumno de Hohan Soken, destaca como un practicante que ha transmitido un profundo conocimiento del Tuite como parte de la tradición más amplia de Matsumura Seito. Sus enseñanzas enfatizan los componentes del Karate okinawense, basados en la llave y la sensibilidad táctil, que a menudo faltan en las versiones modernas.

John Shipes[15], estudiante avanzado y colaborador cercano del linaje Kise, ha continuado estos esfuerzos con dedicación. Durante más de dos décadas, Shipes ha trabajado sistemáticamente para preservar, perfeccionar y transmitir el Tuite como una parte distintiva pero integral del Karate tradicional. De igual manera, Allan Amor[16], alumno directo de Seiyu Oyata desde hace mucho tiempo, ha transmitido las enseñanzas de Oyata con precisión y compromiso, asegurando que los principios del Tuite sigan siendo una parte activa y en constante evolución del legado del Ryukyu Kempo.

En conjunto, los esfuerzos de estos y otros practicantes comprometidos están transformando la comprensión moderna del Karate, ayudando a restaurar su propósito original como un sistema completo de autodefensa, no sólo centrado en los golpes, sino que abarca todo el espectro del movimiento humano, el control y la estrategia de supervivencia.

Devolviendo las manos al karate

La exploración de la historia y los principios del Tuite demuestra claramente que es una parte esencial del Karate tradicional de Okinawa, más que una adición secundaria u opcional. Sus raíces están profundamente conectadas con las necesidades prácticas de autodefensa de los primeros Te y están significativamente influenciadas por las técnicas integrales de agarre y control presentes en las artes marciales del sur de China. Esta influencia es particularmente evidente en textos como el Bubishi y en las enseñanzas de maestros prominentes como Kanryo Higaonna. Los principios fundamentales del Tuite, centrados en el agarre, la manipulación articular y la aplicación de puntos de presión, exhiben un arte sofisticado que se basa en el apalancamiento y el conocimiento anatómico, integrándose a la perfección con las técnicas de golpeo para crear un sistema de combate holístico.

Sin embargo, durante el último siglo, el Tuite ha sido lamentablemente marginado; un "núcleo en desaparición" como resultado de la japonización del Karate, su introducción en las escuelas públicas y el subsiguiente énfasis en la deportividad. Si bien este cambio ha contribuido a la popularidad global del Karate, también ha despojado al Karate de gran parte de su control en el combate cuerpo a cuerpo y su profundidad en el agarre, lo que ha provocado una incomprensión generalizada de su verdadero potencial combativo.

Sin embargo, la historia no termina con su declive. Los esfuerzos contemporáneos de resurgimiento, liderados por maestros e investigadores dedicados como Seiyu Oyata, Patrick McCarthy y Kise Isao, junto con defensores como John Shipes y Allan Amor, son cruciales en este proceso de restauración. Su incansable labor de investigación, enseñanza y promoción de la reintegración del Tuite no es meramente académica; es un esfuerzo vital para recuperar la autenticidad y la totalidad de las tradiciones marciales de Okinawa.

Comprender el Tuite va más allá de la precisión histórica; enriquece nuestra apreciación de la profunda profundidad del Karate. Esta comprensión transforma la interpretación del kata, pasando de meros movimientos abstractos a escenarios dinámicos y multifacéticos de autodefensa. Es esencial para preservar la autenticidad de las tradiciones marciales de Okinawa y asegurar que el legado completo, incluyendo tanto las técnicas de golpeo como las de control, se transmita a las generaciones futuras. Una comprensión integral del Tuite también mejora significativamente las aplicaciones modernas de defensa, proporcionando a los practicantes un conjunto de habilidades más amplio y versátil para las confrontaciones del mundo real. Esto se extiende más allá de las soluciones puramente percusivas para incluir el control efectivo, la manipulación y la incapacitación. El viaje continuo para redescubrir e integrar estos elementos vitales asegura que el legado integral del Karate de Okinawa perdure, reflejando su resiliencia histórica y relevancia atemporal como un sistema completo de autoprotección.

Como alguien para quien Tuite representa no sólo una técnica sino una filosofía, creo que su resurgimiento no es meramente un esfuerzo técnico, sino una recuperación del alma del Karate de Okinawa.

Notas:

1.	El término Te (手), que significa "mano", era el término original para las artes marciales de Okinawa antes de que la influencia del Quanfa chino impulsara la lectura alternativa Tode (唐手, "mano china").

2.	El Tegumi (手組) era una forma de lucha y combate simulado originaria de Okinawa entre los jóvenes. Sentó las bases físicas y estratégicas para los sistemas de lucha posteriores y el Tuite, a menudo considerado como la herencia nativa de la lucha de Okinawa.

3.	La Grulla Blanca de Fujian, el Puño del Monje y otros sistemas Quanfa del Sur enfatizaron la sensibilidad táctil, el control de las articulaciones y la potencia de corto alcance, todo lo cual se volvió central para el concepto Tuite de Okinawa.

4.	Los Yukatchu eran la aristocracia culta del Reino de Ryukyu, formados en la erudición confuciana, la administración civil y las artes marciales. Desempeñaban funciones burocráticas y protectoras, recibiendo instrucción en sistemas marciales chinos y nativos para proteger a los dignatarios y mantener el orden. Su doble experiencia los convirtió en transmisores esenciales del Te, integrando conceptos chinos como el bloqueo y el control de las articulaciones en la cultura marcial de Okinawa.

5.	El Bubishi, un texto marcial clásico chino, contiene secciones sobre puntos vitales, técnicas de agarre (Qinna) y diagramas anatómicos que han influido directamente en el desarrollo de los métodos de agarre del Karate de Okinawa.

6.	Las décadas de investigación de Patrick McCarthy sobre el Bubishi y la traducción de textos clásicos han sido fundamentales para decodificar el Tuite y sus aplicaciones en el kata a través de su sistema, Koryu Uchinadi.

7.	El Oshima Hikki relata cómo Kusanku demostró un derribo con tijeras de pierna después de agarrar la solapa de un oponente, un ejemplo de métodos de agarre integrados que se enseñan a los artistas marciales de Okinawa.

8.	Ru Ru Ko (también escrito Liu Liu Ko o Lu Lu Ko) fue un maestro de artes marciales del siglo XIX de Fuzhou, provincia de Fujian. Es reconocido como el maestro de Kanryo Higaonna, figura clave en las artes marciales de Okinawa y fundador del karate Goju-ryu. Aunque los detalles históricos sobre Ru Ru Ko son limitados, es probable que sus enseñanzas incluyeran sistemas del sur de China como el boxeo de la Grulla Blanca y el Puño del Monje, centrándose en técnicas de corto alcance como la manipulación articular, la sensibilidad táctil y el control de los puntos de presión, lo que influyó en el Tuite de Okinawa.

9.	La ocupación Satsuma de Okinawa (1609-1879) impuso estrictas prohibiciones de armas, lo que llevó a un mayor énfasis en métodos de control con las manos vacías, como el Tuite, para lidiar con conflictos físicos bajo estrictas restricciones.

10.   Kyusho-jutsu, el arte de la manipulación de puntos de presión, está estrechamente relacionado con el Tuite e implica apuntar a nervios, arterias e inserciones musculares para controlar o incapacitar a un oponente.

11.   La Restauración Meiji (明治維新, Meiji Ishin) fue una revolución política y social en Japón que comenzó en 1868, marcando el fin del shogunato Tokugawa y la restauración del dominio imperial bajo el emperador Meiji. Esta era inició una rápida modernización y centralización, disolviendo la clase samurái y absorbiendo el antiguo reino semi independiente de Ryukyu a Japón como la prefectura de Okinawa para 1879. Estas reformas radicales alteraron drásticamente el panorama político y cultural de Okinawa, incluyendo la formalización y japonización de tradiciones de artes marciales locales como el Te, que con el tiempo se conocería como Karate.

12.   Itosu Anko (糸洲 Itosu (安恒, 1831-1915) fue un artista marcial okinawense pionero, a quien se le atribuye la sistematización y popularización del karate a finales del siglo XIX y principios del XX. Alumno de Matsumura Soo kon, Itosu introdujo el karate en el sistema escolar público de Okinawa en 1905, priorizando katas simplificados para la educación física y el desarrollo moral. Si bien este movimiento preservó el arte y amplió su atractivo, también condujo a la omisión de muchos elementos de combate y agarre, favoreciendo una forma más segura y atlética, adecuada para la instrucción masiva.

13.   A Seiyu Oyata se le atribuye ampliamente el resurgimiento de la práctica y la terminología del Tuite en la era posterior a la Segunda Guerra Mundial. Su sistema Ryukyu Kempo enfatizaba las llaves, los puntos de presión y las técnicas de control integradas en el kata.

14.   Kise Isao, hijo de Kise Fusei y alumno de Hohan Soken, es una figura importante en la preservación de Matsumura Seito Karate y Tuite como parte de sus enseñanzas tradicionales.

15.   John Shipes ha trabajado extensamente bajo el linaje Kise para preservar y enseñar Tuite con precisión, incluida la instrucción sistematizada y seminarios públicos a través de la OSMKKF.

16.   Allan Amor, un estudiante directo de Seiyu Oyata desde hace mucho tiempo, continúa preservando y propagando las enseñanzas de Oyata sobre Tuite a través de seminarios e instrucción privada, manteniendo la fidelidad al sistema original Ryukyu Kempo .

Del Te al Torneo
La evolución del karate

Del arte oculto al fenómeno global

Las artes marciales de Okinawa, originariamente un conjunto de métodos de combate secretos y de transmisión privada, conocidos ampliamente como Te[1], emprendieron una trayectoria extraordinaria, transformándose en la disciplina mundialmente reconocida del karate. Esta evolución, de práctica clandestina a fenómeno mundial, es una historia fascinante de adaptación, redefinición estratégica y la compleja interacción entre la identidad cultural y la aspiración global. Es una historia marcada tanto por su expansión global como por la erosión gradual, a menudo involuntaria, de su esencia combativa original.

En el corazón de esta difusión global se encuentran las contribuciones fundamentales de dos hombres, cada uno reconocido a menudo como "padre del Karate moderno" por derecho propio. La transformación inicial comenzó en Okinawa con Itosu Anko, cuyas reformas visionarias introdujeron el Te en el sistema escolar público, lo que requirió importantes innovaciones y simplificaciones pedagógicas. Este cambio crucial sentó las bases para una mayor accesibilidad del arte. Posteriormente, Gichin Funakoshi lideró su crucial transición al Japón continental, donde un arte claramente okinawense fue meticulosamente "japonizado" e integrado en el marco más amplio del Budo [2.] Sus esfuerzos conjuntos sentaron las bases para la drástica internacionalización del Karate.

Este viaje explora cómo el karate se adaptó a entornos sociopolíticos cambiantes, asegurando su supervivencia y un alcance sin precedentes. Sin embargo, estas adaptaciones también llevaron a una pérdida significativa de importancia de sus principios combativos originales, impulsando esfuerzos continuos dentro de la comunidad de las artes marciales para redescubrir y reintegrar las profundas raíces de su herencia histórica. La historia del karate es, por lo tanto, un testimonio dinámico de un arte en constante redefinición, equilibrando su rico pasado con su diverso presente global.

tosu Anko: Reformando el Te para la Era Moderna

La transición del Te de Okinawa, de un arte combativo secreto y de transmisión privada a un componente del currículo del sistema escolar público, representa un momento crucial en su historia, transformando fundamentalmente su forma y función. La visión y los incansables esfuerzos de Itosu Anko (1831-1915) fueron fundamentales para esta transformación.

La infancia y formación de Itosu estuvieron inmersas en la cultura tradicional de la élite de Ryukyu. Nacido en Shuri, la capital del Reino de Ryukyu, en una keimochi[3] (familia de posición), recibió una rigurosa educación en clásicos chinos y caligrafía, típica de la clase erudita. Aunque descrito como pequeño de estatura e introvertido de niño, se dedicó al estudio de las artes marciales con maestros prominentes desde muy joven, incluyendo a Nagahama Chikudun Peichin[4] y el legendario Matsumura Sokon[5]. Este camino dual de cultivo intelectual y marcial lo preparó para una vida de servicio dentro de la administración del reino, donde sirvió como secretario de la Oficina Administrativa del último rey de Ryukyu, Sho Tai[6]; un puesto que lo colocó en el corazón del gobierno del reino.

Sin embargo, la vida de Itosu, al igual que la de muchos funcionarios ryukyuanos, se vio drásticamente alterada por la Restauración Meiji[7] en Japón y la posterior abolición del Reino de Ryukyu en 1879. Con el fin de la monarquía nativa y la incorporación de Okinawa como prefectura japonesa, los roles tradicional y las estructuras sociales de la clase peichin se desmantelaron. Despojado de su cargo gubernamental, Itosu se enfrentó a una nueva realidad. Aprovechando su formación académica y perspicacia intelectual, Itosu Se dedicó a la docencia en el floreciente sistema escolar público. Fue en este período de transformación, marcado por una creciente ola de nacionalismo japonés y, por extensión, un creciente sentimiento antichino en Japón y su recién anexada prefectura de Okinawa, que reconoció el potencial de Te.

Su amplio conocimiento, profundamente arraigado en la cultura china y los textos clásicos, perdió valor en este nuevo clima, lo que le motivó poderosamente a replantear el Te no solo como un método de lucha, sino como una poderosa herramienta para la educación física, el desarrollo del carácter y una sutil forma de disciplina nacionalista, en consonancia con los objetivos más amplios de Japón de fortalecer a su población. Cabe destacar que, alrededor de 1905, Itosu también jugó un papel clave en el cambio del kanji de Karate [8] de 唐手(Mano Tang o Mano China) a空手 (Mano Vacía), distanciando aún más el arte de sus orígenes chinos y promoviendo una identidad más autóctona de Okinawa o Japón.

Un currículo para la nación: pedagogía y karate público

Con una clara visión del futuro del Te, Itosu Anko emprendió una profunda reforma pedagógica, modificando fundamentalmente el arte para adaptarlo a las exigencias de la enseñanza pública. Una piedra angular de esta transformación fue la creación de los katas Pinan. Estas cinco formas simplificadas se diseñaron meticulosamente para abordar los desafíos prácticos de la enseñanza segura y eficaz a grupos grandes de niños en un entorno escolar.

Más allá de la serie Pinan, a Itosu también se le atribuye la modificación y sistematización de varios katas antiguos para que se ajusten mejor al currículo de educación pública. Se dice que esto incluye la descomposición del extenso kata Naihanchi en tres formas distintas: Naihanchi Shodan, Naihanchi Nidan y Naihanchi Sandan. Esta división hizo que los katas complejos fueran más digeribles para los estudiantes y más fáciles de enseñar de manera progresiva. También revisó otros kata clásicos como Kusanku, Passai y Chinto, adaptando sus movimientos para que fueran más lineales, estandarizados y seguros para la instrucción en grupo. Además, a Itosu a veces se le atribuye la creación o modificación importante del kata Rohai, expandiendo aún más el currículo fundamental. Estas innovaciones apuntaban a crear un método sistemático de enseñanza de técnicas de Karate que todavía se practican hoy en día.

Este cambio en el currículo requirió una profunda simplificación de las metodologías de entrenamiento. Los ejercicios de combate cuerpo a cuerpo rigurosos, a menudo brutales y sin guion del Te tradicional, como el contacto continuo de Kakidi[9] y el combate libre de Kakedameshi[10], junto con el agarre práctico de Tuidi[11], se dejaron en gran medida de lado. Estos métodos, que exigían un alto grado de madurez, resiliencia y disposición para involucrarse en un contacto potencialmente lesivo, se consideraron inadecuados para un entorno de escuela pública. En su lugar surgieron técnicas de golpe más seguras, más visibles y directamente obvias, a menudo practicadas de forma aislada o en ejercicios altamente formalizados y sin contacto. Esta adaptación, aunque comprensible para el contexto, contribuyó inadvertidamente a una desconexión de las realidades inmediatas y fluidas de la autodefensa.

Principios perdidos, nuevas prioridades

El impacto más significativo de esta simplificación fue en los principios básicos que definían el arte marcial más antiguo, la mecánica corporal matizada que cultivaba Muchimi[12] y Kakei[13], cualidades esenciales para el control y el agarre a corta distancia, fueron gradualmente descuidadas. Si bien todavía estaban presentes en la estructura subyacente del kata, su aplicación práctica y los métodos para su internalización a menudo se diluían o se perdían en la búsqueda de movimientos estandarizados y fácilmente reproducibles. Al mismo tiempo, el concepto de sparring comenzó su evolución. Los primeros formatos de kumite dentro del sistema escolar consistían principalmente en sparring preestablecido y otros ejercicios altamente controlados. Estos reemplazaron los métodos de contacto continuo más libres del pasado, priorizando la seguridad y una demostración visible de la técnica sobre el compromiso impredecible y adaptativo que caracterizaba las artes de combate tradicionales de Ryukyuan.

Sin embargo la previsión de Itosu no se limitó únicamente a la reforma curricular; se extendió a una clara visión filosófica del futuro del arte. Su influyente "Diez Preceptos del Karate" (Tode Jukun)[14], escrito en 1908 y dirigido al Departamento de Educación de la Prefectura (y al Ministerio de Guerra), sirvió como un poderoso modelo para la legitimación pública del arte. Estos preceptos articulaban explícitamente una visión del Karate (ahora mencionado explícitamente por su nuevo kanji) como un medio para desarrollar cuerpos fuertes para el servicio nacional, fomentar el carácter moral y promover la salud. Este documento tuvo un profundo impacto, demostrando el pensamiento estratégico de Itosu al alinear el arte con objetivos nacionales más amplios, legitimando así su lugar en la esfera pública y estableciendo una dirección formativa para la siguiente generación de Karate-kas.

El puente entre eras

La profunda influencia de Itosu trascendió sus innovaciones pedagógicas directas; también desempeñó un papel vital en la preservación y transmisión de las antiguas tradiciones, continuando la instrucción de muchos de los estudiantes de Matsumura Sokon. Esto aseguró un puente crucial entre el linaje hermético y combativo del pasado y la nueva instrucción pública que él defendía. Entre sus estudiantes más destacados se encontraban Gichin Funakoshi (1868-1957), Kenwa Mabuni (1889-1952, fundador del Shito-ryu), Choshin Chibana (1885-1969, fundador del Shorin-ryu), Choki Motobu (1870-1944), Kentsu Yabu (1866-1937), Chomo Hanashiro (1869-1945) y Kanken Toyama (1888-1966). Cada uno de estos individuos propagaría la visión de Itosu y sus conocimientos heredados en diversas direcciones.

Esta época, por lo tanto, marcó un punto de inflexión crucial en la historia de las artes marciales okinawenses. Gracias a las reformas deliberadas de Itosu, el Te se transformó en un arte más accesible, aunque fundamentalmente alterado, listo para su espectacular expansión más allá de las costas de Okinawa. Gichin Funakoshi, profundamente influenciado por las innovaciones pedagógicas y el enfoque filosófico de Itosu, desempeñaría posteriormente un papel fundamental en la introducción y popularización del Karate en el Japón continental, sentando las bases para su drástica expansión y alcance global.

La expansión del karate al Japón continental

Tras una transformación significativa bajo las reformas de Itosu Anko en Okinawa, el Te estaba listo para su siguiente gran salto: su expansión al Japón continental. Este período crucial vio cómo un arte marcial típicamente okinawense evolucionó hasta convertirse en un "Budo japonés", alcanzando un mayor reconocimiento y sentando las bases para su eventual expansión global. En esta monumental empresa fue fundamental la incansable dedicación de Gichin Funakoshi (1868-1957), alumno directo tanto de Itosu Anko como de Anko Azato[15].

Gichin Funakoshi: Mensajero del Karate

La juventud de Funakoshi estuvo marcada por los dramáticos cambios que ocurrieron en su tierra natal. Nacido en una familia Peichin en Shuri, comenzó su trayectoria en las artes marciales un año después de que Okinawa se anexara a Japón, alrededor de los once años. Iniciado en las artes marciales por su amigo de la escuela, hijo del renombrado Anko Azato, Funakoshi pronto comenzó a entrenar formalmente con el mismo Azato y, más tarde, con Itosu Anko. A pesar de su destreza intelectual y su deseo de estudiar medicina, los profundos cambios sociales provocados por la Restauración Meiji, que desmanteló el sistema tradicional de clases de Ryukyu, le cerraron ese camino. En consecuencia, Funakoshi siguió un camino común para los hombres cultos de su época: convertirse en profesor. Esta formación, que combinaba un profundo entrenamiento marcial con una profesión académica, lo posicionó de manera única para impulsar la introducción del karate a un público nuevo y más amplio.

Los incansables esfuerzos de Funakoshi para promover el Karate en el continente comenzaron con circunstancias humildes, pero su persistencia condujo a importantes oportunidades para la demostración pública. En 1917, fue invitado a demostrar su arte marcial en una prestigiosa exhibición de educación física patrocinada por el Ministerio de Educación. Su cautivadora exhibición le valió una segunda invitación en 1922 cuando Jigoro Kano, el fundador del Judo, invitó a Funakoshi a dar una demostración en el dojo Kodokan en Tokio. Este evento fue crucial para introducir el karate en el Japón continental y fomentar su posterior crecimiento, lo que llevó al pináculo de estos primeros esfuerzos con una tercera actuación especial: una demostración de su arte para el Emperador y la Familia

Imperial. Esta exposición sin precedentes solidificó la legitimidad del Karate a los ojos de la élite japonesa, lo que impulsó a Funakoshi-sensei a tomar la trascendental decisión de permanecer en Japón y dedicar su vida a enseñar y promover su arte.

Shotokan y la configuración del Budo moderno

Este período se caracterizó por un proceso deliberado de "japonización", impulsado por la creciente ola de nacionalismo y militarismo japonés. Para ganar aceptación dentro del panorama establecido del Budo japonés, el Karate necesitaba desprenderse de sus connotaciones extranjeras de "mano china" (唐手); un cambio simbólico que alineó el arte con la filosofía marcial japonesa autóctona y enfatizó su naturaleza única y sin armas. Esta transformación se extendió a la terminología, con la adopción de conceptos establecidos del Budo como el dojo (sala de entrenamiento), el Karate-gi[16] y el sistema de clasificación kyu/dan[17], integrando aún más el Karate en la estructura formalizada del Budo japonés.

En este contexto de adaptación e integración, las enseñanzas de Funakoshi evolucionaron hacia lo que se conocería como Karate Shotokan. Aunque inicialmente se resistió a nombrar su estilo, su dojo en Mejiro, Tokio, pasó a llamarse "Shotokan" (松濤館), que significa "Salón de las Olas de Pino", en honor a su seudónimo, "Shoto". Esto marcó la formalización de su particular interpretación del Te de Okinawa en un estilo japonés distintivo. Funakoshi también sentó las bases para las estructuras organizativas que facilitarían la expansión del Karate, estableciendo asociaciones que con el tiempo serían fundamentales para la difusión del Shotokan en Japón y, posteriormente, en todo el mundo.

Forjando el camino hacia la internacionalización

El karate se presentó meticulosamente para alinearse con los valores culturales japoneses predominantes y la filosofía del Budo. El énfasis se trasladó más allá de la mera técnica física para abarcar la disciplina mental, la etiqueta rigurosa y el desarrollo espiritual. Se enmarcó como un camino hacia la superación personal y la formación del carácter, en profunda sintonía con el concepto japonés de Do (道, "camino" o "sendero"). Esta adaptación resultó particularmente efectiva en su introducción en las universidades, donde los clubes de karate rápidamente ganaron popularidad entre la juventud culta. Los influyentes clubes iniciales en instituciones como las universidades de Keio, Waseda y Takushoku se convirtieron en caldos de cultivo vitales para la expansión del arte. Los estudiantes, atraídos por la promesa de la disciplina física y mental, abrazaron el karate, y estos centros universitarios, en consecuencia, produjeron a muchos de los instructores de la siguiente generación que difundirían el arte por todo Japón y, finalmente, por todo el mundo.

Si bien el papel de Funakoshi fue indudablemente crucial, es importante reconocer que no estuvo solo en esta labor. Otros destacados maestros okinawenses también viajaron al Japón continental, contribuyendo a la difusión y diversificación del arte. Figuras como Kenwa Mabuni (fundador del Shito-ryu), Chojun Miyagi (fundador del Goju-ryu) y Choki Motobu aportaron sus estilos distintivos e interpretaciones del Te, enriqueciendo el naciente panorama del Karate japonés y asegurando una representación más amplia de sus raíces okinawenses. Sus esfuerzos colectivos consolidaron el Karate como un arte marcial reconocido y respetado en Japón. El establecimiento del Shotokan por parte de Funakoshi y el marco organizativo que él impulsó, junto con las contribuciones de estos otros maestros, sentaron las bases esenciales para la futura expansión del Karate más allá de las fronteras de Japón, sentando las bases para su drástica internacionalización tras la Segunda Guerra Mundial.

Karate global: crecimiento, deportividad y pérdida

Tras su exitosa consolidación y japonización en el continente, el karate emprendió su viaje más amplio: la globalización. Esta fase, en particular tras la Segunda Guerra Mundial, trajo consigo un crecimiento sin precedentes, pero también nuevos desafíos y debates constantes sobre la identidad y el propósito fundamentales del arte.

El karate se globaliza: expansión tras la Segunda Guerra Mundial y nuevas generaciones

La era posterior a la Segunda Guerra Mundial sirvió como catalizador crucial para la difusión mundial del karate. Para lograr una mayor aceptación y prosperar en este nuevo panorama global, el karate cambió estratégicamente su imagen pública, presentándose como un deporte competitivo y ejercicio físico en lugar de un arte de combate. Esta evolución restó importancia a sus aspectos más agresivos, incluyendo el kobudo (el estudio de las armas).

Un nuevo y vasto público surgió gracias a los militares estadounidenses destinados en Japón y Okinawa. Ya acostumbrados a la disciplina física, estos jóvenes solían aprovechar sus horas libres para entrenar. Impresionados por la estructura y la eficacia del karate, muchos buscaron instrucción directa de maestros locales. A su regreso a casa, estos militares se convirtieron en los primeros emisarios del karate en el extranjero, formando clubes populares que difundieron el arte al público extranjero.

Simultáneamente, una nueva generación de instructores japoneses altamente cualificados y dedicados comenzó a viajar internacionalmente. Estos maestros, fruto de los clubes universitarios de karate y de las metodologías estandarizadas desarrolladas por Itosu y Funakoshi, a menudo provenían de dos o tres generaciones diferentes de los guerreros eruditos originales del Reino de Ryukyu y sus prácticas de entrenamiento koryu (de la vieja escuela). Llevaron sus interpretaciones del karate a Norteamérica, Europa y más allá. Esta época marcó un profundo trasplante cultural, más allá de la mera instrucción técnica, lo que condujo a la rápida proliferación de escuelas de karate en todo el mundo.

Del kata a la competición

Con el auge internacional del karate, la necesidad de estandarización se hizo evidente, lo que condujo a la formación de organizaciones internacionales. Surgieron federaciones como la Asociación Japonesa de Karate (JKA), la Federación Mundial de Karate (WKF) y la Federación Internacional de Karate Tradicional (ITKF), con el objetivo de regular las técnicas, establecer sistemas de clasificación y, significativamente, estandarizar las reglas de competición. Este afán de uniformidad allanó el camino para el auge del karate deportivo. El énfasis se desplazó hacia el kumite y el kata de competición, con el desarrollo de reglamentos específicos, categorías de peso y la introducción de equipos de seguridad. El deseo de un mayor atractivo impulsó esta evolución y, en última instancia, condujo a la inclusión del karate en los Juegos Olímpicos de Tokio 2020.

El impacto en las prácticas "tradicionales": ¿un recuerdo que se desvanece?

Si bien la expansión global y la deportividad aportaron una visibilidad sin precedentes al karate, también tuvieron un impacto profundo y a menudo perjudicial en las prácticas tradicionales. El intenso enfoque en el rendimiento competitivo y la adherencia a las reglas específicas del deporte marginaron aún más los principios matizados del combate cuerpo a cuerpo que definieron el Te okinawense originario. Las técnicas tradicionales, como el Tuidi y la mecánica corporal sutil, fueron cada vez menos valoradas o directamente eliminadas de los planes de estudio convencionales, y la naturaleza dinámica e improvisada del sparring tradicional de contacto continuo fue reemplazada por un kumite más formalizado y basado en puntos. En muchos contextos, el arte se convirtió en una sombra de su antiguo carácter combativo, priorizando la estética y el rendimiento atlético sobre su eficacia original de autodefensa. Este cambio ha llevado a una situación en la que, posiblemente, la mayoría de los practicantes de karate en todo el mundo hoy en día ni siquiera están familiarizados con estos términos, y mucho menos con los profundos conceptos y aplicaciones prácticas que representan.

Redescubriendo el alma del Karate

Tras su exitosa consolidación y japonización en el continente, el karate emprendió su viaje más amplio: la globalización. Esta fase, en particular tras la Segunda Guerra Mundial, trajo consigo un crecimiento sin precedentes, pero también nuevos desafíos y debates constantes sobre la identidad y el propósito fundamentales del arte.

Esta divergencia ha encendido un debate continuo y a menudo apasionado de 'Tradicional vs. Deportivo' dentro de la comunidad global del Karate.

Los defensores del Karate tradicional abogan por la preservación y el redescubrimiento de los principios combativos originales del arte, haciendo hincapié en su utilidad para la defensa personal, su profundidad filosófica y su integridad histórica. Como afirmó Choki Motobu, "Nada es más perjudicial para el mundo que un arte marcial que no es efectivo en la defensa personal real". Este sentimiento refleja la preocupación de que la deportivización haya diluido el arte, convirtiéndolo en un simple juego. Por el contrario, los partidarios del Karate deportivo destacan sus beneficios para la aptitud física, la disciplina y el alcance global logrado a través de la competición, argumentando que la adaptación es necesaria para la continua relevancia del arte en el mundo moderno. Como el propio Gichin Funakoshi declaró: "El objetivo final del karate no reside ni en la victoria ni en la derrota, sino en la perfección del carácter".

Esta discusión en curso refleja una tensión fundamental sobre la identidad del Karate. Sin embargo, en las últimas décadas ha surgido una tendencia creciente y alentadora a reevaluar las raíces. Investigadores y practicantes dedicados, al igual que el lector involucrado en este mismo estudio, están trabajando activamente para redescubrir y reintegrar principios y prácticas históricas perdidas. Esto implica un estudio meticuloso de textos antiguos, el análisis de los *kata* fundamentales para sus aplicaciones originales y un renovado interés en las metodologías de entrenamiento de los maestros de Okinawa. Este movimiento busca salvar la brecha entre el deporte moderno, ampliamente practicado, y la rica herencia combativa de *Te*, asegurando que el alcance completo del legado del Karate sea comprendido y preservado para las futuras generaciones."

Un legado vivo de adaptación

El notable recorrido del Karate, desde el recóndito Reino de Ryukyu hasta su estatus como arte marcial global, es un testimonio de su inherente adaptabilidad y de la visión de sus maestros pioneros. Esta compleja evolución comenzó con las reformas estratégicas de Itosu Anko en Okinawa, transformando el *Te* en una disciplina de educación física pública mediante *kata* y métodos de entrenamiento simplificados. Este cambio inicial, que surgió de la necesidad de supervivencia en un panorama político cambiante, sentó las bases para una aceptación más amplia del arte.

La posterior expansión al continente japonés, impulsada por figuras como Gichin Funakoshi, marcó una fase crucial de 'japanización'. Aquí, el Karate se despojó de sus connotaciones extranjeras, adoptando la terminología del *Budo* japonés y principios filosóficos para alinearse con los ideales nacionalistas. El establecimiento de estilos distintivos como el Shotokan y la introducción del Karate en los clubes universitarios consolidaron su lugar dentro de la sociedad japonesa. Sin embargo, la transformación más significativa ocurrió después de la Segunda Guerra Mundial, cuando el Karate irrumpió en la escena internacional. Impulsado por el interés de los militares estadounidenses y la dedicación de instructores japoneses, el arte se extendió por todo el mundo, lo que llevó a la formación de federaciones internacionales y al innegable auge del Karate Deportivo.

Esta difusión global, si bien aseguró una popularidad sin precedentes y el reconocimiento olímpico, tuvo un coste profundo: el paulatino desplazamiento y, en muchos contextos mayoritarios, el casi olvido de los principios combativos originales del Karate. La sutil mecánica corporal de *Muchimi* y *Kakei*, la lucha de agarre de *Tuidi*, que definían la efectividad del arte, a menudo fueron sacrificados en favor de técnicas estandarizadas, estéticamente agradables y más seguras orientadas al deporte. Esto ha alimentado un debate continuo de 'Tradicional vs. Deportivo', que refleja una tensión fundamental en la comunidad sobre la verdadera identidad del Karate.

Sin embargo, dentro de este legado dinámico de adaptación, también hay esperanza. La creciente tendencia a 'reevaluar las raíces' es un indicio de un deseo colectivo de tender un puente entre la práctica moderna y la intención histórica. Al investigar meticulosamente y esforzarse por reintegrar los principios combativos perdidos, los practicantes contemporáneos están trabajando para recuperar el alcance completo de la herencia del Karate. Por lo tanto, la historia del Karate no es solo una historia de evolución, sino de una búsqueda continua de equilibrio; es un arte en equilibrio entre sus raíces históricas de combate y su identidad global contemporánea.

Notas:

1.   Te (手) Tradiciones nativas de combate cuerpo a cuerpo de Okinawa, que significan "mano". Estas fueron las bases de lo que posteriormente se conocería como Karate.

2.   Budo (武道) Término japonés para las artes marciales, que abarca el judo, el kendo, el karate –do y otras. Enfatiza el desarrollo personal y la práctica ética.

3.   Keimochi (Chiimuchi) se refiere a un término utilizado en el Reino Ryukyu (actual Okinawa) para designar a aquellos individuos y familias que poseen un registro de linaje familiar.

4.   Las investigaciones sugieren que Nagahama Chikudun Peichin podría ser Nagahama Sohei, nacido en 1830, según los registros familiares de la familia Nagahama en Naha.

5.   Matsumura Sookon (1809-1899) : Considerado ampliamente como una figura fundamental del karate Shorin-ryu moderno , Matsumura Sookon fue un artista marcial muy influyente que sirvió como guardaespaldas del rey de Ryukyu. Es recordado por su importante papel en la síntesis de diversas técnicas de mano vacía. estilos con influencias del Shaolin chino, sentando gran parte de las bases para lo que se convertiría en el Karate de Okinawa contemporáneo.

6.   Shoo Tai (1843-1901) . Último rey del Reino de Ryukyu. Gobernó hasta 1879, cuando Japón anexó oficialmente Ryukyu y estableció la prefectura de Okinawa.

7.   Restauración Meiji (1868) Un importante movimiento de reforma política y social en Japón que puso fin al shogunato Tokugawa, centralizó el poder imperial y condujo a la anexión de Okinawa.

8.   A Chomo Hanashiro (1869–1945), alumno de Matsumura Sookon e Itosu Anko, se le atribuye ser uno de los primeros en utilizar públicamente el kanji 空手 (que significa "mano vacía") para Karate.

9.   Kakidi (掛け手): Ejercicio tradicional okinawense de pareja que desarrolla la sensibilidad táctil y la fluidez en combates a corta distancia. Conocido como "manos de gancho".

10.   Kakedameshi (掛け試し) Un método de combate que evoluciona a partir de Kakidi, que permite el intercambio semi libre de técnicas enfatizando la adaptación en tiempo real.

11.   Tuidi (取手) "Mano que agarra"; técnicas okinawenses de bloqueo y control de articulaciones similares al Chin Na chino o al Aiki-jutsu japonés. Un

elemento clave del Te temprano.

12.   Muchimi (むちみ) "Cuerpo pegajoso" o "movimiento pesado". Describe un movimiento de cuerpo entero, conectado y arraigado, esencial para la fuerza del agarre y el golpe.

13.   Kakei (かけい) Conexión táctil continua que permite al practicante sentir y responder a los movimientos de un oponente en contacto cercano.

14.   Diez preceptos del karate (Tode Jukun) Un documento escrito por Itosu en 1908 que describe los beneficios morales, físicos y educativos del karate, presentado a las autoridades de Okinawa y al Ministerio de Guerra.

15.   Anko Azato (1827–1906). Maestro de artes marciales de Ryukyu y mentor de Funakoshi. Conocido por su precisión e inteligencia táctica en la práctica del karate. JKA (Asociación Japonesa de Karate). Fundada en 1949, fue la primera organización nacional de karate en Japón y desempeñó un papel crucial en la deportividad y la difusión internacional del Shotokan.

16.   Karate gi: uniforme de entrenamiento para practicantes de Karate, adoptado y estandarizado en Japón junto con el sistema de clasificación kyu/dan.

17.   Sistema de clasificación Kyu/dan: un sistema de clasificación basado en cinturones que se originó en el judo y fue adoptado en las artes marciales japonesas para indicar progreso y habilidad.

El corazón perdurable
Artes marciales e identidad cultural en la Okinawa moderna

Una tradición viva

En la tenue luz del amanecer de una playa de Okinawa, mientras los primeros rayos de sol besan el horizonte, una figura solitaria se mueve con los precisos y poderosos movimientos de un kata, el único sonido es el susurro de las olas y el chasquido concentrado de su gi. Esta no es una actuación para un público, sino una comunión profunda y personal con una tradición que corre tan profundo como las raíces de la isla. Estos momentos, a menudo invisibles para el observador casual, son testimonios vibrantes de la presencia perdurable de las artes marciales en la Okinawa contemporánea. Si bien el fenómeno global del Karate a menudo eclipsa sus orígenes isleños, esta dedicación silenciosa sirve como un poderoso recordatorio de que las artes no son simplemente una curiosidad histórica, sino una parte viva y vibrante de la identidad moderna de las Islas Ryukyu.

La trayectoria de las artes marciales okinawenses, desde la ingeniosa adaptación de herramientas cotidianas a formidables armas hasta su desarrollo clandestino bajo las circunstancias únicas de la ocupación Satsuma, ha sido un testimonio de la resiliencia humana y la innovación pragmática. Estas artes, moldeadas tanto por la nobleza académica yukatchu como por la gente común, nunca fueron artefactos históricos estáticos. Fueron, y siguen siendo, tradiciones dinámicas, transmitidas de generación en generación, evolucionando pero conservando su esencia fundamental.

El karate y el kobudo tradicionales de Okinawa no son solo de Okinawa; permanecen profundamente arraigados en Okinawa, arraigados en el corazón de su gente y fundamentales para su identidad cultural moderna. Esta profunda conexión persiste a pesar de, y quizás incluso gracias a, la atención global que estas artes despiertan actualmente. Exploraremos cómo este legado vivo se manifiesta a través de la práctica intergeneracional en las familias y comunidades okinawenses, las iniciativas estratégicas de protección del gobierno y el turismo, y el férreo orgullo colectivo que configura su evolución contemporánea y su interacción con el mundo.

El ritmo de la vida cotidiana: Karate y Kobudo en las comunidades de Okinawa

Para comprender verdaderamente la esencia perdurable del karate y el kobudo de Okinawa, es necesario mirar más allá de los grandes escenarios internacionales y adentrarse en los espacios íntimos donde la tradición verdaderamente vive: los dojos, los hogares familiares y la esencia misma de las comunidades locales. Aquí, estas artes no son solo disciplinas para aprender; son un pulso, un ritmo que se transmite de generación en generación, encarnando una continuidad que desafía la implacable marcha de la modernidad.

El dojo como foco cultural

En Okinawa, el dojo tradicional es mucho más que un simple espacio de entrenamiento de técnicas físicas. Es un vibrante centro comunitario, un segundo hogar donde se forjan vínculos, se imparte sabiduría y se celebra un patrimonio cultural compartido. A diferencia de los gimnasios, a menudo comerciales o puramente deportivos, que se encuentran en muchas partes del mundo, un dojo okinawense sirve con frecuencia como nexo de mentoría y transmisión cultural. Aquí, el énfasis va más allá de perfeccionar un golpe de puño o una patada; abarca el cultivo del carácter, la comprensión de la historia y la creación de relaciones para toda la vida. Los estudiantes, desde los pequeños que dan sus primeros pasos con un gi hasta los veteranos que aún perfeccionan su kata, se convierten en parte de una gran familia, unidos por el respeto mutuo y una dedicación compartida al do. Este profundo sentido comunitario fomenta un sentido de pertenencia y responsabilidad, asegurando que el arte permanezca arraigado en la vida de las personas, no solo en la teoría abstracta.

Aprendizaje permanente y transmisión familiar

El camino hacia el karate y el kobudo suele comenzar a una edad muy temprana para los niños de Okinawa, no como una actividad extracurricular estructurada, sino como una extensión natural de la vida familiar y comunitaria. Es común ver a niños descubrir estas artes a través de centros comunitarios locales, dojos modestos de barrio o, aún más impactante, a través de tradiciones familiares directas. Padres y abuelos, muchos de los cuales son practicantes, fomentan activamente la participación, considerándola no solo como una actividad física, sino como un aspecto fundamental de la formación cultural y del carácter.

Esta inmersión temprana fomenta una comprensión profunda e intuitiva del arte. La relación entre sensei (profesor) y sempai (alumno senior) y kohai (alumno junior) en el contexto local trasciende la simple dinámica instructor-alumno; a menudo se asemeja a los lazos familiares o de clan. El sensei es una figura paternal que guía no solo la técnica, sino también la vida. El sempai asume el rol de los hermanos mayores, mentores y apoyo a sus kohai. Esta intrincada red de relaciones crea un ambiente de aprendizaje continuo y apoyo mutuo, donde el conocimiento fluye orgánicamente, asegurando la transmisión viva del arte.

El carácter como currículo

En el corazón mismo de las artes marciales de Okinawa reside un profundo énfasis en la formación del carácter. Más allá de las técnicas físicas, las artes están meticulosamente diseñadas para inculcar disciplina, perseverancia y, quizás lo más crucial, respeto (reigi) y humildad. Cada reverencia, cada respiración concentrada, cada movimiento repetitivo es una lección de autocontrol y deferencia. Este énfasis en el reigi se extiende más allá del dojo, moldeando las interacciones en la vida diaria y fomentando una sociedad armoniosa.

Esta dedicación a la conducta ética y al crecimiento personal eleva la práctica más allá del mero combate, convirtiéndola en un "camino" o "sendero": el do. Es un viaje vitalicio de autodescubrimiento y perfeccionamiento, donde el dominio técnico es inseparable del cultivo moral. Los practicantes de Okinawa comprenden que la verdadera fuerza del karate no reside en la fuerza bruta, sino en la mente y el espíritu disciplinados. Estos valores —disciplina, respeto, perseverancia y humildad— se consideran vitales para el bienestar de la sociedad okinawense, encarnando una fuerza serena que ha acompañado a las islas a través de siglos de desafíos. Por lo tanto, las artes marciales no se tratan solo de luchar; se trata de vivir, de convertirse en un mejor ser humano.

Manifestaciones festivas y celebraciones públicas

La esencia de esta práctica intergeneracional se capta mejor a través de las voces e historias de quienes la encarnan. Quizás escuches historias de un sensei anciano, cuyo cuerpo aún ágil demuestra un kata con una potencia que desmiente su edad. Sus movimientos sirven como un archivo viviente de generaciones de conocimiento. O quizás escuches a una niña, de no más de siete años, que explica con orgullo cómo practicar karate la ayuda a concentrarse en la escuela y a respetar a sus mayores.

Pensemos en la familia Kise, cuyo dojo en la ciudad de Okinawa es un vibrante testimonio de esta tradición viva. Recuerdo haber visitado su dojo, donde el aire vibraba con una energía disciplinada. Allí, observé a Kise Isao Sensei, un hombre cuyos movimientos llevaban el peso de décadas de práctica dedicada, guiando a su joven nieto a través de las intrincadas formas de su linaje. El nieto, de unos ocho o nueve años, imitaba la precisión del juego de pies y los potentes golpes de su abuelo con una seriedad que decía mucho de su profunda inmersión en la práctica. Con suaves correcciones y ánimos serenos, Kise Sensei no solo enseñaba técnicas; transmitía un estilo de vida; un vínculo directo con las raíces de Matsumura Seito. A menudo enfatiza que «El karate no se trata solo de luchar; se trata de forjar el carácter, de comprenderse a uno mismo y el lugar que uno ocupa en el mundo». Esta dedicación multigeneracional, donde la sabiduría de los mayores se integra a la perfección con el espíritu entusiasta de los jóvenes, encapsula la esencia misma de la perdurabilidad de las artes marciales de Okinawa. Estas narraciones personales, ricas en dedicación y orgullo silencioso, sirven como poderosos recordatorios de que el corazón de las artes marciales de Okinawa late con más fuerza dentro de las familias y comunidades que continúan viviendo y respirando sus tradiciones.

Esta conexión profundamente arraigada entre las artes marciales y la comunidad encuentra una de sus expresiones más vívidas en los numerosos festivales culturales de la isla, donde la tradición se muestra orgullosa a la vista del público.

En Okinawa, las artes marciales no son solo disciplinas privadas, sino que se practican con orgullo y en público, integrándose al ritmo de la vida cotidiana y las celebraciones. En ningún otro lugar esto es más evidente que en los festivales culturales que marcan el calendario de la isla. Durante estas vibrantes reuniones comunitarias, el karate y el kobudo son tan esenciales como los tambores, la danza y la gastronomía.

En el Festival Eisa de Okinawa, el ambiente se anima con el estruendo de los tambores taiko y los movimientos rítmicos de los jóvenes danzando en armonía coreografiada. En medio de esta celebración de los espíritus ancestrales y la energía juvenil, los dojos locales suelen subir al escenario para realizar demostraciones de katas y armas tradicionales. Estos actos conectan la esencia espiritual de Eisa con la disciplina centrada en la herencia de las artes marciales. Estas actuaciones no son meramente ornamentales; sirven como reafirmaciones culturales de que el espíritu de Te continúa floreciendo entre las generaciones más jóvenes.

De igual manera, en el Festival de la cuerda de Naha, una de las celebraciones más grandes y antiguas de Okinawa, miles de personas se reúnen para rituales y festejos centrados en un enorme y simbólico tirón de cuerda. Además del tira y afloja y los desfiles tradicionales, se realizan demostraciones de artes marciales en calles y plazas públicas. Niños vestidos con impecables gi y ancianos empuñando sai o bo pulidos actúan codo a codo, representando no solo a sus dojos, sino también a sus barrios, familias y el orgullo imperecedero de su isla.

Estas exhibiciones públicas van más allá del mero entretenimiento; son rituales profundamente arraigados de transmisión cultural e identidad. Participar en un festival es integrarse en un linaje vivo, conmover la memoria de los ancestros y declarar, con movimiento y espíritu, que la llama marcial de Okinawa no se ha apagado, sino que danza vibrante en el corazón de su cultura.

Administración y estrategia: preservando un legado vivo

Más allá del ámbito familiar y comunitario, la perdurable presencia de las artes marciales okinawenses también se ve influenciada por una perspectiva más institucional y estratégica. En las últimas décadas, el Gobierno de la Prefectura de Okinawa, reconociendo el profundo valor cultural y económico del karate y el kobudo, ha participado activamente en la salvaguardia y promoción de estas tradiciones. Sin embargo, este compromiso presenta un delicado equilibrio entre las oportunidades y los desafíos que surgen cuando una práctica cultural profundamente arraigada se adapta a las demandas del turismo moderno y el desarrollo económico.

Iniciativas gubernamentales e infraestructura

El Gobierno de la Prefectura de Okinawa ha emprendido importantes iniciativas para apoyar y preservar sus artes marciales tradicionales, reconociendo su condición de patrimonio cultural inmaterial. Estos esfuerzos van más allá del simple reconocimiento e incluyen apoyo tangible mediante la financiación de centros culturales, investigación especializada y programas de intercambio internacional.

Un excelente ejemplo de este compromiso es el Okinawa Karate Kaikan, una magnífica instalación inaugurada en 2017. Más que una simple sala de entrenamiento, el Kaikan sirve como centro neurálgico para la comunidad global del karate, con un dojo tradicional, un museo dedicado a la historia del karate e instalaciones para seminarios y eventos internacionales. Para los practicantes locales, es un símbolo de orgullo y un recurso para el estudio avanzado y la conexión cultural. Para los visitantes extranjeros, representa un lugar de peregrinación, ofreciendo un vínculo directo con los orígenes del arte. Por lo tanto, el Kaikan encarna la visión estratégica del gobierno: proporcionar una instalación de primer nivel que apoye tanto la preservación local como la difusión internacional, actuando como un referente para la autenticidad del arte.

Crecimiento y dificultades del turismo del karate

La promoción estratégica del "Turismo de Karate" se ha convertido en una iniciativa importante para el gobierno de Okinawa y las empresas locales, con el objetivo de atraer a practicantes extranjeros y generar ingresos esenciales para la economía de la isla. Esta iniciativa invita a entusiastas de todo el mundo a entrenar en la fuente misma de estas artes, a conocer el lugar sagrado donde se forjaron, a aprender directamente de los maestros vivos de las artes marciales de Okinawa y a sumergirse en el rico entramado cultural del que surgieron. Los beneficios económicos son evidentes: un notable aumento de la clientela en los dojos tradicionales, un crecimiento de las tiendas especializadas en artículos de artes marciales y un impulso a los servicios de alojamiento, restaurantes y transporte locales.

Sin embargo, como practicante que observa este fenómeno en desarrollo, soy plenamente consciente de la tensión inherente que introduce la comercialización. ¿Puede la autenticidad realmente prosperar bajo tal escrutinio? El acto de presentar y promocionar algo tan arraigado al consumo externo plantea preguntas cruciales. ¿Acaso la búsqueda de la viabilidad económica, si bien necesaria, corre el riesgo de diluir sutilmente los principios fundamentales del arte? Puede empujar a los practicantes hacia exhibiciones superficiales en lugar de fomentar un profundo cultivo interno. Si bien la afluencia de interés extranjero sin duda aporta apoyo financiero y amplía el reconocimiento global, también impone una carga sutil sobre los maestros tradicionales y su dojo: la enorme responsabilidad de mantener una integridad inquebrantable en medio de las crecientes presiones comerciales. Es, sin duda, un delicado equilibrio entre compartir un legado preciado y salvaguardar su esencia.

Por otro lado, este intercambio internacional permite a los maestros okinawenses compartir su invaluable conocimiento con un público global, reafirmando la legítima posición de la isla como cuna del karate. Estas interacciones no solo fomentan la comprensión intercultural, sino que también, crucialmente, aseguran la vitalidad continua de estas profundas tradiciones al exponerlas a nuevas generaciones de estudiantes dedicados de todo el mundo. Si bien un observador imparcial podría ver el interés externo como una amenaza potencial para la pureza del arte, muchos practicantes okinawenses, arraigados en su cultura, lo aceptan como un testimonio del atractivo universal del arte y una oportunidad para asegurar su transmisión precisa e intachable en todo el mundo, reforzando la contribución cultural única y perdurable de Okinawa a la humanidad.

Compromiso empresarial e integración económica

Más allá de las iniciativas gubernamentales directas, las empresas locales de Okinawa también desempeñan un papel crucial en el apoyo a la comunidad de las artes marciales. Existen numerosos ejemplos de empresas locales, desde pequeñas tiendas hasta grandes corporaciones, que patrocinan dojos, financian eventos locales de artes marciales o apoyan a artistas marciales individuales. Esta colaboración refleja una profunda comprensión cultural de que el karate y el kobudo no son meros pasatiempos, sino partes integrales de la vida okinawense, que merecen una inversión comunitaria continua.

Además, la imagen de marca de las artes marciales suele integrarse a la perfección en el comercio y la identidad locales. Se pueden encontrar motivos de artes marciales en diversos productos locales, desde artesanías tradicionales con diseños icónicos de karate hasta restaurantes modestos que exhiben con orgullo fotografías de maestros consagrados. Esta amplia integración subraya cómo las artes marciales impregnan la vida cotidiana, el comercio y la identidad colectiva de Okinawa.

Orgullo y preservación: el espíritu de Okinawa en defensa del Do

Más allá de las iniciativas estructuradas del gobierno y el flujo y reflujo de la participación económica, yace una fuerza más visceral y profunda que salvaguarda el karate y el kobudo de Okinawa: el orgullo feroz de su gente. Este no es un orgullo nacido de la arrogancia, sino uno profundamente arraigado en la identidad, la resiliencia y la custodia colectiva de un legado forjado en el crisol de la historia. Es un desafío silencioso, un compromiso firme con la preservación de la llama sagrada del espíritu marcial único de su isla. Esta sección, para mí, es la columna vertebral de este trabajo, la cúspide emocional y filosófica donde la tradición viva verdaderamente resuena.

El karate como identidad cultural

Para muchos okinawenses, sus artes marciales están inextricablemente ligadas a su identidad, lo que las distingue poderosamente del Japón continental. En una historia marcada por la subyugación y las presiones culturales, el karate y el kobudo surgieron como símbolos de supervivencia y resistencia cultural. Representan un espíritu único de Ryukyu, testimonio de la capacidad de resistir, adaptarse y, en última instancia, prosperar incluso bajo la sombra del dominio extranjero. La narrativa histórica de resiliencia bajo la ocupación no es solo un capítulo del pasado; es un recuerdo vivo, entretejido en la esencia de cada kata, de cada técnica. Estas artes son un recordatorio constante del ingenio y la fuerza serena de sus antepasados, una fuente de profundo orgullo local que trasciende la mera destreza física. Practicar karate en Okinawa no es solo aprender defensa personal; es conectar con un linaje de resistencia, un espíritu de perseverancia que define el alma de la isla. Como afirmó el difunto Gran Maestro Shoshin Nagamine, fundador del Matsubayashi- ryu: «El karate es el espíritu de Okinawa. Es el espíritu de la superación de la adversidad». Este sentimiento captura la esencia del Uchina-damashii —el espíritu okinawense—, una voluntad serena e indomable de perseverar, profundamente arraigada en su herencia marcial.

Guardianes de la integridad

Esta profunda conexión con la identidad alimenta un deseo poderoso, casi sagrado, entre los practicantes okinawenses de mantener el "verdadero" Karate y Kobudo. Este compromiso a menudo se manifiesta como una resistencia a lo que se percibe como la "deportividad"o las interpretaciones superficiales del arte, en particular las que han ganado gran popularidad fuera de Okinawa. El "Espíritu Okinawense" en las artes marciales no es un concepto vago; es un núcleo innegociable que prioriza la fuerza interior, la aplicación práctica y la conducta ética por encima de los elogios competitivos o las demostraciones ostentosas. Existe una crítica discreta, pero firme, a las influencias externas que se perciben como diluyentes de la esencia del arte, convirtiendo un do profundo en un mero juego. Creo que Gichin Funakoshi lo expresó mejor cuando dijo: "Quieren los movimientos, pero no quieren el corazón. El corazón está aquí, en Okinawa".

La preservación de las artes marciales de Okinawa no se deja al azar; es un deber compartido, una responsabilidad colectiva profundamente sentida por los instructores experimentados y gran parte de la comunidad en general. Existe un compromiso inquebrantable con la transmisión de tradiciones precisas, garantizando que los matices de cada técnica, el contexto histórico de cada kata y los fundamentos filosóficos del arte se transmitan sin concesiones. Este énfasis en el linaje y el aprendizaje continuo de los maestros locales es primordial. Se anima a los estudiantes no solo a imitar movimientos, sino también a comprender el "porqué" que los sustenta, a interiorizar los principios que hacen que el arte sea efectivo y significativo. Este sentido de responsabilidad compartida crea un vínculo poderoso y vivo con los ancestros que forjaron estas formas. Cuando un practicante realiza un kata, no solo ejecuta técnicas; encarna la historia, canaliza el espíritu de quienes lo precedieron. Es un profundo acto de recuerdo y continuidad, que lleva el peso de años de dedicación compartida y la silenciosa promesa de un esfuerzo continuo.

Testamentos físicos del patrimonio

El orgullo feroz de Okinawa se refleja en el paisaje de la isla. Estatuas de maestros venerados, monumentos que conmemoran eventos históricos en el desarrollo del karate y placas que detallan dojos importantes sirven como recordatorios constantes y visibles de su herencia. El Okinawa Karate Kaikan, mencionado anteriormente, es quizás el ejemplo más destacado, cuya arquitectura evoca las tradicionales puertas de los castillos okinawenses. Más allá de los grandes monumentos, el orgullo también se encuentra en símbolos más personales: un certificado de linaje meticulosamente conservado, transmitido de generación en generación, o un cinturón negro usado, atado en su día por un maestro venerado, ya fallecido, que lleva el peso de años de dedicación compartida y la silenciosa promesa de un esfuerzo continuo. Estas manifestaciones físicas son más que simples adornos; son espacios sagrados, puntos de peregrinación y poderosos símbolos que refuerzan las artes marciales como parte integral y célebre de la vida okinawense. Se yerguen como centinelas silenciosos, encarnando el espíritu perdurable de la isla y su inquebrantable compromiso con su singular legado marcial.

El legado que vive

El recorrido por el panorama vivo del karate y el kobudo okinawenses revela una forma de arte mucho más rica y profunda de lo que su popularidad global suele sugerir. Hemos visto cómo la práctica intergeneracional, cultivada en la intimidad de dojos y familias, conforma el pulso mismo de estas tradiciones, inculcando valores de disciplina y respeto que van mucho más allá de la técnica física. Hemos examinado los esfuerzos estratégicos del gobierno okinawense y las empresas locales para salvaguardar este patrimonio, buscando el delicado equilibrio entre la preservación cultural y las oportunidades que ofrece el turismo global. Y, lo que es más contundente, hemos sentido el férreo orgullo del pueblo okinawense, un profundo compromiso con sus artes marciales como parte inseparable de su identidad, una silenciosa resistencia forjada en siglos de resiliencia.

Este es el desafío constante y la belleza imperecedera de las artes marciales okinawenses: equilibrar las exigencias de la modernidad y el alcance global con un compromiso inquebrantable con la autenticidad. La tensión es real, el camino a menudo complejo, pero la determinación de mantener el "verdadero" do permanece firme. ¿Qué asegura la vitalidad continua de las artes marciales okinawenses en su tierra natal, a pesar de las presiones de la comercialización y el atractivo del deporte? Quizás sea precisamente este orgullo arraigado, este continuo compromiso local y la profunda comprensión de que el corazón del karate no late en grandes arenas, sino en la silenciosa dedicación de cada practicante. Resuena en el susurro de las olas en una playa al amanecer, un ritmo atemporal que fluye del pasado al futuro. Es un legado no solo preservado, sino perpetuamente vivido, una línea de huellas en el polvo del dojo, cada una testimonio de un espíritu perdurable.

Glosario

A

Aji (按司) – Señores regionales del Reino Ryukyu, a menudo de linaje noble, responsables de gobernar los dominios locales.

Ananku (安南空/アーナンクー) – Ver el capítulo sobre Ananku Kata. Un kata moderno atribuido a Choo toku Kyan

Atemi-waza (当身技) – Técnicas de golpe dirigidas a puntos vitales.

B

Bô (棒) – Bastón de seis pies, el arma de kobudo más fundamental. **Bojutsu** (棒術) – El arte de la lucha con bastón (bo = bastón, jutsu = técnica).

Budo (武道) – "Vía Marcial". Término japonés que se refiere a las disciplinas marciales como caminos de cultivo físico y moral. **Bunbu Ryodo** (文武両道) – "El camino dual de las artes literarias y marciales"; el ideal de equilibrar la erudición con la destreza marcial.

Bunkai (分解) – Análisis y aplicación de los movimientos de kata en escenarios prácticos de combate.

Bushi (武士) – Guerrero; en el contexto de Okinawa, a menudo se aplica a los practicantes de artes marciales de clase noble.

Butokukai (武徳会) – "Sociedad de Virtud Marcial" japonesa que influyó en la estandarización de las artes marciales a principios del siglo XX.

C

Chinkuchi (チンクチ) – Concepto okinawense de poder integrado, que combina la estructura esquelética, la respiración y la intención.

Chikudun Peichin (筑登之親雲上): clase peichin de rango medio dentro de la sociedad Ryukyuan; Muchos instructores de artes marciales procedían de este nivel.

Confucianismo (儒教, Jukyoo): sistema filosófico chino profundamente arraigado en el gobierno y la educación de Ryukyu, que enfatiza la jerarquía, la moralidad y el orden.

D

Do (道) – "Camino" o "sendero"; en artes marciales, denota un viaje de toda la vida de disciplina, práctica y cultivo moral (por ejemplo, Karate -do).

Dojo (道場) – Sala de entrenamiento; literalmente "lugar del camino".

E

Eku (エーク/橈) – Remo utilizado como arma, originario de las comunidades pesqueras.

Enbusen (演武線) – Línea de ejecución o patrón de suelo de un kata.

G

Gedanh-barai (下段払い) – Bloqueo de barrido hacia abajo.

Gojûshiho (五十四歩) – Ver el capítulo sobre Gojushiho Kata. **Gusuku** (城) – Castillos/fortalezas de Okinawa, a menudo vinculados a la defensa marcial.

I

Ibuki (息吹/息吹き) – Método de respiración audible y explosivo utilizado en kata como Sanchin; comparable a los métodos de respiración de qigong.

Índice – Ver Zanshin.

J

Jitte (十手) – Véase el capítulo sobre el kata Jitte. También se refiere a un arma japonesa similar a una porra.

Jodan-uke (上段受け) – Bloqueo de nivel superior.

K

Kakidî (掛け手) – Manos enganchadas; Entrenamiento de sensibilidad táctil fundamental para el agarre de Okinawa (tuite).

Kakedameshi (掛け試し) – "Manos a prueba"; combate de estilo libre derivado de kakidi.

Kama (鎌) – Arma en forma de hoz adaptada de la agricultura, a menudo utilizada en pares.

Kamae (構え) – Postura de guardia o preparada.

Kanegawa (金川) – Apellido vinculado al kata kobudo que involucra armas especializadas como nichoo gama y tinbee.

Kanshiwa (観士和) – Kata que combina influencias de Kanryu Higaonna y Shoo shin Nagamine. Ver el Capítulo sobre Kanshiwa Kata.

Karate (空手) – "Mano vacía". Arte marcial de Okinawa, desarrollado a partir de influencias indígenas te y chinas, estandarizado a finales del siglo XIX y principios del XX.

Kata (型/形) – Forma prescrita; Patrón de entrenamiento que codifica los principios del combate.

Kiai (気合) – Grito espiritual que coordina la respiración y la intención.

Kiba- dachi (騎馬立ち) – Postura de equitación.

Kihon (基本) – Técnicas básicas o fundamentos.

Kobudô (古武道) – "Antiguas costumbres marciales"; en Okinawa, se refiere específicamente a las artes de armas clásicas.

Kokutsu-dachi (後屈立ち) – Postura trasera.

Koryû (古流) – "Viejas escuelas". Término japonés para las tradiciones marciales anteriores a Meiji; algunas influyeron en la práctica de Okinawa a través de Satsuma.

Kumite (組手) – Ejercicio de combate o combate en pareja.

Kusanku (公相君) – Ver el capítulo sobre Kusanku Kata. Kata lleva el nombre de un enviado chino a Ryukyu.

M

Restauración Meiji (明治維新): reformas políticas y culturales japonesas que comenzaron en 1868 y que afectaron gravemente los sistemas marciales y sociales de Okinawa.

Muchimi (ムチミ) – Cualidad de movimiento "pegajosa/pesada"; movimiento corporal conectado y arraigado.

Musubidachi (結び立ち) – Postura con los talones juntos.

Mushin (無心) – "Sin mente", un estado de desapego en el combate.

N

Naihanchi-dachi (ナイハンチ立ち) – Postura lateral utilizada en Naihanchi kata.

Nichôgama (二丁鎌) – Par de hoces utilizadas en kobudo. **Nunchaku** (ヌンチャク) – Dos palos conectados por una cuerda o cadena; Los orígenes debatidos incluyen mayal, brida o herramienta nativa.

O

Omoro Sôshi (おもろさうし) – Antología más antigua de canciones y poemas de Ryukyuan (s. XVI-XVII), que preserva tradiciones culturales y espirituales.

P

Peichin (親雲上) – Clase guerrera-burócrata del Reino Ryukyu. Véase también: Chikudun Peichin, Yukatchu.

Pinan (平安) – Véase el capítulo sobre el kata Pinan. «Pacífico/Seguro», serie creada por Itosu Ankoo.

R

Rochin (露鎮) – Lanza corta utilizada junto con el escudo tinbee.　　**Rohai** (鷺牌) – Véase el capítulo sobre el kata Rohai. «Visión de una garza», kata que hace referencia a la imagen de una grulla.

Ryukyu Shobun (琉球処分): La "Disposición de Ryukyu" de 1879: la anexión formal del Reino de Ryukyu por parte de Japón, aboliendo su monarquía.

S

Sai (釵) – Porra de hierro de tres puntas; arma defensiva utilizada para atrapar, bloquear y golpear.

Sakugawa (佐久川) – Ver el capítulo sobre Sakugawa Kata. Maestro influyente del siglo XVIII al que se le atribuyen los primeros katas de personal.

Sakoku (鎖国) – Política aislacionista de "país cerrado" de Japón (1603–1868), que indirectamente influyó en la posición de Okinawa.

Sanchin (三戦) – Véase el capítulo sobre el kata Sanchin. «Tres Batallas», que enfatiza la respiración, la tensión y la postura arraigada.

Sanseru (三十六) – Véase el capítulo sobre el kata Sanseru . «Treinta y seis», kata que refleja la influencia numerológica china.

Satunushi Peichin (里之子親雲上): rango más alto dentro de la clase Peichin, a menudo ocupado por figuras marciales prominentes.

Satsuma (薩摩藩): El dominio del sur de Japón que invadió Ryukyu en 1609, colocándolo bajo doble subordinación tanto a Japón como a China.

Invasión Satsuma (薩摩侵攻) - 1609 conquista de Ryukyu por el clan Shimazu de Satsuma; condujo a siglos de vasallaje bajo Japón.

Seipai (十八) – Ver el capítulo sobre Seipai Kata. "Dieciocho", kata con resonancia numerológica budista/daoísta.

Seisan (十三) – Ver el capítulo sobre Seisan Kata. "Trece", uno de los katas más antiguos de Okinawa.

Shisa (シーサー) – Estatuas de perros-leones guardianes de la cultura de Okinawa, colocadas en tejados o puertas para brindar protección.

Shisochin (四向鎮) – Véase el capítulo sobre el kata Shisochin. «Batalla de las Cuatro Direcciones», kata que enfatiza la defensa angular.   **Shizoku** (士族): término japonés para la clase descendiente de samuráis, aplicado en Okinawa después de la anexión a Japón en 1879.   **Posturas** (立ち, -dachi) – Posturas fundamentales en kárate; incluyen zenkutsu-dachi (postura frontal), kokutsu-dachi (postura trasera), naihanchi-dachi (postura lateral), kiba-dachi (postura del caballo), musubi -dachi (tacones juntos), sanchin-dachi (reloj de arena), tsuru-ashi-dachi (postura de la grúa).

Suparinpei (壱百零八/百零八手) – Ver el capítulo sobre Suparinpei Kata. "108", kata más larga; Vínculos con el simbolismo budista.

T

Te (手) – "Mano"; arte marcial nativa de Okinawa, predecesor del karate.

Tekko (鉄甲): nudillos o estribos de hierro reutilizados como armas de ataque.

Tinbee (ティンベー) – Escudo (a menudo caparazón de tortuga o enredadera); emparejado con una lanza rochin en kobudo.

Tokumine (徳嶺) – Noble Peichin asociado con bo-jutsu kata. Ver Capítulo sobre Tokumine Kata.

Tonfa (トンファー) – Bastón de mango lateral adaptado de los mangos de un molino.

Misiones tributarias (冊封使/冊封体制): enviados formales intercambiados entre Ryukyu y China como parte del sistema tributario, que moldearon fuertemente la cultura y la práctica marcial de Ryukyu.

Tsuken (津堅) – Pequeña isla de Okinawa conocida por sus contribuciones a las tradiciones bo y eku.

Tsuru- ashi - dachi (鶴足立ち) – Postura de grulla; equilibrio sobre una pierna.

Tuidi / Tuite (取手) – "Mano que agarra"; lucha de Okinawa que enfatiza bloqueos y manipulaciones en las articulaciones.

U

Uchinaaguchi (沖縄口) – Idioma de Okinawa.

Ueekata (親方) – Rango superior en la jerarquía del gobierno de Ryukyuan; asesores y altos funcionarios.

Uke- waza (受け技) – Técnicas de bloqueo.

Ukemi (受身) – Técnicas de caída.

Unsu (雲手) – Véase el capítulo sobre el kata Unsu. "Manos de Nube", kata con saltos y giros dinámicos.

Ocupación estadounidense de Okinawa (1945-1972): gobierno militar estadounidense después de la Segunda Guerra Mundial que influyó en la modernización y la difusión mundial del karate.

w

Wakizashi (脇差) – Espada corta llevada por samuráis junto con la katana; símbolo de estatus.

Wankan (王冠) – Véase el capítulo sobre el kata Wankan. A veces se traduce como «Corona del Rey».

Wansu (汪楫) – Ver el capítulo sobre Wansu Kata. Vinculado con el enviado chino Wang Ji.

Y

Yokogeri (横蹴り) – Patada lateral.

Yukatchu (良人/士族): clase de guerrero-erudito del Reino Ryukyu, que encarna el ideal de erudito-guerrero.

Z

Zanshin (残心) – Conciencia persistente; Continuar el enfoque mental después de una técnica.

Zenkutsu-dachi (前屈立ち) – Postura adelantada, larga y arraigada.

Biografías

Esta colección de biografías sirve como breve complemento a los estudios incluidos en este volumen. Cada perfil proporciona detalles esenciales sobre las personas mencionadas a lo largo de los capítulos: eruditos, guerreros, funcionarios y maestros cuyas vidas y legados han influido significativamente en las tradiciones marciales de Okinawa.

Estas reseñas no son relatos exhaustivos ni pretenden captar la profundidad de las contribuciones de cada persona. En cambio, ofrecen a los lectores una referencia concisa que ayuda a contextualizar los nombres que aparecen en el texto dentro del panorama histórico y cultural más amplio del Reino de Ryukyu y más allá.

Muchos de estos individuos existen tanto en la tradición oral y el folclore como en los registros históricos. Se reconocen fuentes fiables cuando existen, y cuando los relatos difieren, estas breves notas resaltan las incertidumbres, sin dejar de reconocer la importancia del papel de cada individuo en la narrativa marcial de Okinawa.

En conjunto, estos bocetos crean una galería de las personas cuyas decisiones, prácticas y enseñanzas siguen resonando en el kata y el kobudo hoy en día. Se presentan no como retratos finales, sino como introducciones; puntos de partida para un mayor estudio y reflexión a medida que los lectores exploran las raíces del legado marcial de Okinawa.

Peichin Takahara

Fechas de vida: 1683–1760 (aprox.)

Entrenado con: Desconocido, Yara de Chatan (según la tradición oral).

Estudiantes notables: Sakugawa Kangi (según las tradiciones orales). **Biografía:** Peichin Takahara, miembro de la clase de guerreros-eruditos conocidos como Yukatchu, fue una figura temprana e influyente en la cultura marcial de Okinawa. Recordado principalmente a través de la tradición oral como sacerdote o erudito budista, moldeó profundamente la base filosófica de generaciones de artistas marciales. En la tradición de las artes marciales de Okinawa, Takahara es ampliamente reconocido por promover una sólida base moral y filosófica para el estudio marcial, el desarrollo del carácter, una etiqueta estricta y un claro sentido de propósito en el entrenamiento. Si bien la documentación histórica concreta de su vida y enseñanzas es escasa, su legado es profundo debido a su influencia crucial en Sakugawa Kanga, quien posteriormente moldearía los primeros Te. Se cree que el énfasis de Takahara en la dimensión ética de la práctica marcial, incluyendo la importancia de un espíritu virtuoso y una conducta respetuosa, impregnó los nacientes sistemas marciales de Okinawa. Representa un período en el que el entrenamiento marcial estaba intrínsecamente vinculado al cultivo personal y la responsabilidad social, precursor del bunbu. El ideal ryodo del guerrero-erudito. Sus enseñanzas, incluso transmitidas oralmente, subrayan la comprensión temprana de Okinawa de las artes marciales como camino hacia el desarrollo humano holístico. Se cree que entrenó con una tradición indígena okinawense desconocida, y su alumno más destacado fue Sakugawa Kanga.

Chatan Yara

Fechas de vida: finales de 1668–1756 (aprox.)

Entrenado con: Según se dice, maestros chinos durante sus viajes, como Kusanku (según las tradiciones orales).

Estudiantes notables: Desconocido, Takahara Peichin (según la tradición oral)

Biografía: Originario de la aldea de Chatan, en el centro de Okinawa, Chatan Yara probablemente pertenecía a la clase Yukatchu, lo que indica un trasfondo erudito. Es una figura legendaria de las artes marciales okinawenses, y se cree que viajó a China y regresó con un formidable conjunto de conocimientos marciales avanzados, desempeñando un papel crucial en la singular síntesis marcial de la isla. Su nombre se asocia prominentemente con la preservación y transmisión de importantes katas, incluyendo el intrincado Chatan Yara no Sai (un kata de arma) y una versión de Kushanku (un kata de karate-mano vacía). Los relatos lo describen como un artista marcial con un enfoque sumamente práctico y combativo, priorizando la aplicación práctica sobre la mera exhibición. Su experiencia tanto en el combate sin armas como en el kobudo (arte de las armas) dejó una huella profunda y duradera en las florecientes tradiciones marciales okinawenses. El legado de Yara es particularmente importante al demostrar el flujo constante de ideas marciales de China a Okinawa, y cómo estas influencias extranjeras se adaptaron e integraron en los singulares sistemas de combate de la isla, contribuyendo a la rica diversidad que define las artes marciales okinawenses. Se dice que fue entrenado por maestros chinos durante sus viajes, y su influencia es evidente en los katas transmitidos, ya que sus alumnos son en gran parte desconocidos.

Wang Ji (Wanshu)

Fechas de vida: 1621–1689 (aprox.)

Entrenado con: Maestros chinos desconocidos.

Estudiantes notables: los primeros practicantes del Te de Okinawa, como Matsuhiga (según las tradiciones orales)

Biografía: Se cree que Wang Ji, enviado chino al Reino de Ryukyu, fue un erudito y un artista marcial altamente calificado de la provincia de Fujian, una región con profundos lazos culturales e históricos con Okinawa. Su presencia en el Reino de Ryukyu marcó un hito significativo en el intercambio marcial y cultural. Wang Ji es reconocido en la tradición de las artes marciales okinawenses como un maestro chino que dirigió una misión diplomática a Okinawa en 1683. Durante su estancia, se dice que compartió elementos de su singular conocimiento de las artes marciales con los practicantes locales. Su legado más perdurable es su influencia tradicional en las artes marciales okinawenses a través del kata Wanshuu[1] (que posteriormente evolucionó al Empi en algunos estilos japoneses). Esta forma se caracteriza notablemente por sus entradas dinámicas, el uso de movimientos corporales evasivos y las efectivas técnicas de proyección o desequilibrio, lo que la diferencia de otras formas predominantes en Okinawa en ese momento. La presencia de Wang Ji simboliza un período crucial de intercambio marcial y cultural directo entre la región china de Fujian y el Reino de Ryukyu, donde se compartieron y adaptaron conocimientos prácticos de combate, enriqueciendo profundamente el floreciente Te de Okinawa. Si bien los detalles históricos de su vida son escasos, su importancia folclórica en la formación de katas y técnicas específicas es innegable. Entrenó con maestros chinos desconocidos, y sus alumnos destacados fueron, según se dice, los primeros practicantes del Te de Okinawa, como Matsuhiga.

Matsu Higa (Matsuhiga)

Fechas de vida: 1647-1721 (aprox.)

Formado con: Nativos de Okinawa y primeras influencias chinas, como Zhang Xue Li y Wang Ji.

Estudiantes notables: Desconocido; su influencia se ve principalmente a través del kata que se le atribuye.

Biografía: Matsu Higa fue un artista marcial okinawense del siglo XVIII, probablemente de estatus Yukatchu, lo que implica un trasfondo académico y de servicio oficial. Tradicionalmente asociado con las regiones costeras de Okinawa, es posible que haya fomentado una conexión con métodos de lucha prácticos y versátiles. Matsu Higa es recordado en el folclore y la tradición oral de Okinawa como un artista marcial influyente y altamente habilidoso, particularmente reconocido por su experiencia con armas de kobudo, como el bo , el sai y la tonfa. Está específicamente asociado con la transmisión y el desarrollo de katas de armas, en particular Matsuhiga no Kon, que demuestra un enfoque único a las técnicas de bastón. Si bien la documentación histórica confirmada sobre su vida y enseñanzas específicas es limitada, su prominente leyenda refleja los primeros y vitales esfuerzos por codificar y sistematizar el uso de armas dentro del Kobudo okinawense. Sus historias resaltan la aplicación práctica de herramientas cotidianas como formidables instrumentos de defensa, un tema central en el análisis de los orígenes del Kobudo. Matsu Higa encarna el período histórico en el que las artes de armas de Okinawa evolucionaron desde la necesidad hacia sistemas de combate formalizados, aunque aún pragmáticos.

Tsuken Shitahaku

Fechas de vida: siglo XVIII **Entrenado con:** Desconocido.

Estudiantes notables: Desconocido; su influencia se ve principalmente a través del *kata* que se le atribuye.

Biografía: Tsuken Shitahaku fue un artista marcial okinawense, originario de Tsuken-jima, una pequeña isla al este de la isla principal de Okinawa. Oyakata Shitahaku, magistrado de la isla Tsuken y, posteriormente (c. 1682 d. C.), administrador de la embajada china en Naha. Tsuken Shitahaku es una figura significativa del Kobudo de Okinawa, reconocido por el desarrollo del Tsuken no Kon, un bo kata (kata de bastón) distintivo que refleja las técnicas de combate y adaptaciones únicas de la isla de Tsuken. Su legado es crucial para comprender la diversificación regional del uso de armas en Okinawa, ilustrando cómo las comunidades aisladas desarrollaron sus propios métodos especializados basados en las necesidades locales y los recursos disponibles. Las técnicas inherentes al Tsuken no Kon se caracterizan a menudo por golpes potentes y aplicaciones prácticas, lo que indica un sistema arraigado tanto en la necesidad de la autodefensa en la vida diaria como en las tradiciones únicas que florecieron lejos de los principales centros urbanos de Shuri o Naha. La historia de Tsuken Shitahaku destaca el desarrollo descentralizado y orgánico de las artes marciales de Okinawa, donde la innovación surgió con frecuencia de contextos geográficos y sociales específicos, dando lugar a un rico entramado de conocimientos de combate locales. Entrenó con practicantes desconocidos, probablemente por la práctica local y la necesidad. Su influencia se refleja principalmente en los katas que se le atribuyen, ya que sus alumnos son en gran parte desconocidos.

Soeishi Ryutoku Fechas de vida: 1772-1825

Entrenado con: Desconocido, probablemente dentro de círculos aristocráticos.

Estudiantes notables: Soeishi Ryoshu (hijo),

Biografía: Soeishi Ryotoku fue un Yukatchu de alto rango en el Reino de Ryukyu, ostentando el distinguido título de Oyakata y sirviendo como secretario del rey en el distrito del castillo de Shuri. Su prominente posición social lo llenó de profundos conocimientos intelectuales y de las tradiciones marciales cultivadas por la élite ryukyuense. Soeishi Ryotoku es recordado principalmente por su significativa, aunque poco conocida, contribución al Kobudo de Okinawa, particularmente a través de su dominio y desarrollo del bojutsu. Se le atribuye ampliamente el desarrollo de poderosos métodos para usar la madera. Bastón, que llegó a llevar su nombre en el kata conocido como Soeishi no Kon. Esta compleja forma se conserva solo en sistemas selectos de Kobudo, lo que subraya su rareza y la naturaleza especializada de su transmisión dentro de linajes celosamente guardados. La sofisticación, la profundidad y las aplicaciones eficientes inherentes al Soeishi no Kon sugieren claramente una profunda comprensión marcial y una práctica de élite.

Además, se cree que los katas "Choun" y "Shushi" también se originaron a partir de sus técnicas fundamentales. Su legado destaca la existencia de técnicas de armas altamente refinadas, a menudo transmitidas privadamente, dentro de las altas esferas de la sociedad ryukyuense, distintas de los métodos más difundidos. Si bien se desconoce quiénes fueron sus maestros directos, probablemente pertenecientes a círculos aristocráticos, su primogénito, Ryoshu (1787-1867), desempeñó un papel crucial en el desarrollo y la transmisión de esta singular tradición del garrote, asegurando así la supervivencia de este importante, aunque esquivo, linaje.

Kusanku (Kushanku)

Fechas de vida: 1670-1762 (aprox.)

Formado con: Maestros chinos desconocidos en Fujian.

Estudiantes notables: Sakugawa Kanga, entre otros de los primeros practicantes del Te de Okinawa.

Biografía: Kushanku fue un destacado diplomático o agregado militar chino de la provincia de Fujian, que se cree residió en Okinawa durante el siglo XVIII. Representó un vínculo directo e importante para la transmisión de las artes marciales chinas a la isla. Kushanku es una figura seminal y venerada en la historia de las artes marciales de Okinawa, ampliamente reconocido por haber enseñado el sofisticado chuan fa (ley del puño) chino a estudiantes okinawenses, en particular a Sakugawa Kanga. Sus enseñanzas influyeron profundamente en el desarrollo del Te temprano, proporcionando una infusión crítica de principios y técnicas de lucha chinas avanzadas. El impacto duradero de su instrucción se ve más visiblemente en el kata Kushanku. Esta forma compleja y altamente dinámica sigue siendo un elemento fundamental y esencial en numerosos sistemas tradicionales de Karate (incluyendo sus variantes como Kanku Dai en Shotokan). La visita de Kushanku simboliza el papel crucial del intercambio cultural y marcial entre China y Ryukyu, demostrando cómo la experiencia externa fue absorbida y adaptada al contexto único de Okinawa. Su legado destaca la síntesis continua que definió las artes marciales okinawenses mucho antes de su sistematización moderna y su expansión global. Entrenó con maestros chinos desconocidos en Fujian, y entre sus alumnos más destacados se encuentran Sakugawa Kanga, entre otros de los primeros practicantes del Te okinawense.

Sakugawa Kangi

Fechas de vida: Alrededor del siglo XVIII, fechas específicas desconocidas

Entrenado con: nativos de Okinawa, como Yara de Chatan y Takahara Peichin, y con influencias chinas tempranas, como Kusanku.

Estudiantes notables: Sakugawa Kanga y Makabe Choken.

Biografía: Sakugawa Kangi es reconocido como el padre y primer maestro del destacado Sakugawa Kanga, figura clave del Te de Okinawa. Si bien la documentación histórica sobre la vida y los logros de Kangi es limitada, su importancia reside en ser el creador del linaje marcial Sakugawa, transmitiendo el conocimiento marcial temprano a su hijo.

Se cree que Kangi sentó las bases de las artes marciales formalizadas que Kanga desarrollaría posteriormente. La tradición oral sugiere que las enseñanzas de la familia Sakugawa surgieron en una época en la que las artes marciales estaban estrechamente vinculadas a las prácticas familiares. Es probable que Kangi se entrenara con practicantes nativos de Okinawa y que recibiera influencia de figuras como Peichin Takahara y maestros chinos como Kusanku.

Su entrenamiento directo con Kanga sentó las bases esenciales para que este integrara diversas influencias y se convirtiera en un maestro por derecho propio. Por lo tanto, Kangi se erige como un eslabón crucial en la continuidad de las tradiciones marciales de Okinawa y funge como el elusivo patriarca de una distinguida familia marcial.

Sakugawa Kanga (Tode Sakugawa) Fechas de vida: 1733–1815

Entrenado con: Peichin Takahara, Kushanku.

Estudiantes notables: Matsumura Sokon.

Biografía: Nacido en la aldea Akata de Shuri, Sakugawa Kanga tenía estatus de Yukatchu (erudito-oficial), lo que indica un trasfondo de entrenamiento tanto intelectual como potencialmente marcial. Es ampliamente considerado como una de las figuras más tempranas y fundamentales en el linaje directo del Te de Okinawa. A menudo llamado el "padre del Karate de Okinawa", Sakugawa Kanga jugó un papel instrumental en unir el Te temprano, menos formalizado, con las artes marciales más estructuradas que eventualmente evolucionarían en el Karate moderno. Se dice que estudió con el sacerdote de Okinawa Peichin Takahara y el enviado chino Kushanku, integrando efectivamente las técnicas chinas de chuan fa con los métodos nativos de Okinawa. A Sakugawa se le atribuye no solo el refinamiento de las técnicas de Te existentes, sino también el desarrollo de métodos de entrenamiento más sistemáticos y quizás versiones tempranas de kata como Sakugawa no Kon. Su incansable dedicación a la enseñanza garantizó la transmisión de este arte en evolución a la siguiente generación, en particular a Matsumura Sokon, cuyas contribuciones consolidarían aún más los cimientos del Shuri- te. El legado de Sakugawa es fundamental para comprender la evolución del Karate, desde un conjunto de métodos de combate individual hasta un sistema más coherente y transmisible. Su alumno más destacado fue Matsumura Sokon.

Annan (Chinto) Fechas de vida: desconocidas

Entrenado con: Maestros chinos desconocidos.

Estudiantes notables: Matsumora Kosaku, Oyadomari Kokan, Gusukuma, Kanagusuku, Yamasato y Nakasato, y algunos incluso sugieren a Matsumura Sokon.

Biografía: Annan es una figura semilegendaria de las artes marciales okinawenses, tradicionalmente representado como un marinero, pirata o artista marcial chino que naufragó en Okinawa o buscó refugio allí. Su pasado está envuelto en folclore más que en documentación histórica. Aunque es en gran parte una figura de folclore más que de historia verificable, Annan está vinculado a la creación y las características únicas del kata Chinto (conocido como Gankaku en algunos estilos japoneses). La leyenda lo describe como un maestro de la evasión y la agilidad, quien, al ser perseguido por las autoridades locales, utilizó su excepcional destreza en el combate para evadir la captura mediante movimientos dinámicos, saltos y golpes precisos. Su relato encarna la visión romántica de la misteriosa influencia marcial china que llega a las costas de Okinawa, a menudo en circunstancias dramáticas. El propio kata Chinto refleja esta leyenda, caracterizándose por su complejo juego de pies, rápidos cambios de dirección y altos requisitos de equilibrio. La historia de Annan, independientemente de su base fáctica, constituye un poderoso elemento narrativo en la historia de las artes marciales de Okinawa, subrayando el profundo respeto por el conocimiento marcial chino y contribuyendo significativamente al rico entramado de los orígenes y la tradición del arte. Entrenó con maestros chinos desconocidos, y sus notables alumnos se encuentran entre los primeros practicantes del Te de Okinawa.

Matsumura Sokon (Bushi Matsumura)

Fechas de vida: 1809–1899

Entrenado con: Sakugawa Kanga, maestros chinos, incluido Iwah y posiblemente Annan.

Estudiantes notables: Itosu Anko, Azato Anko, Kentsu Yabu, Chomo Hanashiro, Matsumura Nabe (nieto).

Biografía: Nacido en Shuri, la capital real del Reino de Ryukyu, Matsumura Sokon fue un Yukatchu (erudito-oficial) de alto rango. Su distinguida formación lo llevó a servir como guardaespaldas real de varios reyes de Ryukyu y a participar en misiones diplomáticas, lo que lo expuso a varias tradiciones marciales. Matsumura Sokon se erige como una figura fundamental y legendaria en el desarrollo de Shuri-te, un precursor del Karate moderno. Como instructor jefe de artes marciales para la familia real del Reino de Ryukyu, su influencia fue inmensa. Estudió notablemente con Sakugawa Kanga y se cree que también se entrenó en China. Matsumura refinó los katas existentes y se le atribuye el desarrollo de nuevas formas como Passai (Bassai), Chinto (Gankaku) y Seisan, que se convirtieron en piedras angulares de muchos estilos posteriores. Su énfasis en la aplicación práctica, combinado con su comprensión de los principios marciales tanto de Okinawa como de China, lo convirtieron en un formidable artista marcial y maestro. El legado de Matsumura es fundamental para los cimientos de las tradiciones del Shorin-ryu. Representa una etapa crucial en la evolución del Karate, desde un conjunto de métodos de combate individuales (Te) hasta katas más sistematizadas, consolidando su posición como una de las artes marciales más importantes de la historia de Okinawa. Entre sus alumnos más destacados se encuentran Itosu Anko, Azato Anko, Kentsu Yabu, Chomo Hanashiro y Matsumura Nabe (su nieto).

Matsumura Nabe

Fechas de vida: 1850-1933

Entrenado con: Matsumura Sokon (su abuelo).

Estudiantes notables: Soken Hohan.

Biografía: Matsumura Nabe era nieto del legendario Matsumura Sokon. Criado en un linaje de artes marciales tan prominente, heredó las profundas tradiciones y los rigurosos métodos de entrenamiento de la familia Matsumura, dedicando su vida a preservarlos. Matsumura Nabe desempeñó un papel crucial, aunque a menudo subestimado, en la protección de las enseñanzas ortodoxas del "Matsumura Seito"; el conocimiento puro y tradicional de las artes marciales transmitido directamente de su abuelo, Matsumura Sokon, quien fue su maestro. A diferencia de algunos contemporáneos que comenzaron a adaptar el karate para una mayor difusión pública, Nabe Sensei mantuvo un enfoque privado y altamente tradicional en su entrenamiento y enseñanza. Sus esfuerzos se centraron principalmente en asegurar la continuidad de las tradiciones Shuri- te premodernas en su forma más pura, libres de las presiones de la modernización o la sistematización. Transmitió meticulosamente estas técnicas, principios y katas a un grupo selecto de estudiantes, en particular a Hohan Soken, quien posteriormente daría a conocer este valioso linaje clásico a un mayor público. La dedicación de Matsumura Nabe garantizó que un vínculo directo con las artes marciales del período del Reino Ryukyu perdurara hasta el siglo XX, convirtiéndolo en una figura indispensable para comprender los aspectos menos conocidos del desarrollo del Shuri-te. Su alumno más destacado fue Soken Hohan.

Itosu Anko

Fechas de vida: 1831–1915

Entrenado con: Matsumura Sokon, Nagahama.

Estudiantes notables: Gichin Funakoshi, Choki Motobu, Kenwa Mabuni, Kentsu Yabu, Chomo Hanashiro, Chibana Choshin.

Biografía: Itosu Anko fue un Yukatchu (oficial académico) de Shuri. Además de su destreza en las artes marciales, se desempeñó como funcionario del gobierno del Reino de Ryukyu y posteriormente como maestro de escuela, lo que le otorgó una posición privilegiada para influir en la educación pública. Itosu Anko, alumno directo de Matsumura Sokon y Nagahama, es ampliamente considerado como el "Abuelo del Karate Moderno" debido a su papel fundamental en la transformación del arte, de una práctica secreta y privada a una forma más accesible y adecuada para la instrucción pública. Su contribución más significativa fue la sistematización del Karate para su inclusión en el sistema escolar público de Okinawa en 1901. Para lograrlo, modificó y simplificó los katas tradicionales, creando la serie Pinan (también conocida como Heian en japonés), facilitando su aprendizaje para grupos grandes. También escribió los influyentes "Diez Preceptos del Karate", defendiendo sus beneficios más allá de la autodefensa. Las reformas de Itosu, si bien simplificaron algunos aspectos, fueron cruciales para la supervivencia y la adopción generalizada del arte, moldeando los planes de estudio del karate moderno y sentando las bases para su posterior introducción en Japón continental y su expansión global. Su visión garantizó la longevidad del karate, aunque con un cambio respecto a sus raíces estrictamente combativas. Entre sus alumnos más destacados se encuentran Gichin Funakoshi, Choki Motobu, Kenwa Mabuni, Kentsu Yabu, Chomo Hanashiro y Chibana Choshin.

Motobu Choyu

Fechas de vida: 1857–1928

Entrenado con: Tradición familiar Motobu (Udun -di), Itosu Anko (brevemente).

Estudiantes destacados: Seikichi Uehara.

Biografía: Nacido en la prestigiosa casa noble Motobu Udun (familia real), Motobu Choyu estaba empapado de las tradiciones marciales y culturales reservadas para la élite de Okinawa. A diferencia de su hermano menor Choki, Choyu permaneció principalmente en Okinawa, preservando el arte familiar secreto. Motobu Choyu era un maestro de las artes marciales ancestrales de la familia real Motobu, un sistema único a menudo denominado Motobu Udun Di o Gotente. Este arte se especializaba en lucha cortesano, manipulación de articulaciones, técnicas de control y combate cuerpo a cuerpo, distinto del Te centrado en golpes común a otras familias nobles. Habiéndose entrenado dentro de la tradición familiar Motobu (Udun -di) y brevemente bajo Itosu Anko, Choyu se dedicó a preservar estos aspectos altamente especializados de las tradiciones de lucha de Okinawa, que típicamente no se compartían fuera de los círculos aristocráticos y enfatizaban la autodefensa práctica dentro de una estricta etiqueta. Sus enseñanzas brindaron una visión excepcional de un aspecto sofisticado y menos conocido de las artes marciales okinawenses, en marcado contraste con los estilos más difundidos de la época. Motobu Choyu representa un vínculo crucial con el pasado feudal de Okinawa, encarnando las habilidades marciales secretas y pragmáticas desarrolladas para las altas esferas de la sociedad ryukyuana, asegurando la supervivencia de un linaje único y antiguo. Su alumno más destacado fue Seikichi Uehara.

Higaonna Kanryo

Fechas de vida: 1853–1915

Entrenado con: Seisho Aragaki (en Okinawa), Ryu Ryuko (en Fuzhou, China).

Estudiantes notables: Chojun Miyagi, Kenwa Mabuni, Kanki Izumikawa, Tsuyoshi Chitose.

Biografía: Higaonna Kanryo provenía de Naha, una bulliciosa ciudad portuaria con fuertes lazos comerciales con China. Provenía de un entorno de clase comerciante, y su exposición temprana a la cultura china probablemente alimentó su deseo de buscar instrucción en artes marciales directamente de su fuente. Higaonna Kanryo fue una figura clave en el desarrollo de Naha -te, el precursor del Goju-ryu Karate. Impulsado por una pasión por las artes marciales, se embarcó en un peligroso viaje a Fuzhou, provincia de Fujian, China, donde estudió durante años con el renombrado maestro Ryu Ryuko, siguiendo la instrucción inicial de Seisho Aragaki en Okinawa. A su regreso a Okinawa, Higaonna estableció un sistema altamente efectivo y distintivo que influyó profundamente en estilos posteriores. Su Naha -te enfatizó el desarrollo de poder interno, técnicas de respiración sofisticadas y la rigurosa práctica de Sanchin kata. Combinó las complejas técnicas externas que aprendió con un enfoque en la fuerza interna y la salud. Las enseñanzas de Higaonna condujeron directamente a la formación del Goju-ryu por parte de su alumno Chojun Miyagi, consolidando su legado como maestro que adaptó con éxito los principios avanzados de las artes marciales chinas al contexto de Okinawa, enriqueciendo profundamente su legado combativo. Entre sus alumnos más destacados se encuentran Chojun Miyagi, Kenwa Mabuni, Kanki Izumikawa y Tsuyoshi Chitose.

Chomo Hanashiro

Fechas de vida: 1869–1945

Entrenado con: Matsumura Sokon, Itosu Anko.

Estudiantes notables: Choshin Chibana, Anbun Tokuda, Higa Yuchoku.

Biografía: Chomo Hanashiro fue un Yukatchu (erudito oficial) de Shuri. Su formación, que combinaba la búsqueda intelectual con un riguroso entrenamiento en artes marciales, lo convirtió en un puente entre la élite tradicional de Ryukyu y la emergente era moderna. También ejerció como maestro de escuela, lo que le permitió influir en la siguiente generación. Chomo Hanashiro fue un influyente artista marcial okinawense que conectó de forma única los estilos clásicos y modernos de karate. Como alumno directo de Matsumura Sokon e Itosu Anko, poseía una comprensión integral tanto de las antiguas y combativas tradiciones del Te como del enfoque sistematizado de Itosu para la educación pública. Hanashiro es históricamente significativo por ser uno de los primeros usos públicos conocidos de la ortografía moderna "Karate" (空手, que significa "mano vacía") en lugar de "Tode" (唐手, que significa "mano china") en 1905, lo que significó un cambio en la identidad del arte hacia una interpretación más nativa y filosófica. Abogó tanto por la reforma como por la preservación, reconociendo la necesidad de adaptación, a la vez que se esforzaba por mantener los principios fundamentales del arte. Sus conocimientos sobre el kata y su aplicación práctica siguen siendo objeto de estudio, lo que lo convierte en una figura clave en la evolución conceptual del karate y su transición hacia el siglo XX. Entre sus alumnos más destacados se encuentran Choshin Chibana, Anbun Tokuda y Higa Yuchoku.

Gichin Funakoshi Fechas de vida: 1868–1957

Entrenado con: Itosu Anko, Azato Anko.

Estudiantes destacados: Masatoshi Nakayama, Hironori Otsuka, Shigeru Egami, Yoshitaka Funakoshi (hijo).

Biografía: Gichin Funakoshi provenía de Shuri, la capital histórica del Reino de Ryukyu, y provenía de una formación académica. Sus inclinaciones intelectuales serían fundamentales en sus esfuerzos por popularizar y legitimar el karate en un nuevo contexto cultural. Gichin Funakoshi es ampliamente reconocido como el principal responsable de introducir el karate okinawense en Japón continental y, posteriormente, de iniciar su globalización. Formado con los influyentes maestros Itosu Anko y Azato Anko, Funakoshi sintetizó sus enseñanzas, adaptó formas y desarrolló las bases de lo que se convertiría en el karate Shotokan. En 1922, realizó una demostración histórica en Tokio, cautivando al público japonés. Promovió incansablemente el karate en todo Japón, abogando por sus beneficios más allá de la defensa personal, haciendo hincapié en el desarrollo del carácter y la disciplina física. Funakoshi publicó numerosos libros influyentes, entre ellos "Karate-Do Kyohan: El Texto Maestro", que se convirtió en una obra fundamental para innumerables practicantes. Sus meticulosos esfuerzos por armonizar el karate con los ideales del budo japonés, incluyendo la adopción del rango kyu/dan y el uniforme (gi), fueron cruciales para su aceptación y rápida difusión, transformándolo para siempre de un arte regional de Okinawa en un fenómeno global. Entre sus alumnos más destacados se encuentran Masatoshi Nakayama, Hironori Otsuka, Shigeru Egami y Yoshitaka Funakoshi (su hijo).

Motobu Choki

Fechas de vida: 1870–1944

Entrenado con: Itosu Anko, Sokon Matsumura, Kosaku Matsumora. **Estudiantes notables:** Shoshin Nagamine, Tatsuo Shimabuku, Jigen (Hidenobu) Yagi, Sennen Tamagusuku.

Biografía: Motobu Choki fue el segundo hijo del prestigioso Motobu Udun (una familia noble de ascendencia real), el mismo linaje que su hermano mayor, Choyu. A pesar de su origen aristocrático, Choki era famoso por su enfoque rudo y probado en la calle de las artes marciales y sus métodos de entrenamiento más informales, que diferían de los de algunos de sus contemporáneos. Motobu Choki fue una figura formidable y controvertida en el Karate de Okinawa, famoso por su énfasis en la autodefensa práctica y la aplicación en vivo sobre el entrenamiento formalizado. Entrenado por maestros como Itosu Anko, Sokon Matsumura y Kosaku Matsumora, Motobu se opuso vigorosamente a lo que veía como la dilución del arte en mero deporte o ejercicio físico. Pasó un tiempo considerable probando sus técnicas en situaciones del mundo real, ganándose una reputación formidable. Su análisis de kata bunkai (la aplicación de kata) fue profundo y pragmático, enfatizando la eficiencia y la franqueza en el combate. Las enseñanzas de Motobu Choki, aunque a veces poco convencionales, influyeron significativamente en una generación de practicantes que buscaban la esencia más profunda y combativa del karate. Su firme compromiso con los aspectos realistas de la defensa personal proporcionó una contranarrativa crucial a las tendencias predominantes de la modernización, consolidando su legado como un defensor vital de los principios tradicionales de combate de Okinawa. Entre sus alumnos más destacados se encuentran Shoshin Nagamine, Tatsuo Shimabuku, Jigen (Hidenobu) Yagi y Sennen Tamagusuku.

Uechi Kanbun

Fechas de vida: 1877–1948

Entrenado con: Shushiwa (Zhou Zihe) en Fujian, China.

Estudiantes notables: Uechi Kanei (hijo), Ryuko Tomoyori, Seiyu Shinjo, Seiko Itokazu.

Biografía: Uechi Kanbun nació en una familia de agricultores en Iejima, Okinawa. A los 20 años, emigró a Fuzhou, provincia de Fujian, China, una decisión crucial impulsada por su intenso deseo de estudiar auténticas artes marciales chinas, particularmente después de evitar el reclutamiento militar en Japón. Uechi Kanbun es considerado el fundador de Uechi- ryu, un estilo distintivo de Karate de Okinawa que conserva muchos elementos fuertes del sur de China. En Fuzhou, se sometió a un riguroso entrenamiento con el maestro chino Shushiwa (Zhou Zihe), dedicando 13 años a dominar su Pangainoon (una mezcla de chuan fa mitad duro y mitad suave) . A su regreso a Okinawa en 1910 y más tarde en Japón continental, Uechi comenzó a enseñar, estableciendo un sistema caracterizado por bloqueos circulares, poderoso entrenamiento corporal, golpes con la punta de los dedos e intenso entrenamiento Sanchin. Sus enseñanzas resaltan de forma destacada la profundidad del intercambio marcial chino-okinawense, demostrando cómo los sistemas extranjeros podían adoptarse y preservarse con notable fidelidad en el contexto okinawense. El Uechi-ryu ofrece un poderoso contrapunto a los estilos predominantemente derivados del Shuri -te, mostrando la rica diversidad que floreció a partir de las conexiones históricas de Okinawa con China y consolidando el legado de Kanbun como preservador de tradiciones combativas únicas. Entre sus alumnos destacados se encuentran Uechi Kanei (su hijo), Ryuko Tomoyori, Seiyu Shinjo y Seiko Itokazu.

Yabiku Moden

Fechas de vida: 1882–1941

Entrenado con: Itosu Anko (Karate), Chinen Sanda (Kobudo).

Estudiantes destacados: Shinken Taira.

Biografía: Yabiku Moden fue un dedicado artista marcial e investigador okinawense de Shuri, profundamente preocupado por la posible pérdida del conocimiento tradicional del Kobudo a principios del siglo XX, un período de rápida modernización y cambios culturales. Yabiku Moden desempeñó un papel pionero crucial en la recopilación y documentación sistemática de los katas del Kobudo (arte de las armas okinawenses). Reconociendo que muchos katas de armas tradicionales estaban en peligro debido al declive de su práctica y la falta de instrucción formal, Yabiku se dedicó a su preservación. Entrenó con Itosu Anko (Karate) y Chinen Sanda (Kobudo). Viajó extensamente buscando a los maestros supervivientes y documentando diligentemente sus técnicas. En 1911, fundó el Ryukyu Kobujutsu. Kenkyukai (Asociación de Investigación del Kobujutsu Ryukyu) para promover y enseñar el Kobudo. Yabiku colaboró estrechamente con otras figuras prominentes, en particular con Taira Shinken, para garantizar que tradiciones en peligro de extinción como el bo, el sai, el nunchaku y la tonfa no se perdieran en el tiempo. Su incansable labor sentó las bases para la sistematización y popularización modernas del Kobudo, garantizando su práctica continua y demostrando su conexión vital con la herencia combativa de Okinawa. Su alumno más destacado fue Shinken Taira.

Shinko Matayoshi

Fechas de vida: 1888–1947

Entrenado con: Chotoku Kyan (Karate), Gushikawa (bo), Yamani (sai), Kingai (kama), Ryukyu Kobudo Masters.

Estudiantes notables: Matayoshi Shinpo (hijo).

Biografía: Nacido en Naha, Okinawa, Matayoshi Shinko fue un prodigioso artista marcial que cultivó una tradición de Kobudo verdaderamente única y completa, sentando las bases de lo que se conocería como Matayoshi Kobudo. Su profundo linaje marcial comenzó con una vasta herencia de artes con armas de su familia, una herencia que le inculcó una comprensión temprana y profunda del armamento Ryukyu. Para refinar y expandir aún más sus habilidades, Shinko se embarcó en extensos viajes, especialmente a China, donde se sumergió en estudios marciales tanto en Shanghái como en Fuzhou. Estos viajes fueron fundamentales, exponiéndolo a diversas tradiciones marciales chinas y contribuyendo significativamente a la naturaleza ecléctica de su Kobudo. Entrenó con una variedad de maestros, incluidos Chotoku Kyan para Karate, Gushikawa para bo, Yamani para sai y Kingai para kama , junto con muchos otros maestros de Ryukyu Kobudo. Esta amplia formación le permitió dominar un extenso repertorio de katas con armas, incluyendo formas raras y sofisticadas que utilizaban el timbe (escudo y lanza) y el suruchin (cuerda con pesas). La meticulosa dedicación de Matayoshi Shinko a la preservación y el desarrollo de estas formas garantizó que su conocimiento sentara las bases de una de las tradiciones de Kobudo más respetadas y completas de Okinawa. Su trabajo no se centró únicamente en la técnica, sino también en la sistematización de la amplia gama de armas okinawenses, asegurando su práctica continua y su futura transmisión.

Matayoshi Shinpo

Fechas de vida: 1921–1997

Entrenado con: Matayoshi Shinko (su padre), Choshin Chibana (Karate). **Estudiantes notables:** Yoshiaki Gakiya, Takashi Kinjo y sus numerosos estudiantes internacionales.

Biografía: Hijo del venerado maestro de Kobudo, Matayoshi Shinko, Shinpo nació en un distinguido linaje de artes marciales, heredó un conocimiento incomparable del Kobudo tradicional de Okinawa y dedicó toda su vida a su preservación y difusión global. La principal instrucción de Shinpo Sensei provino de su padre, Matayoshi Shinko, lo que garantizó una auténtica transmisión del intrincado estilo Matayoshi Kobudo, aunque amplió su conocimiento de las artes marciales entrenando karate con Choshin Chibana.

Basándose en la inmensa labor de su padre, Shinpo Sensei continuó incansablemente la monumental tarea de sistematizar el currículo de Matayoshi Kobudo. Sus esfuerzos transformaron una rica colección de tradiciones familiares en un sistema más formalizado y accesible sin sacrificar su profundidad ni su integridad tradicional.

En 1972, demostrando su compromiso con el arte, fundó la Zen Okinawa Kobudo Renmei (Federación de Kobudo de Todo Okinawa); una organización que ha servido como vehículo crucial para preservar y propagar las enseñanzas clásicas transmitidas a través de su linaje.

Los incansables seminarios y demostraciones de Matayoshi Shinpo y el establecimiento de organizaciones internacionales fueron fundamentales para acercar el Kobudo de Matayoshi al público mundial, convirtiéndolo en un puente viviente entre el rico pasado marcial de Okinawa y su futuro global.

Soken Hohan

Fechas de vida: 1889–1982

Entrenado con: Matsumura Nabe (su abuelo).

Estudiantes notables: Fusei Kise, Choyu Handa, Yuichi Kadekaru, Seizen Kinjo.

Biografía: Nacido en Shuri, Soken Hohan era nieto de Matsumura Nabe, lo que lo sitúa en un linaje directo y altamente tradicional proveniente del legendario Matsumura Sokon. Pasó una parte significativa de su vida en Argentina antes de regresar a Okinawa. Soken Hohan fue una figura fundamental en la reintroducción y popularización del linaje ortodoxo "Matsumura Seito" de Shuri- te públicamente después de la Segunda Guerra Mundial. Habiendo recibido las enseñanzas profundamente tradicionales directamente de su abuelo, Matsumura Nabe, Soken dedicó su vida a preservar lo que él consideraba la esencia pura y premoderna del Karate. Después de vivir en Argentina durante muchos años, regresó a Okinawa y comenzó a realizar demostraciones y enseñanzas, aportando una visibilidad muy necesaria a esta rama clásica de Shuri- te. Soken enfatizó las aplicaciones prácticas y combativas del kata, evitando las tendencias orientadas al deporte de la época. Sus esfuerzos aseguraron que las rigurosas y puras técnicas y principios de la línea directa de Matsumura se transmitieran a una nueva generación de practicantes en Okinawa y en el extranjero, estableciéndolo como un vínculo crucial con el pasado feudal del Karate y un defensor de su espíritu tradicional. Entre sus alumnos más destacados se encuentran Fusei Kise, Choyu Handa, Yuichi Kadekaru y Seizen Kinjo.

Shinken Taira

Fechas de vida: 1897–1970

Entrenado con: Gichin Funakoshi (Karate), Yabiku Moden (Kobudo). **Estudiantes notables:** Motokatsu Inoue, Ryusho Sakagami, Konishi Yasuhiro y muchos otros a través de su organización.

Biografía: Shinken Taira era originario de Nakazato, isla de Kumejima, Okinawa. Sirvió como veterano del ejército japonés, experiencia que probablemente influyó en su disciplinado enfoque de las artes marciales. Posteriormente se trasladó a Japón continental, donde dedicó su vida al estudio y la preservación del Kobudo. Shinken Taira es una de las figuras más importantes de la historia moderna del Kobudo (arte de las armas) de Okinawa. Estudiante dedicado de Gichin Funakoshi (Karate) y Yabiku Moden (Kobudo), Taira recopiló, investigó y sistematizó incansablemente docenas de katas de Kobudo de diversos linajes y regiones de Okinawa. Viajó extensamente por Okinawa, entrevistando a maestros veteranos y documentando meticulosamente sus singulares formas de armas. En 1955, fundó el Ryukyu Kobudo Hozon. Shinkokai (Sociedad para la Preservación del Kobudo Ryukyu) en Tokio, una iniciativa pionera dedicada exclusivamente a la preservación y promoción de las artes marciales tradicionales de Okinawa. Los meticulosos esfuerzos de documentación y formalización de Taira fueron fundamentales para organizar y asegurar la práctica continua de muchas tradiciones de Kobudo en peligro de extinción, transformándolas de prácticas locales fragmentadas en un sistema más cohesionado y accesible para las futuras generaciones de todo el mundo. Entre sus alumnos más destacados se encuentran Motokatsu Inoue, Ryusho Sakagami y Konishi Yasuhiro, entre muchos otros, a través de su organización.

Shushiwa (Zhou Zihe)

Fechas de vida: finales del siglo XIX y principios del siglo XX

Formado con: Maestros chinos desconocidos en Fujian.

Estudiantes destacados: Uechi Kanbun.

Biografía: Shushiwa fue un maestro de artes marciales chino de la provincia de Fujian, China, reconocido por su experiencia en los sistemas de lucha del sur de China, incluyendo las formas del Tigre y la Grulla. Su presencia en Fuzhou lo convirtió en una figura clave para los okinawenses que buscaban instrucción china auténtica. Shushiwa es una figura fundamental en la historia del Karate okinawense, sobre todo como el maestro principal de Uechi Kanbun, el fundador de Uechi- ryu. Shushiwa enseñó un estilo distintivo de artes marciales del sur de China, a menudo denominado Pangainoon (una mezcla de duro y suave), que enfatizaba el acondicionamiento corporal riguroso, los movimientos circulares y las técnicas de respiración especializadas. Su instrucción proporcionó a Uechi Kanbun una comprensión integral del chuan fa chino, un conocimiento que Uechi Sensei trajo fielmente de vuelta a Okinawa. El legado de Shushiwa se extiende más allá de su instrucción directa a Uechi, ya que se convirtió en una figura simbólica que representa el linaje chino legítimo y profundo que influyó en ciertos sistemas okinawenses. Sus enseñanzas resaltan el impacto perdurable y tangible del intercambio directo entre culturas en las artes marciales, demostrando cómo los métodos chinos específicos no solo se asimilaron, sino que se preservaron meticulosamente dentro de la tradición de las artes marciales de Okinawa. Entrenó con maestros chinos desconocidos en Fujian, y su alumno más destacado fue Uechi Kanbun.

Kise Fusei

Fechas de vida: 1935-presente

Entrenado con: Soken Hohan, Nobutake Shingake, Nakamura Shigeru, Zenryo Shimabukuro, Akamine Seiyu, Makabe Chosaburo, Arakaki Seiki.

Entre los estudiantes notables se incluyen Kise Isao (hijo), así como muchos estudiantes e instructores internacionales dentro de la OSMKKF.

Biografía: Kise Fusei es un artista marcial okinawense contemporáneo, nacido en Kumejima, Okinawa. Dedicó su vida a las artes marciales desde muy joven, emprendiendo una carrera que lo convertiría en una figura destacada en la preservación y difusión global del Karate y Kobudo tradicionales de Okinawa. Kise Fusei es un maestro moderno muy respetado y alumno directo de Soken Hohan, Higa Yuchoku y Shinzato Shima, lo que lo convierte en un heredero crucial del linaje ortodoxo "Matsumura Seito". Kise Sensei recibió una formación integral tanto en Karate- mano vacía como en Kobudo, dedicando su vida a mantener la integridad combativa y los principios tradicionales de la línea Matsumura. En 1972, fundó la Federación de Karate y Kobudo Seito de Okinawa (OSMKKF), con la misión explícita de preservar y propagar las enseñanzas clásicas transmitidas a través de su linaje. Sus esfuerzos han sido fundamentales para difundir las características únicas del Karate Seito Matsumura y el Kobudo a nivel mundial mediante seminarios, demostraciones y organizaciones internacionales. El compromiso inquebrantable de Kise Fusei garantiza la supervivencia de este profundo arte en el siglo XXI, convirtiéndolo en un puente viviente entre el rico pasado marcial de Okinawa y su futuro global. Entre sus alumnos más destacados se encuentra Kise Isao (su hijo), junto con numerosos estudiantes e instructores internacionales de la OSMKKF.

Kosaku Matsumora (1829–1898)

Profesores: Karyu Uku, practicantes de Kojoryu y posiblemente instructores basados en Tomari.

Estudiantes notables: Chotoku Kyan, Choki Motobu y otros.

Kosaku Matsumora fue un eslabón vital en la evolución del Tomari- te, la tradición marcial de la aldea Tomari en Okinawa. Reverenciado como una de las figuras más pintorescas y rebeldes de las artes marciales ryukyuanas del siglo XIX, el legado de Matsumora combina maestría técnica, liderazgo comunitario y espíritu patriótico. Era conocido por su habilidad tanto en el combate con armas como sin armas, en particular en el bo jutsu y el sai. Un cuento popular relata su valiente acto de desarmar a un oficial samurái japonés con un abanico, símbolo tanto de ingenio técnico como de resistencia a la dominación extranjera.

Las enseñanzas de Matsumora enfatizaban la evasión, la velocidad y el uso de ángulos, diferenciando al Tomari -te de los sistemas basados en Naha y Shuri. Sus estudiantes, como Choki Motobu y Chotoku Kyan, se convertirían en figuras muy influyentes en la propagación del Karate. Aunque se sabe menos sobre el entrenamiento formal de Matsumora en comparación con sus compañeros, su papel en la preservación y transmisión de la tradición Tomari es indiscutible. Su legado refleja la fusión del desafío personal y la responsabilidad comunitaria, sellos distintivos del espíritu marcial de Ryukyu. Hoy, Matsumora es recordado como un héroe popular y maestro cuyas contribuciones ayudaron a definir el carácter de las artes marciales de Okinawa.

Motobu Choyu (1857–1927)

Profesores: Matsumura Sokon, Anko Itosu y Sakuma Peichin.

Estudiantes notables: Influyo principalmente en su hermano Motobu Choki y en su linaje familiar.

Motobu Choyu fue el hijo mayor de Motobu Udun, una rama noble de la familia real de Ryukyu, y una figura destacada en la transmision del karate basado en Shuri. A diferencia de su hermano menor, Motobu Choki, quien se hizo famoso por su destreza en la lucha callejera, Choyu era conocido por su enfoque erudito y refinado en las artes marciales. Tras estudiar con Matsumura Sokon, Sakiyama y Anko Itosu, Choyu desarrollo una profunda comprension de los principios internos, las tEcnicas de agarre (Tegumi / Tuite) y la preservación del kata tradicional.

Se cree que fue el custodio de enseñanzas más antiguas y formales, reservadas a la nobleza, incluyendo aplicaciones secretas y métodos de entrenamiento interno. Si bien gran parte de su legado ha sido eclipsado por su hermano, más extravagante, Motobu Choyu desempeñó un papel crucial en la preservación discreta de los aspectos intelectuales e internos de las artes marciales de Okinawa, en particular al instruir a figuras clave como Uehara Seikichi de Moto-uryu.

Hoy en día, se le honra como un artista marcial que defendió el ideal clásico del guerrero-erudito del Reino de Ryukyu. Su carácter disciplinado y reservado, combinado con una sólida base técnica, convierte a Choyu en representante de un linaje más oculto, pero igualmente esencial, en la historia marcial de Okinawa.

Aragaki Seisho (¿1840-1920?)

Maestros: artistas marciales chinos (posiblemente Wai Xinxian), influencias Kojoryu.

Estudiantes notables: Higaonna Kanryo, Kyan Chotoku, Chojun Miyagi (influencia indirecta) .

Aragaki Seisho fue maestro de karate y kobudo, y una figura clave en la conexión entre las tradiciones marciales de Okinawa y las influencias marciales chinas. Dominante del chino y experto en los clásicos chinos, Aragaki sirvió como intérprete y funcionario durante las misiones diplomáticas de Ryukyu en Fujian. Estos viajes no solo consolidaron sus credenciales académicas, sino que también le permitieron asimilar las técnicas de Chuan Fa y los métodos de entrenamiento interno, que posteriormente incorporó a sus propias enseñanzas.

Fue especialmente conocido por su dominio de katas como Unshu, Niseishi y Sochin, muchas de las cuales tienen una evidente influencia china. Aragaki también fue un destacado practicante de armas, experto en el sai y el bo. Su alumno, Higaonna Kanryo, se convertiría en una figura fundamental en la formación del Naha-te y la fundación del Goju-ryu moderno. Aragaki también enseñó Kyan Chotoku, transmitiéndole su refinado kata y su profundo conocimiento de la mecánica corporal.

El papel de Aragaki como puente cultural entre China y Okinawa es innegable. Su integración de las formas y la filosofía chinas en el contexto okinawense contribuyó a sentar las bases para las futuras generaciones de karatekas. Su nombre perdura como símbolo de excelencia técnica y aprendizaje marcial cosmopolita en la historia de Ryukyu.

Kyan Chotoku (1870–1945)

Profesores: Matsumora Kosaku, Itosu Anko, Yatsune Itarashiki y Tokumine Pechin.

Estudiantes notables: Shimabukuro Zenryo, Nakamura Shigeru, Chotoku Omine y Tatsuo Shimabuku.

Kyan Chotoku, a menudo llamado "Chan Miigwaa " (Kyan la Luz), fue un maestro carismático e influyente de la tradición Shuri-Tomarite . Nacido en una familia aristocrática, Kyan tuvo acceso a algunos de los maestros más destacados de su época, entre ellos Matsumora Kosaku e Itosu Anko. Pequeño en estatura pero formidable en técnica, Kyan desarrolló un estilo que enfatizaba la evasión, la velocidad y el poder engañoso, atributos que luego influyeron en la creación de sistemas como Shorin-ryu.

Conocido por su generosidad y mentalidad abierta al enseñar, Kyan contribuyó a que el entrenamiento marcial pasara de la élite aristocrática al público en general. Preservó y transmitió katas clásicos como Chinto, Wanshu, Passai y Ananku, cada uno con su propia interpretacion. Kyan enseñó a muchos futuros fundadores de destacados estilos de karate, consolidando su influencia en Okinawa y más allá su vida posterior, como lesiones y pobreza, Kyan continuó enseñando y demostrando un compromiso inquebrantable con el arte. Se dice que murió durante la Batalla de Okinawa, negándose a abandonar a sus alumnos ni a su patria. Hoy en día, Kyan es recordado no solo por su destreza técnica y su dinámico estilo de enseñanza, sino también por encarnar el espíritu resiliente e inquebrantable de la cultura marcial okinawense.

Gokenki (1886–1940)

Maestros: linaje de la Grulla Blanca de Fujian, China (nombres exactos inciertos).

Estudiantes notables: Mabuni Kenwa , Miyagi Chojun (influencia colaborativa) .

Gokenki era un comerciante de té chino de Fuzhou que se estableció en Okinawa a principios del siglo XX. Más que un simple comerciante, era un hábil practicante de Baihequan (Puño de Grulla Blanca), un sistema marcial chino que ejerció una profunda y duradera influencia en el karate okinawense. Aunque no era un maestro formal de la tradición ryukyuense, Gokenki era muy respetado por los maestros locales por su conocimiento de las artes de combate chinas y sus métodos internos.

Se le asocia más famosamente con su colaboración y amistad con Kenwa. Mabuni y Chojun Miyagi, quienes incorporaron elementos de la Grulla Blanca en sus respectivos estilos de Shito-ryu y Goju-ryu. Mediante la práctica compartida y el intercambio de técnicas, Gokenki ayudó a introducir métodos esenciales de respiración, la dinámica de liberación de tensión del kata Sanchin y los principios de movimiento interno característicos de los sistemas marciales chinos.

Su presencia en Okinawa representa un momento clave en la síntesis cultural y técnica que definió la evolución del karate moderno. Si bien no dejó linaje formal okinawense, la influencia de Gokenki se extiende a casi todos los sistemas de linaje Nahate en la actualidad. Sigue siendo una figura vital, aunque a veces ignorada, en la historia de las artes marciales okinawenses, como un cruce viviente entre las tradiciones de combate chinas y ryukyuenses.

Nabe Matsumura (c. 1860-1930)

Maestros : Matsumura Sokon (abuelo) .

Estudiantes notables: Hohan So ken.

Nabe Matsumura, tambiĒn conocido como Nabe Tanmei, fue sobrino y alumno directo del legendario Matsumura Sokon, fundador de Shuri- te y figura marcial de renombre en el Reino de Ryukyu. Aunque menos conocido en la literatura popular, Nabe Matsumura fue un eslabón crucial en la preservación de los katas originales de la familia Matsumura, el bunkai (aplicaciones) y el Tuite -jutsu (técnicas de agarre). Se le recuerda principalmente como el principal maestro de Hohan. Soken, a quien le transmitio el sistema clásico al que ahora se suele denominar "Matsumura Seito".

Tradicionalista de corazón, Nabe Tanmei defendió los aspectos austeros e internalizados de las artes marciales de Okinawa, centrándose en el realismo combativo, el control sutil de la mecánica corporal y la disciplina moral. Se cree que conservó versiones antiguas de katas como Passai, Seisan y Kusanku, inalteradas por las influencias deportivas modernas. Enseñó principalmente en el seno familiar o a un grupo de confianza, evitando el reconocimiento público y priorizando la transformación personal por encima del rango o la fama.

Hoy en día, es venerado por los estudiantes serios del Karate clásico de Okinawa como un guardián silencioso de las viejas costumbres; un hombre que llevó el legado de su tío y el espíritu guerrero-erudito de Ryukyu a la turbulenta era moderna.

Seiki Arakaki (1924-2014)

Maestros: Chotoku Kyan y otros dentro del linaje Shuri -te.

Estudiantes notables: Yuichi Kuda, Chokei Kishaba.

Seiki Arakaki era un estudiante de último año de Hohan Soken fue una figura crucial en la preservacion y transmision del Karate Seito Matsumura en la posguerra. Conocido por su precision, humildad y profunda comprension interna, Arakaki Sensei fue fundamental para mantener la integridad del sistema durante su transición de la instrucción aislada de Nabe Matsumura a una forma más accesible al público a través de Soken.

Entrenándose con Soken durante la posguerra, Arakaki no solo heredó los katas avanzados y los principios del Tuite, sino que también absorbió las enseñanzas filosóficas y éticas fundamentales de la tradición Matsumura. Aunque no tan conocido como algunos de sus compañeros, Arakaki desempeñó un papel esencial como mentor de figuras clave como Kise Isao y Yuichi Kuda, quienes se convertirían en maestros influyentes y difundirían el arte internacionalmente.

La enseñanza de Arakaki enfatizaba la intensidad serena, el desarrollo interno y la importancia del bunkai (aplicación) en cada movimiento. Sentía una profunda reverencia por la tradición, insistiendo en preservar las raíces funcionales del arte y evitando la modernización innecesaria. Su legado perdura a través de sus alumnos, quienes le atribuyen la personificación de la dignidad serena y la integridad combativa del auténtico Bujutsu de Okinawa.

Yuichi Kuda (nacido 1935 –)

Profesores: Seiki Arakaki, Chokei Kishaba.

Estudiantes notables: Varios estudiantes en todo el continente americano y Okinawa.

Yuichi Kuda es un destacado exponente de Matsumura Seito Shorin - ryu, reconocido por su profundo conocimiento tĒcnico, humildad y enseñanza intercultural. Alumno directo de Seiki Arakaki y Hohan Soken, Kuda Sensei fue fundamental en la transmision de los métodos clásicos del linaje Matsumura a las nuevas generaciones, especialmente en América del Norte y del Sur. Su dedicación a la preservación y expansión responsable de la tradición lo ha convertido en una figura central en la comunidad global del karate okinawense.

Kuda es especialmente conocido por su profundo conocimiento de la aplicación del kata, el Tuite- jutsu y la mecánica interna del karate tradicional. Enfatizaba no solo la forma correcta, sino también la intención de cada movimiento, equilibrando el realismo combativo con la preservación cultural. Su capacidad para articular principios sutiles a través de las fronteras lingüísticas y culturales le valió el respeto de estudiantes de todo el mundo.

Tras impartir numerosos seminarios internacionales y apoyar el desarrollo de numerosos dojos fuera de Okinawa, Kuda se convirtió en un puente discreto pero firme entre la vieja guardia de maestros okinawenses y la comunidad global que busca una instrucción auténtica. Se le atribuye ampliamente el mérito de asegurar que los matices más profundos de Matsumura Seito, en particular los transmitidos a través de Arakaki y Soken, permanezcan vivos, accesibles y profundamente arraigados.

248

Chokei Kishaba (1929–2000)

Profesores: Seiki Arakaki, Shoshin Nagamine.

Estudiantes destacados: Katsuhiko Shinzato, Yuichi Kuda.

Chokei Kishaba fue un dedicado karateka de Okinawa y uno de los estudiantes más respetados de Hohan Soken. TambiĒn entrenado por Shinyei Kyan, Kishaba se hizo conocido por su extraordinaria sensibilidad a la mecánica corporal y la eficiencia del movimiento, rasgos que definirían el carácter único del Kishaba Juku , una rama del Shorin-ryu Karate que él ayudó a establecer y guiar.

El enfoque de Kishaba enfatizaba la fuerza suave, la alineación articular y los ajustes sutiles, a menudo enseñados mediante herramientas de entrenamiento únicas como el makiwara, el bo pesado y el trabajo con espejos. Era especialmente conocido por desentrañar los mecanismos internos del kata, demostrando cómo incluso pequeñas variaciones en el ritmo o la postura podían alterar drásticamente el efecto de una técnica. Aunque no fue muy conocido en la corriente occidental durante su vida, el legado de Kishaba Sensei continúa a través del Kishaba Juku, ahora dirigido por sus alumnos más veteranos, en particular Katsuhiko Shinzato. El sistema sigue atrayendo a artistas marciales serios interesados en el karate tradicional de Okinawa como arte de combate y disciplina de perfeccionamiento interno para toda la vida.

Chokei Kishaba sigue siendo un símbolo de la profundidad marcial de Okinawa: un innovador arraigado en la tradición que ayudó a dar forma a la conversación en torno al "Karate interior" para las generaciones venideras.

Nishihira Kosei (1942-2007)

Profesores: Soken Hohan (alumno particular desde hace más de 30 años).

Estudiantes notables: Tamaki Tsuyoshi, Jorge Monteiro, Patrick McCarthy (colaborador) Nishihira Kosei fue un estudiante de último año de Hohan Soken y Seiki Arakaki, uno de los transmisores más influyentes y enigmáticos del Karate Matsumura Seito del siglo XX. Conocido por su porte modesto y su intenso enfoque en la función combativa, Nishihira fue elegido por Soken para preservar y difundir los antiguos métodos familiares con minuciosidad.

Fue especialmente reconocido por su maestría en Tuite- jutsu (manipulación articular y agarre), kyusho (golpes en puntos vitales) y aplicación de katas. Nishihira evitó el comercialismo y entrenó en un ambiente relativamente anónimo, manteniendo un dojo privado y enseñando a un grupo muy unido de estudiantes dedicados. Su enfoque del karate era inflexiblemente pragmático, priorizando la eficiencia, la generación de fuerza y la aplicación devastadora, a la vez que preservaba la ética y la esencia cultural de la tradición guerrera de Ryukyu.

Tras el fallecimiento de Soken, Nishihira se convirtió en una de las pocas fuentes del sistema familiar inalterado de Matsumura. Su transmisión a estudiantes como Tamaki Tsuyoshi y Jorge Monteiro contribuyó a preservar la tradición en su forma clásica. Colaboraciones con investigadores como Patrick McCarthy aportaron un mayor reconocimiento a sus enseñanzas póstumamente.

Para muchos, Nishihira sigue siendo un símbolo del verdadero espíritu guerrero de Okinawa: profundamente hábil, silenciosamente devoto y no influido por la fama ni el reconocimiento.

Roy Suenaka (1940–2023)

Profesores: Morihei Ueshiba (Aikido), Hohan Soken (Karate), Koichi Tohei.

Estudiantes notables: Estudiantes de Wadokai Aikido y Suenaka -ha Shorin-ryu .

Roy Suenaka fue un artista marcial de gran talento, que combino un profundo entrenamiento tanto en Karate Okinawa como en Aikido japonés. Nacido en Hawái, Suenaka comenzó su trayectoria marcial a temprana edad y, durante su estancia en Japón con la Fuerza Aérea de los Estados Unidos, se convirtió en alumno directo del fundador del Aikido, Morihei Ueshiba. También recibio una profunda influencia de Koichi Tohei, el principal discípulo de Ueshiba en aquel entonces. Paralelamente a su entrenamiento en Aikido, Suenaka estudio artes marciales okinawenses con Seiyu Oyata y Hohan Soken, adquiriendo experiencia tanto en sistemas de armas como de mano vacía.

Suenaka fundó Wadokai Aikido, un sistema que integraba su entrenamiento en Aikido con las técnicas pragmáticas del Karate de Okinawa y el Tuite- jutsu. Enfatizó lo que él llamaba "Aikido Completo ", una combinación de desarrollo espiritual y autodefensa realista. Su comprensión del poder interno, la alteración del equilibrio y el control de puntos vitales hizo que sus enseñanzas fueran excepcionalmente amplias y prácticas.

Con una mente abierta y una profunda reverencia por sus maestros, Suenaka se convirtió en un puente entre culturas y sistemas. Sus libros y seminarios llegaron a miles de personas, ayudando a contextualizar tanto el Aikido como el Karate de Okinawa en un contexto global y moderno. Se le recuerda como un maestro reflexivo y poderoso que honro la tradicion a la vez que promovía la innovación y el crecimiento interdisciplinario.

Kyoda Juhatsu (1887-1968) Profesores: Higaonna Kanryo.

Estudiantes notables: Meitoku Yagi, Eiichi Miyazato (influencia indirecta).

Kyoda Ju-hatsu fue el fundador del Karate Toon-ryu y uno de los discípulos más dedicados de Higaonna Kanryo, el afamado maestro Naha -te. Nacido en una prominente familia okinawense, Kyoda conoció las disciplinas internas de las artes marciales okinawenses desde muy joven. Estudió con Higaonna durante 15 años y se mantuvo fiel a la tradición, preservando su espíritu original tras la muerte del maestro.

En 1958, Kyoda establecio oficialmente Toon - ryu (nombrado en honor a " Toon" , la pronunciación okinawense de Higaonna), creando un sistema para preservar los métodos originales de su maestro, en particular las técnicas de respiración, las posturas arraigadas y la tensión dinámica que caracterizaron a los primeros Naha-te. Hizo hincapié en un desarrollo integral del cuerpo y el carácter, integrando el kata Sanchin con un profundo cultivo interno.

A diferencia de muchos de sus contemporáneos, Kyoda se resistió a la modernización por sí misma, buscando en cambio honrar las enseñanzas originales sin alterarlas excesivamente. Sus pocos pero bien formados estudiantes, como Uehara Seikichi y Nakaima Kenko, fueron cruciales para transmitir el arte con integridad. Aunque menos visible comercialmente que otros fundadores, Kyoda sigue siendo un gigante silencioso en la historia del Karate de Okinawa: un ejemplo de lealtad, disciplina y preservación inquebrantable del linaje.

Gima Shinkin (1896-1989)

Profesores: Itosu Anko, Gichin Funakoshi.

Estudiantes notables: círculos japoneses Shotokan y Shito-ryu.

Gima Shinkin, también conocido como Makoto Gima, fue una figura influyente que sirvió como vínculo vital entre el karate okinawense y su evolución japonesa. Nacido en Shuri, Okinawa, se formó con Itosu. Anko y Yabu Kentsu antes de asistir a la universidad en Tokio, donde ayudo a Gichin Funakoshi a introducir el Karate en Japan continental a principios de la década de 1920. Es quizás más conocido por estar junto a Funakoshi durante la primera demostración pública de Karate en Japón en la Universidad de Keio en 1922.

Aunque a menudo eclipsado por la fama de Funakoshi, Gima fue una potencia técnica por derecho propio, con rangos dan tanto en Karate como en Judo. Continuó practicando y enseñando a lo largo de su vida, influyendo discretamente en el desarrollo inicial del Shotokan y ayudando a garantizar que los métodos okinawenses no se perdieran por completo durante la japonización del Karate.

Gima enfatizó tanto el kihon como el kata, además de comprender el contexto histórico de los movimientos. Años después, habló sobre la importancia de recuperar las raíces okinawenses del karate y preservar su profundidad filosófica y combativa. Su humildad y fluidez técnica lo convirtieron en una figura respetada en las comunidades de karate tanto okinawense como japonesa.

Kanken Toyama (1888–1966)

Profesores: Itosu Anko, Kanryo Higaonna, Chibana Choshin.

Estudiantes notables: Tetsuhiro Hokama y otros en Shudokan.

Kanken Toyama fue un maestro pionero del karate okinawense y fundador de la escuela Shudokan en Japon. Nacido en Shuri, estudio con figuras prominentes como Itosu Anko, Yabu Kentsu y Higaonna Kanry, uniendo las tradiciones tanto de Shurite como de Naha-te. Toyama también estudió brevemente Pangai-noon (más tarde Uechiryu) en el sur de China con Kanbun Uechi, enriqueciendo su comprensión de los principios internos chinos.

Tras mudarse a Tokio en 1930, fundo el dojo Shudokan, que se convertiría en una de las primeras escuelas de karate con sede en Japón. Toyama poseía una formación académica y enfatizaba las dimensiones culturales, históricas y éticas del karate, junto con un riguroso entrenamiento físico. Enseñó a numerosos estudiantes que se convertirían en instructores influyentes tanto en Japón como en el extranjero, contribuyendo así al desarrollo del karate japonés de posguerra.

A diferencia de algunos contemporáneos, Toyama rechazo la idea de límites rígidos en los estilos y abogó por una comprensión unificada del karate, arraigada en la tradición okinawense. Trabajó incansablemente para preservar los katas okinawenses y transmitirlos a las generaciones futuras, incluso en un entorno de artes marciales japonesas en rápida modernización. Sus escritos, liderazgo y filosofía de entrenamiento cruzado han dejado una huella imborrable en las comunidades de artes marciales okinawenses y japonesas.

Tsuru Yonamine (siglo XIX, fecha de actividad desconocida)

Maestro: La tradición oral sugiere que recibió la tutela de un destacado artista marcial de su época (nombre desconocido).

Estudiantes notables: Ninguno documentado formalmente

Tsuru Yonamine es una figura legendaria del folclore marcial okinawense, recordada por su fuerza, destreza y desafío a las normas de género en una época en la que las artistas marciales femeninas eran prácticamente desconocidas. Su nombre surge principalmente a través de los escritos de Gichin Funakoshi y las tradiciones orales de Okinawa, donde se la recuerda como una temible practicante de tegumi, el arte de lucha nativa okinawense.

A diferencia de muchas leyendas marciales basadas en rangos y linaje formales, la historia de Yonamine se caracteriza por su físico puro y su talento instintivo. Se dice que su poder superaba al de muchos hombres, lo que le valió no solo fama local, sino también el respeto de las figuras marciales de su época. Su aceptación como suplente de un destacado artista marcial (cuyo nombre permanece olvidado en el tiempo) marcó una ruptura importante con las costumbres de género, sobre todo en una cultura que excluía formalmente a las mujeres del entrenamiento marcial. Aunque sus técnicas y enseñanzas no fueron codificadas ni transmitidas a través de una escuela formal, su historia ha perdurado como símbolo del papel, aunque no reconocido, que las mujeres han desempeñado en la supervivencia y aplicación de los principios marciales de Okinawa. Tsuru Yonamine se erige como una rebelde silenciosa en la historia, la personificación de la fuerza oculta y el potencial histórico.

Nobuko Oshiro (1947-presente)

Profesores: Masami Chinen, Chozo Nakama.

Estudiantes notables: Varios estudiantes internacionales; opera su propio dojo.

Nobuko Oshiro es una artista marcial pionera cuya vida y obra han forjado un espacio vital para las mujeres en el mundo tradicionalmente masculino del karate y el tuite- jutsu okinawenses. Nacida en la Okinawa de la posguerra, Oshiro comenzo a entrenar en una época en la que era muy inusual que las mujeres entraran al dojo. Sin desanimarse, estudio con maestros legendarios como Hohan Soken y Seiyu Oyata, quienes reconocieron su talento y dedicacion a pesar de las normas culturales prevalecientes .

A lo largo de su entrenamiento, Oshiro enfrentó una intensa resistencia por parte de sus compañeros, instructores y la sociedad en general. Sin embargo, su perseverancia, excelencia técnica y fuerza interior le permitieron no solo dominar el arte, sino también redefinir las posibilidades para las generaciones futuras. En 1994, fundó su propio dojo, convirtiéndose en una de las primeras mujeres en Okinawa en abrir y dirigir una escuela de artes marciales. Su enseñanza combina el karate tradicional okinawense con un énfasis en el desarrollo interno y la autodefensa práctica, especialmente a través del Tuite.

Oshiro se ha convertido en un referente de empoderamiento para las mujeres en las artes marciales, mentora de innumerables estudiantes y defensora de la inclusión sin comprometer el rigor ni la profundidad del arte. Es un testimonio vivo de la resistencia silenciosa, la continuidad cultural y la tradición en evolución.

Kikuyo Ishikawa (1984- presente)

Profesores: Karate de Okinawa y artes marciales mixtas (nombres no publicados ampliamente)

Estudiantes notables: Sigue enseñando activamente; conocido más por su influencia pública que por su linaje.

Kikuyo Ishikawa es una destacada artista marcial contemporánea okinawense, cuya carrera ha contribuido a redefinir el papel de la mujer okinawense en la comunidad internacional de las artes marciales. Con raíces en el karate tradicional okinawense, Ishikawa se incorporó al ámbito global de las artes marciales mixtas (MMA), donde obtuvo reconocimiento por integrar las técnicas clásicas okinawenses con estrategias de combate modernas.

Su ascenso en las MMA representa más que un logro individual; es una señal del legado marcial vivo de Okinawa, que se adapta y prospera en contextos modernos. Las actuaciones de Ishikawa, a menudo caracterizadas por golpes precisos, agarre estratégico y resiliencia mental, reflejan el valor perdurable de los principios de entrenamiento okinawenses, como la economía de movimiento, el apalancamiento y la disciplina interna. Su carrera demuestra cómo los fundamentos marciales tradicionales pueden ser fluidos y funcionales en la competición de contacto total.

Como artista marcial femenina que compite en escenarios globales de alto nivel, Ishikawa se ha convertido en un símbolo de fuerza, adaptabilidad y orgullo cultural. Inspira a una nueva generación de artistas marciales, especialmente mujeres, tanto en Okinawa como a nivel internacional. Si bien no está vinculada formalmente a un solo estilo o linaje, su impacto reside en su capacidad para visibilizar y hacer viable el legado marcial okinawense en los deportes de combate contemporáneos, recordando al mundo que estas artes isleñas siguen evolucionando, adaptándose y perdurando.

Yoshimura Chogi (1866-1945)

Profesores: Matsumura Sokon, Itosu Anko

Estudiantes notables: Posiblemente Hanashiro Chomo, Motobu Choki. Yoshimura Chogi fue miembro de la aristocracia ryukyuense y un artista marcial que desempeñó un papel fundamental en la preservación y el registro de la cultura de las artes marciales clásicas de Okinawa durante un período de importante transición política y cultural. Nacido en el seno de la familia real Yoshimura Udu, tuvo acceso a una educación de élite y se entrenó con las figuras marciales más respetadas de su época, como Matsumura Skon e Itosu Anko.

A diferencia de muchos practicantes de artes marciales que se centraban principalmente en la transmisión mediante la enseñanza, Yoshimura contribuyó como historiador cultural, artista y preservador de las tradiciones ryukyuanas. Sus escritos, dibujos y relatos personales ofrecen valiosas perspectivas de la cultura marcial del Reino Ryukyu tardío y de principios de la era Meiji en Okinawa. Como noble con profundas raíces en la clase yukatchu, consideraba las artes marciales una extensión del refinamiento cultural y el desarrollo personal, reflejando los valores confucianos de su crianza.

Aunque no se le recuerda por fundar un estilo específico ni por entrenar a un linaje conocido de estudiantes, sus contribuciones intelectuales e históricas le dieron un lugar de reverencia entre los historiadores marciales. Su vida ejemplifica cómo la élite cultural de Ryukyu ayudó a documentar y dignificar las tradiciones marciales durante su transición del arte privado a la disciplina pública.

Yabu Kentsu (1866-1937)

Profesores: Matsumura Sokon, Itosu Anko.

Estudiantes notables: Chibana Choshin, Shoshin Nagamine.

Yabu Kentsu fue uno de los primeros artistas marciales okinawenses en promover activamente el karate tanto en el ámbito militar como educativo, lo que le valió el apodo de "Kenpo no Hi"("Fuego del Camino Marcial"). Figura disciplinada y carismática, Yabu fue alumno de Matsumura Sokon e Itosu Anko, y servia como un puente crucial entre el entrenamiento privado del antiguo Ryukyu y el Karate emergente basado en escuelas públicas de la era Meiji.

La experiencia de Yabu como oficial militar del Ejército Imperial Japonés le proporcionó una presencia imponente y una convicción en el papel del karate como disciplina física y desarrollo del carácter. Fue uno de los primeros en demostrar formalmente el karate en Japón continental (Kioto, 1921), contribuyendo a legitimar y difundir el arte fuera de Okinawa. Su papel en el sistema escolar lo convirtió en uno de los primeros en estandarizar el entrenamiento de karate para jóvenes y en un defensor de la educación física estructurada.

Aunque no fundó un sistema en el sentido moderno el énfasis de Yabu en la etiqueta, el condicionamiento y la fuerza moral ejerció una influencia duradera, especialmente en estudiantes como Choshin Chibana, fundador del Shorin-ryu. Sigue siendo un símbolo del ideal del erudito soldado marcial y una figura central en la modernización del karate.

Hohan Soken (1889–1982)

Profesores: Nabe Matsumura (tío).

Estudiantes destacados: Nishihira Kosei, Roy Suenaka, Fusei Kise.

Hohan Soken es una de las figuras más influyentes en las artes marciales okinawenses del siglo XX, a quien se le atribuye la preservación y sistematización del linaje Matsumura Seito Shorin-ryu. Nacido en una familia con vínculos marciales directos, Soken estudió con su tío Nabe Matsumura, nieto del legendario Matsumura Sokon. Este linaje familiar directo le dio a Soken un acceso incomparable a los métodos internos del Karate basado en Shuri, incluyendo técnicas de kata, tuite (agarre) y kyusho (punto vital).

Despues de pasar un tiempo en Argentina enseñando y trabajando, Soken regreso a Okinawa en la década de 1950 y comenzo a compartir abiertamente los métodos de su familia, hasta entonces reservados. Era conocido por su profundo conocimiento del kata bunkai (aplicacion), su sutil mecánica corporal y un profundo sentido del realismo marcial. Su estilo de enseñanza combinaba la ética tradicional del guerrero con un enfoque pragmático de la defensa personal.

La decisión de Soken de comenzar a enseñar públicamente marcó un punto de inflexión para la tradición Matsumura Seito, que durante mucho tiempo se había mantenido en privado dentro de los círculos aristocráticos. Gracias a estudiantes como Fusei Kise y Roy Suenaka, los métodos de Soken se difundieron internacionalmente. Es venerado no solo por preservar la técnica clásica, sino también por revitalizar el interés en las raíces del Karate de Okinawa, enfatizando por igual sus dimensiones de agarre, golpe y fuerza interna.

Kise Isao (1957–2025)

Profesores: Hohan Soken, Kise Fusei, Yoshio Kuba (Goju Ryu)

Estudiantes notables: Kise Chofu (hijo), practicante global de OSMKKF.

Kise Isao fue el heredero de la Federacion de Karate y Kobudo de Okinawa Shorin - ryu Matsumura Seito (OSMKKF), continuando el legado de su padre, Hanshi Kise Fusei. Nacido en una familia de excelencia marcial, comenzó a entrenar desde muy joven con su padre y también recibió la influencia de Yushio Kuba, un respetado practicante de Karate de Okinawa. Su educación lo sumergió en las tradiciones clásicas de Matsumura Seito, así como en el sistema Kenshinkan de su familia, incluyendo sus métodos de golpe, tuite-jutsu y armas.

Como maestro de segunda generación, Kise Isao asumió la responsabilidad de preservar la integridad del sistema y, al mismo tiempo, impulsar su crecimiento global. Aunque más reservado que su padre, desempeñó un papel fundamental en la clasificación, la supervisión de instructores y los seminarios de entrenamiento de alto nivel para miembros de la OSMKKF en todo el mundo. Su liderazgo enfatizó la autenticidad, la disciplina y el respeto por los fundamentos históricos y espirituales de las artes marciales de Okinawa.

Isao Sensei falleció en febrero de 2025, dejando un legado profundamente respetado como practicante y guardián de uno de los linajes de karate más antiguos de Okinawa. Su dedicación garantizó la vitalidad de la tradición Matsumura, y se le recuerda como una figura discreta pero poderosa que defendió la herencia marcial de su familia con humildad, profundidad y un compromiso inquebrantable.

Referencias y lecturas sugeridas

Historias fundamentales y estudios generales

Bishop, Mark. *Karate de Okinawa: Maestros, Estilos y Técnicas Secretas*. Londres: A & C Black, 1989; reimpreso en Boston: Tuttle Publishing, 1999.

Bishop, Mark D. *Armamento de Okinawa: Métodos ocultos, mitos antiguos del kobudo y el te*. Lulu Press, 2017.

Clarke, Christopher M. *Karate de Okinawa: Una historia de estilos y maestros, vol. 2: Antecedentes de Fujian, Naha -te, Goju-ryu y otros estilos*. Publicado de forma independiente en 2012.

Clarke, Christopher M. *Kobudo de Okinawa: Una historia de estilos y maestros de armas*. Publicado de forma independiente en 2013. Cramer, Mark I. *La historia del karate y los maestros que lo forjaron: Desarrollo, linajes y filosofías del karate-do tradicional okinawense y japonés*. Publicado de forma independiente en 2018. Hokama, Tetsuhiro. *100 Maestros de Karate de Okinawa*.

Okinawa Godo Shuppan, 1999 (las reimpresiones posteriores incluyen

Naha: Gobierno de la prefectura de Okinawa, 2002; Ozata Print, 2005). Hokama, Tetsuhiro. *Karate-do de Okinawa: Sus raíces, historia y evolución*. Dragon Books, 2005.

Hokama, Tetsuhiro. *Historia y Maestros del Karate-do de Okinawa*. Independiente, 2012.

Kerr, George H. *Okinawa: La historia de un pueblo isleño*. Rutland, VT: Charles E. Tuttle, 1958; reimpresión: Tokio: Tuttle Publishing, 2000.

Nagamine, Shôshin. La *esencia del karate-do okinawense*. Rutland, Vermont: Charles E. Tuttle, 1976.

Nagamine, Shô shin. *Cuentos de los grandes maestros de Okinawa.* Boston: Tuttle Publishing, 2000.

Quast, Andreas. *Karate 1.0: Parámetros de un arte marcial antiguo.* Alemania: KarateResearch, 2013.

Quast, Andreas. *Matsumura Sookon: Las siete virtudes de las artes marciales.* Amazon Digital Services, 2020.

Quast, Thomas. *La historia del karate: De Okinawa al mundo.* Londres: Routledge, 2021.

Tokashiki, Iken. *Historia del Karate en Okinawa.* Okinawa, 1970 (reimpreso).

Fuentes primarias y primeros maestros

Funakoshi, Gichin. *Karate -do Kyohan: El texto maestro.* Tokio: Kodansha International, 1973 (edición original japonesa de 1935). Funakoshi, Gichin. *Karate -do: mi forma de vida.* Tokio: Kodansha Internacional, 1975.

Funakoshi, Gichin. *Karate -do Nyumon: El Maestro. Texto introductorio.* Tokio: Kodansha International, 1994.

Higaonna, Morio. *La historia del Karate: Goju-ryu de Okinawa.* Tokio: Do shinsha, 1995.

Itosu, Ankô "Diez preceptos (Tode Jukun)". 1908. Traducido en varias antologías históricas de artes marciales.

Motobu, Chô ki. *Mi arte del karate.* Varias traducciones. Motobu, Naoki. *Meoto -de (Mano de marido y mujer).* Varias traducciones.

Uehara, Seikichi. *La esencia del Karate-Do de Okinawa.* Traducido por el Museo de Karate de la Prefectura de Okinawa. Naha, 1999.

Yoshimura, Jinsai "Jiden Budoki" (Autobiografía de las Artes Marciales). *Okinawa mensual,* vol. 2, núm. 8, septiembre de 1941.

Trabajos especializados en Kobudo

Akamine, Eisuke. *Ryukyu Kobudo: las artes de armas clásicas de Okinawa.* Okinawa: Ryukyu Kobudo Hozon Shinkokai, 2005. Inoue, Motokatsu. *Ryukyu Kobudo: armamento antiguo de Okinawa.* Tokio: Publicaciones de Japón, 1972.

Kim, Ricardo. *Kobudo: Armas de Okinawa de Matsu Higa.* Richard Kim, 1985.

Kim, Ricardo. *Kobudo: armas okinawenses de Chatan Yara.* Richard Kim, 1986.

Kim, Ricardo. *Kobudo vol. 1-3: Armas de Okinawa de Matsu Higa, Hama Higa y Chatan Yara.* Publicado de forma independiente, 2006.

Taira, Shinken. *Ryukyu Kobudo Taikan* (1964) y *Ryukyu Kobudo Taikei* (Enciclopedia de Kobudo Kata). Autoeditado, reimpresiones posteriores en múltiples ediciones.

Traducciones e investigaciones de Patrick McCarthy

McCarthy, Patrick. *Bubishi: El manual clásico de combate.* Boston: Tuttle Publishing, 1995; ediciones revisadas de 2008.

McCarthy, Patrick. *La Biblia del Karate: Bubishi.* Tokio: Tuttle Publishing, 1995 (título alternativo).

McCarthy, Patrick. *Artes marciales antiguas de Okinawa: Koryu Uchinadi,* vols. 1 y 2. Boston: Tuttle Publishing, 1999.

McCarthy, Patrick. *Kata clásica del karate okinawense.* Boston: Tuttle Publishing, 1999.

Estudios comparativos y académicos

Clarke, Christopher M. *Karate de Okinawa: Una historia de estilos y maestros.* Publicado de forma independiente, 2012.

Cook, Harry. *Karate Shotokan: Una historia precisa.* Reino Unido: Cook Communications, 2001.

De Lange, William. *La Katana: La Espada Samurái.* Ediciones Mundo Flotante, 2011.

Draeger, Donn F. *Budo clásico.* Tokio: Weatherhill, 1973.

Draeger, Donn F. *Bujutsu clásico y Budo clásico.* Tokio: Weatherhill, 1973.

Farrer, DS, y John Whalen-Bridge, eds. *Artes marciales como conocimiento encarnado: Tradiciones asiáticas en un mundo transnacional.* Albany: State University of New York Press, 2011.

Friday, Karl. *Samuráis, guerra y Estado en el Japón medieval temprano.* Londres: Routledge, 2004.

Green, Thomas A. y Joseph R. Svinth (eds.). *Artes marciales en el mundo moderno.* Westport: Praeger, 2003.

Hassell, Randall. *Conversaciones con el Maestro: Masatoshi Nakayama.* Misuri: Focus Publications, 1982.

Keegan, Simon. *Karate Jutsu: Historia y evolución del arte marcial okinawense.* New Haven: New Haven Publishing, 2018.

Nair, Sreedharan Chirakkal T. *Kalarippayattu: la guía completa del antiguo arte marcial de Kerala.* Publicaciones de Westland, 2023.

Sakihara, Mitsugu. *"Una breve historia de los primeros tiempos de Okinawa basada en el Omoro Soshi".* Tokio: Honpo sha, 1987.

Skoss, Diane, ed. *Koryu Bujutsu: Tradiciones guerreras clásicas de Japón.* Libros Koryu, 1997.

Smits, Gregory. *Visiones de Ryukyu: Identidad e ideología en el pensamiento y la política de la primera modernidad.* Honolulu: University of Hawái Press, 1999.

Pearson, Richard J. *Ryukyu antiguo: Un estudio arqueológico de Okinawa antes del Contacto.* Honolulu: University of Hawai'i Press, 2013.

Zarrilli, Phillip B. *Cuando el cuerpo se vuelve todo miradas: Paradigmas, discursos y prácticas.* Oxford: Oxford University Press, 2000.

Artículos, ensayos y fuentes digitales

Abernethy, Iain. "Un ensayo interesante sobre la japonización del karate". IainAbernethy.com.

Noble, Graham. "Las raíces del karate en la lucha: Tuite y Tegumi en la cultura marcial de Okinawa". *Martial Arts Studies Journal,* 2017. Oyata, Seiyu. *Protección de la vida: El arte del Tuite.* Oyata Enterprises (materiales de capacitación inéditos, aprox. década de 19801990).

Swift, Joe. "Karate - do y sus raíces en el grappling ". *FightingArts.com,* 2003.

Colaboradores de Wikipedia. "Anko Itosu. "https://en. wikipedia.org/wiki/Ank%C5%B3_Itosu

Colaboradores de Wikipedia. "Kentsu Yabu". https://en. wikipedia.org/wiki/Kents%C5%AB_Yabu

Archivos de la Asociación de Karate Kenpo de Okinawa: https:// okinawa-kenpo.com

Recursos sobre la historia del karate Hakuakai: https:// hakuakaikarate.org/history

Acerca del autor

Nathan Batson ha dedicado casi cuarenta años a explorar y enseñar las tradiciones marciales de Okinawa. Como practicante e investigador de toda la vida, combina el entrenamiento práctico con el estudio histórico, haciendo que el karate, el kobudo y el tuite sean accesibles tanto para practicantes como para lectores curiosos.

Es el fundador de la Academia de Karate Tyler, donde ha impartido clases a miles de estudiantes y seminarios en Estados Unidos y el extranjero. Su formación incluye los grados superiores en karate, kobudo y tuité con estudios adicionales de Muso Jikiden Eishin-ryu iaido, artes marciales filipinas, judo y jiu-jitsu.

Nathan es el autor de la *Enciclopedia de Kata de Okinawa: Explorando los Secretos Ocultos de Ryukyu*, una obra de referencia completa que documenta la historia, el linaje y la práctica del karate y el kobudo kata de Okinawa. Su próxima obra, *Fundamentos del Tuite de Okinawa: Construyendo un Camino hacia la Maestría*, explora los principios a menudo ignorados de las artes de lucha de Okinawa. Inspirado por sus estudiantes y moldeado por sus viajes de investigación a Okinawa, escribe para preservar y compartir el espíritu perdurable de Uchina Damashi, el espíritu okinawense que define tanto la cultura como el espíritu marcial.